中学思政课
立德树人新探索

ZHONGXUE SIZHENGKE
LIDE SHUREN XINTANSUO

夏子辉 / 编著

四川大学出版社

项目策划：梁　平
责任编辑：杨　果
责任校对：孙滨蓉
封面设计：璞信文化
责任印制：王　炜

图书在版编目（CIP）数据

中学思政课立德树人新探索 / 夏子辉编著. — 成都：四川大学出版社，2021.1
（名师教育丛书）
ISBN 978-7-5690-4372-3

Ⅰ. ①中… Ⅱ. ①夏… Ⅲ. ①政治课－教学研究－中学 Ⅳ. ①G633.202

中国版本图书馆 CIP 数据核字（2021）第 012578 号

书名　中学思政课立德树人新探索

编　　著	夏子辉
出　　版	四川大学出版社
地　　址	成都市一环路南一段 24 号（610065）
发　　行	四川大学出版社
书　　号	ISBN 978-7-5690-4372-3
印前制作	四川胜翔数码印务设计有限公司
印　　刷	成都市新都华兴印务有限公司
成品尺寸	170mm×240mm
印　　张	14.75
字　　数	283 千字
版　　次	2021 年 3 月第 1 版
印　　次	2021 年 3 月第 1 次印刷
定　　价	68.00 元

◆ 读者邮购本书，请与本社发行科联系。
电话：(028)85408408/(028)85401670/
(028)86408023　邮政编码：610065
◆ 本社图书如有印装质量问题，请寄回出版社调换。
◆ 网址：http://press.scu.edu.cn

四川大学出版社
微信公众号

前　言

教育是国之大计、党之大计，承担着立德树人的根本任务。中学思政课是落实立德树人根本任务的关键课程，担负着为党育人、为国育才的崇高使命。2019 年 3 月 18 日，习近平总书记在学校思想政治理论课教师座谈会上发表重要讲话，强调“用新时代中国特色社会主义思想铸魂育人，贯彻党的教育方针落实立德树人根本任务”。之后，国家印发了《关于深化新时代学校思想政治理论课改革创新的若干意见》《关于加强新时代中小学思想政治理论课教师队伍建设的意见》《新时代爱国主义教育实施纲要》《新时代学校思想政治理论课改革创新实施方案》等系列重要文件。习近平总书记的“3·18”重要讲话连同上述系列重要文件，为解决好“培养什么人、怎样培养人、为谁培养人”这一根本问题，提供了行动指南和根本遵循。

青少年是祖国的未来、民族的希望，青少年阶段是人生的“拔节孕穗期”，最需要精心引导和栽培。中学思政课教师应当始终秉承“引人以大道、启人以大智、育人以大德”的育人理念，时刻按照习近平总书记提出的“六个要”（政治要强，情怀要深，思维要新，视野要广，自律要严，人格要正）标准和“八个相统一”（坚持政治性和学理性相统一，坚持价值性和知识性相统一，坚持建设性和批判性相统一，坚持理论性和实践性相统一，坚持统一性和多样性相统一，坚持主导性和主体性相统一，坚持灌输性和启发性相统一，坚持显性教育和隐性教育相统一）要求，充分发挥自身在思政课中的关键作用，深刻把握世情、党情、国情、教情，厚植家国情怀、传道情怀和仁爱情怀，给学生心灵埋下真善美的种子，引导学生扣好人生“第一粒扣子”，切实担负起培养担当民族复兴大任的时代新人，培养德智体美劳全面发展的社会主义建设者和接班人的神圣使命与历史重任。为此，我们开展了省级课题“立德树人导向下的中学思政课教学改革”研究，力求以“六个要”标准和“八个相统一”的要求，教育引导学生把爱国情、强国志、报国行自觉融入日常学习和生活之中，内化于心、外化于行，切实做到坚定理想信念、厚植家国情怀、加强品德修养、增长知识见识、培养奋斗精神、增强综合素质。

基于对课题研究的理解、认识和所取得的初步成效，我们编著了《中学思政课立德树人新探索》一书。本书围绕落实立德树人根本任务，着眼发展学生学科核心素养，深入探讨了立德树人导向下中学思政课教学改革的若干实践问题。全书共八章，分别从立德树人的主要依据、立德树人的核心概念、立德树人的育人目标、立德树人的基本思路、立德树人的总体框架、立德树人的基本内涵、立德树人的核心素养、立德树人的教学改革等八个方面，对中学思政课落实立德树人根本任务的创新探索和具体实践进行了较为系统的梳理和总结。本书尤其从中学思政课的学科视角，对立德树人的教学理念、立德树人的教学风格、立德树人的课标解读、立德树人的学情分析、立德树人的教材使用、立德树人的教学设计、立德树人的教法改革、立德树人的效能提升等具体教学问题，进行了范例式的分析、总结和解读，并提出了切合现阶段中学生实际的教学建议或策略，力求使中学思政课教学真正实现知、情、意、行的有机融合与高度统一，力争使“培养什么人、怎样培养人、为谁培养人”这个根本问题有落地之效。希望拙作对同处教学一线的中学思政课教师和教研人员有一定的启发和借鉴作用。

在编著本书的过程中，由于水平有限，我们参阅了中共中央办公厅、国务院办公厅、教育部等部门颁发的系列教育文件政策，也参阅了余文森、陈大文、张祖涛、李松林等全国知名专家的相关著作，还查阅了《中学政治教学参考》《中国教育学刊》《人民教育》等全国核心期刊上的有关文章，并在网上广泛收集了同类资料，以尽可能学习和借鉴当今中学思政课推进教学改革和落实立德树人根本任务的最新理论成果和创新探索经验。为此，本书在参考文献中尽可能做了注明，并向各位专家和有关作者深表感谢，致以最真挚的问候。若尚有疏漏之处，敬请批评指正。此外，吴定初、周小山、王真东、李松林、李江源、李小融、陈宇燕、卢志、吴登良、何开惠等专家对本书的编著给予了悉心指导，在此一并致以衷心感谢。

夏子辉

2021 年 1 月于成都

目　　录

第一章　中学思政课立德树人的主要依据

教育是国之大计、党之大计，承担着立德树人的根本任务。思政课是落实立德树人根本任务的关键课程，发挥着不可替代的作用。办好思政课，要放在世界百年未有之大变局、党和国家事业发展全局中来看待，要从坚持和发展中国特色社会主义、建设社会主义现代化强国、实现中华民族伟大复兴的高度来对待。中学生正处于人生的“拔节孕穗期”，中学思政课全面贯彻党的教育方针和习近平总书记在学校思想政治理论课教师座谈会上的重要讲话精神，深入落实中共中央办公厅、国务院办公厅印发的《关于深化新时代学校思想政治理论课改革创新的若干意见》等系列重要文件精神，教育引导学生扣好人生的“第一粒扣子”，切实解决好“培养什么人、怎样培养人、为谁培养人”这一根本问题，努力培养担当民族复兴大任的时代新人，培养德智体美劳全面发展的社会主义建设者和接班人，无疑具有重大而深远的现实意义。

第一节　立德树人的政策依据

2012 年 11 月，党的十八大提出，要全面贯彻党的教育方针，把立德树人作为教育的根本任务，培养德智体美全面发展的社会主义建设者和接班人。这就从国家层面对我国人才培养目标进行了顶层设计——立德树人。党的十八届三中全会提出，要坚持立德树人，加强社会主义核心价值体系教育，完善中华优秀传统文化教育，增强学生社会责任感、创新精神、实践能力，把立德树人作为深化课程改革之魂。2017 年 9 月 24 日，中共中央办公厅、国务院办公厅印发《关于深化教育体制机制改革的意见》，要求“健全立德树人系统化落实机制”，强调“要构建以社会主义核心价值观为引领的大中小幼一体化德育体系”。2017 年 10 月，党的十九大提出“要落实立德树人根本任务”，并进一步明确了“落实立德树人”的具体要求。2019 年 3 月 18 日，习近平总书记主持召开学校思想政治理论课教师座谈会，强调“用新时代中国特色社会主义思想铸魂育人，贯彻党的教育方针落实立德树人根本任务”，要求将社会主义核心价值观融入教育教学全过程。2019 年 8 月 14 日，中共中央办公厅、国务院办公厅印发《关于深化新时代学校思想政治理论课改革创新的若干意见》，进一步明确思政课是落实立德树人根本任务的关键课程，发挥着不可替代的作用。2019 年 9 月 18 日，教育部等五部门印发了《〈关于加强新时代中小学思想政治理论课教师队伍建设的意见〉的通知》，强调中小学阶段是学生世界观、人生观、价值观形成的关键时期。讲好中小学思政课，引导中小学生扣好人生第一粒扣子，是每位中小学思政课教师的神圣职责和光荣使命。2019 年 11 月 12 日，中共中央、国务院印发《新时代爱国主义教育实施纲要》，强调“新时代爱国主义教育要面向全体人民、聚焦青少年”，“思想政治理论课是爱国主义教育的主阵地。要紧紧抓住青少年阶段的‘拔节孕穗期’，理直气壮开好思想政治理论课，引导学生把爱国情、强国志、报国行自觉融入坚持和发展中国特色社会主义事业、建设社会主义现代化强国、实现中华民族伟大复兴的奋斗之中”。青少年阶段是人生的“拔节孕穗期”，最需要精心引导和栽培。因此，在大中小学循序渐进、螺旋式上升地开设思政课非常必要，是培养一代又一代社会主义建设者和接班人的重要保障。由此可见，落实立德树人根本任务，思政课发挥着不可替代的作用，思政课教师队伍更是责任重大。

第二节　立德树人的理论依据

2014 年 3 月 30 日，教育部发布《关于全面深化课程改革落实立德树人根本任务的意见》，要求“把核心素养落实到学科教学中，促进学生全面而有个性的发展”。自此以后，核心素养就成为基础教育改革的热门话题。但从国家层面的“立德树人”设计到课堂层面的“核心素养”落实之间，有一个如何操作的现实问题。为此，2016 年 9 月 14 日，教育部正式发布《中国学生发展核心素养》报告，明确了中国学生发展核心素养的含义、内容和要求，从中观层面回答了“立什么德、树什么人”的根本问题。2019 年 3 月 27 日，在习近平总书记主持召开学校思想政治理论课教师座谈会之后，教育部立即召开中小学思政课教师座谈研讨会，要求各地各中小学校把思政课建设摆在基础教育改革发展中更加突出的重要位置，切实推动习近平总书记重要讲话精神在中小学落地生根。此后，各省、市、区纷纷召开中小学思政课教师座谈会，相继出台了《关于加强中小学思政课建设的实施意见》等配套方案，并特别强调四项根本要求：一要坚定“主心骨”。加强党对中小学思政课建设的全面领导，保证党的路线方针政策不折不扣地在中小学得到贯彻执行。二要唱响“主旋律”。坚持用习近平新时代中国特色社会主义思想武装学生头脑，用中华优秀传统文化和革命传统教育为学生打好底色，厚植红色基因，培养学生从小爱党、爱国、爱人民的深厚情感。三要守好“主阵地”，坚持全科育人，从课程教材、教育教学、考试评价等方面系统推进中小学思政课改革创新，务求取得实效。四要建强“主力军”。加强中小学思政课师资建设，抓好培养培训、队伍配备、职称改革等工作，切实发挥好思政课教师的关键作用。

第三节 立德树人的课改依据

为把立德树人的根本要求落到实处，充分发挥课程在人才培养中的核心作用，教育部于 2014 年 3 月印发了《关于全面深化课程改革落实立德树人根本任务的意见》，将深化课程改革作为立德树人的根本抓手。该意见在充分肯定课程改革取得显著成就的同时，也深刻指出课程改革面临的现实问题：重智轻德，单纯追求分数和升学率，学生的社会责任感、创新精神和实践能力较为薄弱；高校、中小学课程目标有机衔接不够，各学段教材内容交叉重复，课程教材的系统性、适宜性不强；与课程改革相适应的考试招生、评价制度不配套，制约着教学改革的全面推进；教师育人意识和能力有待加强，课程资源开发利用不足，支撑保障课程改革的机制不健全。这些客观存在的困难和问题，直接影响着立德树人的效果。为此，2018 年 1 月，《普通高中课程标准（2017 年版）》正式发布，界定了具体学科核心素养的含义，提出了具体学科核心素养的具体内容，并阐述了具体学科核心素养的内涵、价值、表现和目标。此后，2019 年 6 月 19 日，国务院办公厅印发了《关于新时代推进普通高中育人方式改革的指导意见》。6 月 23 日，中共中央办公厅、国务院办公厅印发了《关于深化教育教学改革全面提高义务教育质量的意见》。8 月 14 日，中共中央办公厅、国务院办公厅印发了《关于深化新时代学校思想政治理论课改革创新的若干意见》。2020 年 5 月 11 日，教育部印发《普通高中课程方案（2017 年版 2020 年修订）》。2020 年 12 月 18 日，中共中央宣传部、教育部印发《新时代学校思想政治理论课改革创新实施方案》。这五份文件分别从新时代育人方式改革、教育教学改革、思政课改革创新、课程方案及课程标准、课程教材改革创新等不同方面，进一步对立德树人的目标、途径、方式、要求等做出了详细规定，这就从微观层面回答了“如何立德树人”的问题。思政课作为落实立德树人的关键课程，要根据学生的成长规律和社会对人才的需求，通过深化教学改革，把对学生德智体美劳全面发展的总体要求和社会主义核心价值观的内容具体化、精细化，深入回答“培养什么人、怎样培养人、为谁培养人”的问题。

第四节　立德树人的现实依据

立德树人是教育的根本任务，立德树人已成为思政课的核心价值。在立德树人的根本导向下，思政课的育人功能和学科价值被提升到了一个前所未有的高度，被摆到了一个更加突出的重要位置，但当前的思政课教学还未能完全适应和体现立德树人的根本要求。一方面，部分思政课教学仍未完全改变过去“填鸭式”“说教式”“划重点”等传统落实的教学方式，未能从根本上改变和扭转思政课“空洞说教”的不良现状，因而也未能切实解决思政课“入脑入心”的问题。另一方面，当前的思政课面临着前所未有的新挑战：经济全球化深入发展，网络信息技术突飞猛进，各种思想文化交流更加频繁，学生成长环境发生了深刻变化，青少年学生思想意识更加自主，价值追求更加多元，个性特点更加鲜明。与此同时，国际竞争日趋激烈，人才强国战略深入实施，时代和社会发展需要进一步提高国民综合素质，切实培养党和人民需要的社会主义建设者和接班人。这些变化和需求不仅对当前中学思政课教学改革提出了新的要求，而且对落实立德树人根本任务提出了现实思考。

总之，中学思政课落实立德树人根本任务，是全面贯彻党的教育方针的现实需要，是深入落实习近平总书记提出的“用新时代中国特色社会主义思想铸魂育人，贯彻党的教育方针落实立德树人根本任务”的实践回应，是深刻回答“培养什么人、怎样培养人、为谁培养人”这个根本问题的实际举措，是深化中学思政课教学改革的必然要求，是培养党和人民需要的社会主义建设者和接班人的神圣使命，具有重大而深远的现实意义。

第二章　中学思政课立德树人的核心概念

中学思政课要落实好立德树人根本任务，就需要真正弄清“立德树人”“核心素养”“学科核心素养”等最基本、最核心的概念或关键词，准确理解其内涵和外延，从而扎实推进立德树人导向下的中学思政课教学改革，把立德树人这一根本任务全方位地落实到学校思政课教育的全过程、各环节和每个人，守好主阵地，传递正能量，唱响好声音，树立好榜样，讲述好故事，探索好方法，切实将立德树人根本任务落实、落细、落地、落响，真正培养出德智体美劳全面发展的社会主义建设者和接班人。

第一节　立德树人

崇尚“立德”，重视“树人”，是我国教育的优良传统，也是中华优秀传统文化的重要内容。2007 年 8 月 31 日，胡锦涛同志《在全国优秀教师代表座谈会上的讲话》中首次明确提出：“要坚持育人为本，德育为先，把立德树人作为教育的根本任务。”此后，《国家中长期教育改革和发展规划纲要（2010—2020 年）》把“立德树人”作为教育改革和发展战略主题的首要内涵。2012 年 11 月，党的十八大报告提出：“把立德树人作为教育的根本任务，培养德智体美全面发展的社会主义建设者和接班人。”2017 年 10 月，党的十九大又提出了“落实立德树人根本任务”的具体要求。了解了“立德树人”的由来，有助于我们理解“立德树人”的基本涵义和重要意义。简要说来，立德树人包括“立德”和“树人”两个方面。“立德”是“树人”的前提，“树人”是“立德”的目的。所谓“立德”，就是坚持德育为先，通过正面教育来引导人、感化人、激励人；所谓“树人”，就是坚持以人为本，通过恰切的教育来塑造人、改变人、发展人。因此，“立德树人”的实质是按照党的理论、方针政策和基本路线，教育引导学生在“坚定理想信念、厚植爱国情怀、加强品德修养、增长知识见识、培养奋斗精神、增强综合素质”六个方面下功夫，明白应当“立什么德”和“树什么人”的问题。就“立什么德”而言，内容包括天下大德、社会公德、职业道德、家庭美德、个人品德。就“树什么人”而言，是指培养全面发展的人，即德智体美劳全面发展的社会主义建设者和接班人。这又表现为“三个方面”（文化基础、自主发展、社会参与）、“六大素养”（人文底蕴、科学精神、学会学习、健康生活、责任担当、实践创新）。当然，“立德树人”会受诸多元素影响，包括理论元素、社会元素、学校元素、家庭元素、实践元素。推进中学思政课教学改革，就要深入探究这五大元素对“立德树人”的影响和作用，紧紧围绕“立德树人”的根本要求，教育引导学生树立以真为根本的科学世界观、以善为核心的进步人生观、以美为灵魂的正确价值观，使真善美成为中学生必须具有的思想品格和道德灵魂，从而全面落实立德树人根本任务。

第二节　核心素养

中学思政课落实立德树人根本任务，离不开对“核心素养”这一关键词的理解和认识。要了解什么是“核心素养”，我们首先应知道什么是“素养”。“素养”是指人们通过后天的修习涵养，形成具备一定知识、能力和态度的过程与结果，是知识、能力与态度的综合化形态。素养既是“三维目标”的概括与提升，也是“双基”目标的丰富与发展。而“核心素养”是指人们在一定时期，帮助个体实现自我、成功生活与融入社会的最基本、最关键、最重要的知识、能力与态度，即能够适应终身发展和社会发展需要的必备品格、关键能力和价值观念。一般而言，“核心素养”可以简要概括为“一个核心、三个方面、六大素养”。“一个核心”，即培养德智体美劳全面发展的人。“三个方面”，即文化基础、自主发展、社会参与。“六大素养”，即人文底蕴、科学精神、学会学习、健康生活、责任担当、实践创新。可见，“核心素养”是完整的目标育人体系，从抽象到具体分为三个层次：顶层是教育目的、中层是学科育人目标、底层是课堂教学目标。这三个层次构成了课程育人的完整框架，也体现了课程育人的复杂性和专业性。因此，“核心素养”不同于一般意义上的“素养”，它是“素养”中具有综合性品质的“教养”。发展学生核心素养，根本出发点是全面贯彻党的教育方针，践行社会主义核心价值观，落实立德树人根本任务，突出强调社会责任感、创新精神和实践能力，促进学生全面发展，使之成为中国特色社会主义的合格建设者和可靠接班人。为此，中学思政课落实立德树人根本任务，就要深入研究核心素养与课程改革、核心素养与素质教育、核心素养与学科知识、核心素养与课堂教学、核心素养与考试评价、核心素养与一般素养之间的关系，以及发展学生核心素养的育人价值与现实意义、发展学生核心素养的学科路径与基本方法等根本性问题，为推进立德树人导向下的中学思政课教学改革提供必要的理论支撑和实践依据。

第三节　学科核心素养

中学思政课落实立德树人根本任务，也离不开对“学科核心素养”这一关键词的理解和认识。同样，要了解什么是“学科核心素养”，我们应先知道什么是“学科素养”。“学科素养”是指在学科学习和实践活动中养成的具有该学科特征的基础知识、基本技能、基本品质和基本经验的综合。“学科素养”之所以不同于“核心素养”，就在于它有赖于特定学科学习的滋养，是需要学科知识与教学技能来证实的学科“学养”。而“学科核心素养”，是学科素养中最基本、最关键、最核心的必备知识、关键能力和价值观念。素养是带有普遍性和共性的东西，学科素养则带有学科特性和学科特色，而学科核心素养则是学科素养中最基本、最关键、最核心的部分。可以说，学科核心素养既不同于学科素养，也有别于一般意义上的核心素养，它是由两者孕育出来的。简言之，学科核心素养是个体在解决真实情景问题过程中表现出来的，适应终身发展和社会发展需要的关键能力、必备品格和价值观念。

从“双基”到“三维目标”，从“三维目标”再到“学科核心素养”，体现着课程改革不断向纵深发展，同时也对“立德树人”的中学思政课提出了更新、更高的要求。从中学思政课学科核心素养的基本内容来讲，其主要包括政治认同、科学精神、法治意识、公共参与四个方面，核心要求是践行社会主义核心价值观，落实立德树人根本任务，以充分体现思政课的育人功能和学科价值。因此，在立德树人导向下深化中学思政课教学改革，发展学生学科核心素养，需要在全面了解思政课核心素养的基本内容和发展机制的基础上，正确处理立德树人与学科核心素养之间的目标关系、逻辑关系、实践关系，正确处理教学关系中教与导的关系、放与收的关系、记与悟的关系、知与行的关系，正确把握中学思政课学科核心素养的发生机制、形成机制和完善机制。

第四节　课堂教学改革

自 2001 年全国实施基础教育课程改革以来，新课程理念已日渐深入课堂教学常态，课堂教学发生了很大改变。

一方面，随着课程目标由“双基”目标到“三维目标”再到“核心素养”演变，教材和考试命题必然随之改变。针对教材和考试命题的不断变化，课堂教学必须与时俱进地进行改革。目前，思政课教育部统编新教材已在全国使用，课堂教学也由以前关注“三维目标”转向了关注“学科核心素养”。其根本的意义就在于教学活动不再是单纯的知识传输—能力培养—情感态度价值观升华的单向过程，而是变成了师生互动、教学相长、学科核心素养浸润的多向过程。在这个多向过程中，教师的“教”不再局限于给予学生完整的知识体系，而是时刻体现为对发展学生学科核心素养的培育与关切；学生的“学”也不仅仅局限于再现和理解教师讲授甚至灌输的知识，而主要体现为通过参与课堂呈现学科核心素养的提升。如此一来，以发展学生学科核心素养为目标的教学过程，就不再是单向性的，而是综合性的。这种综合，是教与学的综合，也是基于学科核心素养的综合。针对教材和考试命题与学科核心素养之间发生的这种内在联系，我们必须进行新的课堂教学改革，挖掘创新教学方法手段，更好地发展学生学科核心素养，切实提高课堂教育教学质量。

另一方面，党的十八大将立德树人作为教育的根本任务，党的十九大要求落实立德树人根本任务。从“作为”到“落实”，体现了党中央对立德树人的进一步重视。2019 年 3 月 18 日，习近平总书记主持召开学校思想政治理论课教师座谈会，强调“用新时代中国特色社会主义思想铸魂育人，贯彻党的教育方针落实立德树人根本任务”。我们要全面贯彻党的十八大、十九大以及习近平总书记的重要讲话精神，认真落实《关于深化新时代学校思想政治理论课改革创新的若干意见》等系列重要文件要求，必须进一步加强思政课课程建设，深化思政课教学改革，丰富思政课教学方法、手段和形式，着力提升思政课的引领性、实效性和创造性，切实增强思政课的亲和力、感召力和渗透力，全面落实立德树人根本任务。

第五节　中学思政课教学改革

实施新课程改革以来，中学思政课的课程理念和课堂形态已发生了很大改变。但立德树人导向下的中学思政课教学改革，目前全国还处于起步阶段，许多问题尚处于探索之中。就“中学思政课教学改革”一词而言，最内核是“教学改革”。一般说来，狭义的教学改革在课堂，故常称为“课堂教学改革”。从时空上看，教学改革可以拓展到课堂外（包括家庭、社会），扩大教学改革的时空范围，增强教学改革的影响力和辐射面。从关系上看，教学改革可拓展到课程（包括拓展课程、实践课程），实现思政“小课堂”与社会“大课堂”有机结合，让学生参与社会公共生活，并从中澄清、认同和形成价值观。从实施上看，教学改革可以拓展到思政课教师之外的其他多元主体，打破思政“小课堂”的局限，形成多方协同的思政课育人体系。从目标上看，随着课程目标由“双基目标”到“三维目标”再到“核心素养”的演变，教材和考试命题也将随之改变。基于以上对“教学改革”核心意涵的理解，推进立德树人导向下的中学思政课教学改革，必须回答好四个问题：一是为什么改？这是问题导向。问题导向就是要明确思政课教学存在的主要问题及基本成因，找到思政课教学改革的症结和“病灶”。二是改什么？这是需求导向。需求导向就是要“对症下药”，突出思政课的政治性和价值性，把“价值观”作为落实立德树人根本任务的最重要抓手。三是路径导向——怎么改？路径导向就是要拓宽思政课的育人路径，加强课程资源建设，为学生提供参与社会公共生活的平台和机会，增强学生的参与意识和实践能力。四是目标导向——改成什么样？目标导向就是要形成思政课教学的新理念、新模式、新方法、新策略，提高教学质量，增强育人实效，全面落实立德树人根本任务。为此，进行立德树人导向下的中学思政课教学改革，要着重从四个方面靶向发力：一是构建立德树人的协同育人体系，推动全员全程全方位育人；二是加强立德树人的课程体系建设，形成“必修课+选修课”“思政课程+课程思政”的立德树人课程体系；三是优化立德树人的教学方法策略，着力提升思政课的引领性、实效性和创造性，切实增强思政课的亲和力、感召力和渗透力；四是统整立德树人的教育资源开发，坚持思政课小课堂与社会实践大课堂相结合，扩大思政课的时空场域，强化学生的社会实践意识与道德践行能力。

第三章　中学思政课立德树人的育人目标

中学思政课要落实好立德树人根本任务，首先需要明确立德树人的基本方向和育人目标，然后在此基础上准确把握立德树人的基本思路和具体措施，分阶段、分目标地扎实推进立德树人导向下的中学思政课教学改革，从而确保立德树人根本任务能够得到全面落实和有效实现。

第一节　立德树人的总体目标

围绕中学思政课落实立德树人根本任务，坚持以习近平新时代中国特色社会主义思想为指导，全面贯彻党的教育方针，深入贯彻落实习近平总书记在学校思想政治理论课教师座谈会上的重要讲话精神，遵循思政课六大原则，紧扣思政课教师“六个要”标准，按照“八个相统一”要求，循序渐进、螺旋式上升地进行中学思政课教学改革，系统协同建设思政课，改革创新，开好思政课，重点突出思政课的德育功能和学科价值，系统构建基于发展学生学科核心素养的中学思政课现代课堂教学形态，着力提升中学思政课的引领性、实效性和创造性，切实增强中学思政课的亲和力、感召力和渗透力，全面提高中学思政课教学质量，有效引导学生立德成人、立志成才，努力培养担当民族复兴大任的时代新人，培养德智体美劳全面发展的社会主义建设者和接班人（见图3—1）。

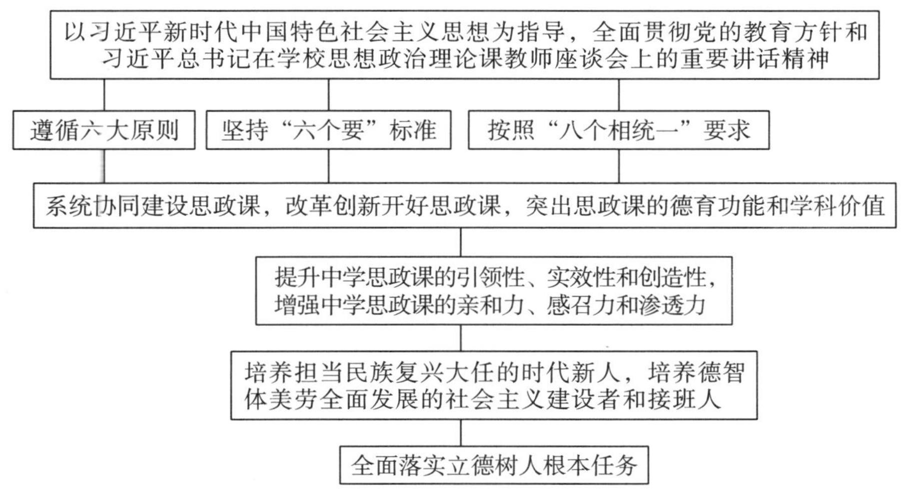

图 3－1　中学思政课立德树人的总体目标

第二节　立德树人的具体目标

围绕中学思政课落实立德树人根本任务，着眼于培养担当民族复兴大任的时代新人，可以将培养德智体美劳全面发展的社会主义建设者和接班人这一总体目标细化为具体的阶段目标和改革目标，以便中学思政课能更好地落实立德树人根本任务。

一、阶段目标

围绕中学思政课落实立德树人根本任务，初中阶段重在打牢学生思想基础，引导学生把党、祖国、人民装在心中，强化做社会主义建设者和接班人的思想意识。高中阶段则重在提升学生政治素养，引导学生衷心拥护党的领导和我国社会主义制度，形成做社会主义建设者和接班人的政治认同。

二、改革目标

围绕中学思政课落实立德树人根本任务，中学思政课教学改革要立足发展学生学科核心素养，着力构建立德树人的总体育人框架、协同育人体系、教师发展机制、课程建设体系、教学方法策略、教育资源平台、教学评价机制，有效形成立德树人的教育合力，切实将立德树人根本任务落地、落实、落响（见

图 3－2）。

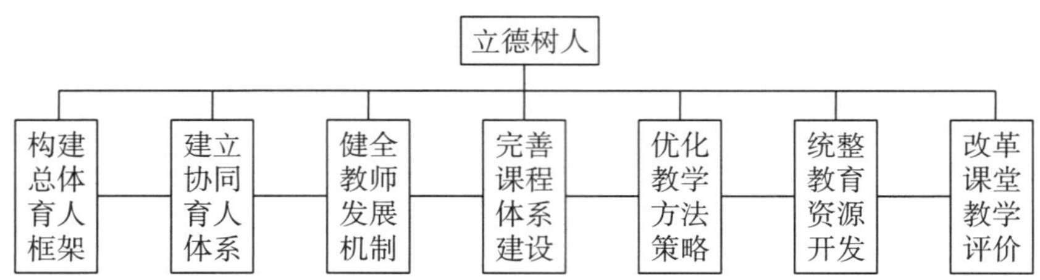

图 3－2　中学思政课立德树人的改革目标

（一）构建中学思政课立德树人的总体育人框架

围绕立德树人根本任务，着眼于发展学生学科核心素养，深入探究基于学科核心素养的中学思政课立德树人总体育人框架，着力形成立德树人导向下中学思政课现代课堂教学改革的新形态、新样本，推动中学思政课教学改革内涵式发展，有效培育学生学科核心素养，切实提升中学生思想政治理论素质，实现知、情、意、行的有机统一，全面落实立德树人根本任务。

（二）建立中学思政课立德树人的协同育人体系

探索学校书记、校长带头抓思政课机制，建立学校思政课联席会议制度，推动形成学校统筹领导、教导处全面指导、学科组协同参与、思政课教师具体落实的大思政工作格局。推行“党组织主导、校长负责、群团组织参与、家庭社会联动”的工作机制，健全社会、学校、家庭、个人“四位一体”协同育人体系，汇聚办好思政课合力，推动全员、全程、全方位育人。

（三）健全中学思政课立德树人的教师发展机制

按照习近平总书记提出的“六个要”要求，改革思政课教师评价机制，严把思政课教师政治关、师德关、业务关，实行不合格思政课教师退出机制。加大思政课教师激励力度，设立思政课教师岗位津贴，提高思政课教师职称比例，增大思政课课题研究和成果交流评选力度，探索建设一支可信、可敬、可靠、乐为、敢为、有为的思政课教师队伍的有效途径和创新方式。

（四）完善中学思政课立德树人的课程体系建设

按照国家整体规划思政课的课程目标，突出初高中育人重点，加强以习近平新时代中国特色社会主义思想为核心内容的思政课课程群建设。坚持“国家课程校本化、校本课程精品化”思路，开齐、开足国家课程，开设、开发校本课程，开好、开创拓展课程，强化学科渗透，促进学段融合，借力高校和社区资源，着力构建“必修课＋选修课”的思政课立德树人课程体系。

（五）优化中学思政课立德树人的教学方法策略

按照思政课“八个相统一”的要求，加强思政课教学方法改革，加大思想性、理论性资源供给。实行思政课集体备课制度，建立纵向跨学段、横向跨学科的交流研修机制，提升思政课教师信息化能力素养，探索建设融媒体思政公开课，不断增强思政课的思想性、理论性和亲和力、针对性，力求使思政课有虚有实、有棱有角、有情有义、有滋有味、有己有人。

（六）统整中学思政课立德树人的教育资源开发

推行开门办思政课，坚持思政课小课堂与社会实践大课堂相结合，充分利用区域和校内思政课教育资源，创新探索“智慧思政”新模式，深度挖掘各学科课程蕴含的思政课教育资源，建设思政课立德树人教育资源平台和网络教学资源库，汇聚办好思政课合力，促进资源共享、环境共建、教育互补，扩大思政课的时空场域，强化学生的社会实践意识与道德践行能力。

（七）改革中学思政课立德树人的课堂教学评价

按照习近平总书记提出的“六个要”标准和“八个相统一”要求，改革思政课教学评价，强化中高考的指挥棒作用，将思政课学习实践情况纳入综合素质评价体系，作为学生评奖评优的重要标准和入团入党的重要参考。建立思政课立德树人课堂教学评价量表，着力增强思政课的思想性、理论性和亲和力、针对性，全面提高课堂教学质量，全面落实立德树人根本任务。

第四章　中学思政课立德树人的基本思路

中学思政课要落实好立德树人根本任务，关键是要明确指导思想，坚持基本原则，厘清基本思路，才能务求将立德树人的各项工作要求真正落到实处，才能着力增强立德树人的育人实效，才能切实肩负培养担当民族复兴大任的时代新人、培养德智体美劳全面发展的社会主义建设者和接班人的时代重任。

第一节　立德树人的指导思想

中学思政课的中心主旨是立德树人，其基本途径是进行中学思政课教学改革。因此，中学思政课落实立德树人根本任务，直接关系到育人目标、育人方向和育人质量等根本性问题。基于此，中学思政课要落实好立德树人根本任务，必须全面贯彻党的教育方针，坚持马克思主义指导地位，贯彻落实习近平新时代中国特色社会主义思想，坚持社会主义办学方向，坚持教育为人民服务、为中国共产党治国理政服务、为巩固和发展中国特色社会主义制度服务、为改革开放和社会主义现代化建设服务，扎根中国大地办教育，同生产劳动和社会实践相结合，加快推进教育现代化，建设教育强国，办好人民满意的教育，努力培养担当民族复兴大任的时代新人，培养德智体美劳全面发展的社会主义建设者和接班人。

第二节　立德树人的基本原则

中学思政课落实立德树人根本任务，是深入落实习近平总书记在学校思想政治理论课教师座谈会上的重要讲话精神和全面贯彻《关于深化新时代学校思想政治理论课改革创新的若干意见》等系列重要文件精神的实际行动，必须切实遵循六个基本原则：一是坚持党对思政课建设的全面领导，把加强和改进思政课建设摆在突出位置。二是坚持思政课建设与党的创新理论武装同步推进，全面推动习近平新时代中国特色社会主义思想进教材、进课堂、进学生头脑，把社会主义核心价值观贯穿于思政课教学全过程。三是坚持守正和创新相统一，落实新时代思政课改革创新要求，不断增强思政课的思想性、理论性和亲和力、针对性。四是坚持思政课在课程体系中的政治引领和价值引领作用，统筹大中小学思政课衔接和一体化建设，推动各类课程与思政课建设形成协同效应。五是提高参研教师的专业精神和专业能力，积极为参研教师成长发展搭建平台、创造条件。六是坚持问题导向和目标导向相结合，注重推动思政课建设内涵式发展，全面提升学生思想政治理论素养，实现知、情、意、行的有机融合与高度统一。

第三节　立德树人的具体思路

中学思政课落实立德树人根本任务，要坚持以习近平新时代中国特色社会主义思想为指导，全面贯彻党的教育方针和习近平总书记在学校思想政治理论课教师座谈会上的重要讲话精神，深入落实《关于深化新时代学校思想政治理论课改革创新的若干意见》等系列重要文件精神，坚持六大基本原则，对标“六个要”标准，按照“八个相统一”要求，精心做好中学思政课立德树人顶层设计，创新发展学生学科核心素养体系，全力推进中学思政课教学改革，系统协同建设思政课，改革创新开好思政课，着力提升中学思政课的思想性和理论性，切实增强中学思政课的亲和力和针对性，全面提高中学思政课教学质量，全面落实立德树人根本任务（见图 4—1）。

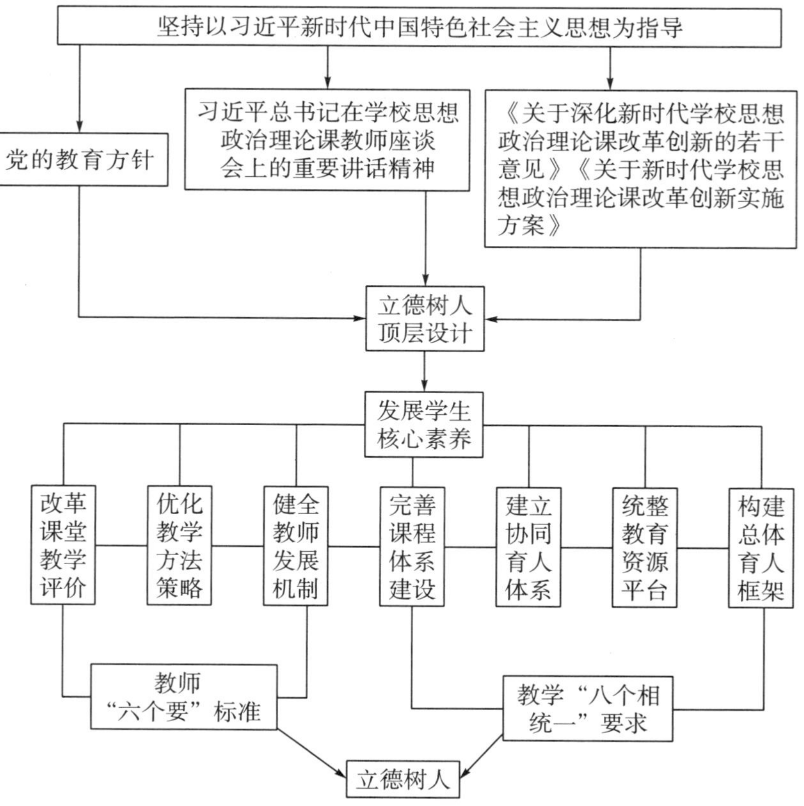

图 4—1　中学思政课落实立德树人根本任务的基本思路

第五章　中学思政课立德树人的总体框架

中学思政课要落实好立德树人根本任务，就必须从大思政课的角度和顶层设计的高度，系统思考和科学设计发展学科核心素养的总体育人框架，构建立德树人的总体育人框架，推进教学改革的总体育人框架，从而使落实立德树人根本任务的各项要求都有清晰的工作思路和有力的创新举措。

第一节　发展学科核心素养的总体育人框架

围绕中学思政课落实立德树人根本任务，着眼于发展学生学科核心素养，按照习近平总书记提出的“六个要”标准和“八个相统一”要求，深入探究基于学科核心素养的中学思政课立德树人的总体育人框架，着力形成立德树人导向下“一个核心、三个方面、六大素养”的中学思政课现代课堂教学形态，推动中学思政课教学改革内涵式发展，全面提升中学生思想政治理论素养，使之实现知、情、意、行的有机统一，全面落实立德树人根本任务（见图5－1）。

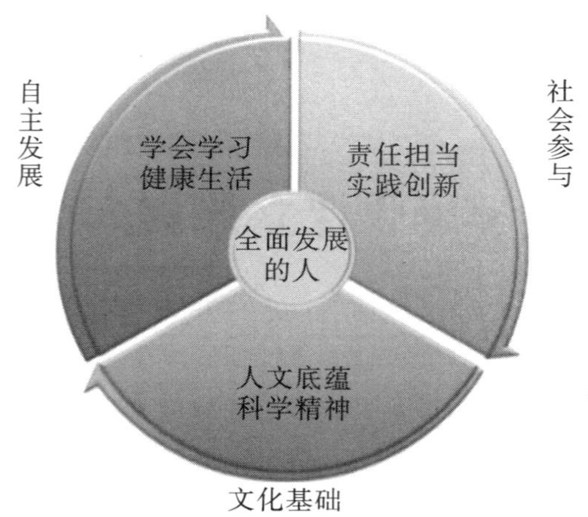

图 5—1 中学思政课学科核心素养的总体育人框架

一、围绕“一个核心”

所谓“一个核心”，即培养全面发展的人。教育是国之大计、党之大计。中学思政课落实立德树人根本任务，其终极目标就是要培养德智体美劳全面发展的社会主义建设者和接班人，培养担当民族复兴大任的时代新人。

二、立足“三个方面”

所谓“三个方面”，即文化基础、自主发展、社会参与。立足“三个方面”，突出强调个人修养、社会关爱、家国情怀，着力培养学生具备适应终身发展和社会发展需要的必备品格、关键能力和价值观念，把发展学生核心素养和落实立德树人根本任务融入思政课教学之中。

三、培养“六大素养”

所谓“六大素养”，即人文底蕴、科学精神、学会学习、健康生活、责任担当、实践创新。通过中学思政课教学改革，学生在学习、理解、运用人文领域知识和技能等方面具有人文积淀、人文精神和审美情趣，丰厚人文底蕴和人文情怀；学生在学习、理解、运用科学知识和技能等方面能够理性思维、批判质疑和勇于探究，培养自身的科学态度和科学精神；学生在学习态度、方式、方法、进程等方面能够乐学善学、勤于反思，增强自身的自主学习和信息意识；学生在认识自我、发展身心、规划人生等方面能够珍爱生命、健全人格和自我管理，促进自身的健康生活和适性发展；学生在处理与他人、集体、社会、自然关系等方面能增强社会责任、国家认同和国际理解，培养自身的责任担当和践行能力；学生在学习生活、社会实践、公共参与等方面具有劳动意识、问题解决和技术运用的能力，培养自身的创新精神和实践能力，能将创新理念生活化、实践化。

第二节　构建立德树人的总体育人框架

围绕中学思政课落实立德树人根本任务，着眼于发展学生核心素养，推进立德树人导向下中学思政课教学改革，必须从“立德树人”的角度进行系统思考与顶层设计，着力从发展学科核心素养、突出思政学科地位、健全协同育人体系、丰富课程体系建设、完善教师发展机制、优化教学方法策略、整合社区教育资源、开发思政教育资源、改革课堂教学评价、提高教学管理水平等十个方面，系统构建“立德树人”的总体育人框架，有效形成“立德树人”的教育合力和协同效应（见图5—2）。

一、发展学科核心素养

按照“一个核心、三个方面、六大素养”的现代中学思政课课堂教学形态，发展学生政治学科核心素养。由于发展学科核心素养与立德树人之间存在事实上的目标关系、逻辑关系和实践关系，因此在整体推进立德树人导向下中学思政课教学改革并系统构建立德树人总体育人框架时，需把发展学科核心素养作为立德树人的重要目标和基本内容，并深度融入立德树人的总体育人框架之内。就发展学生政治学科核心素养而言，则是要求学生具备学科的必备知识、关键能力和价值观念。

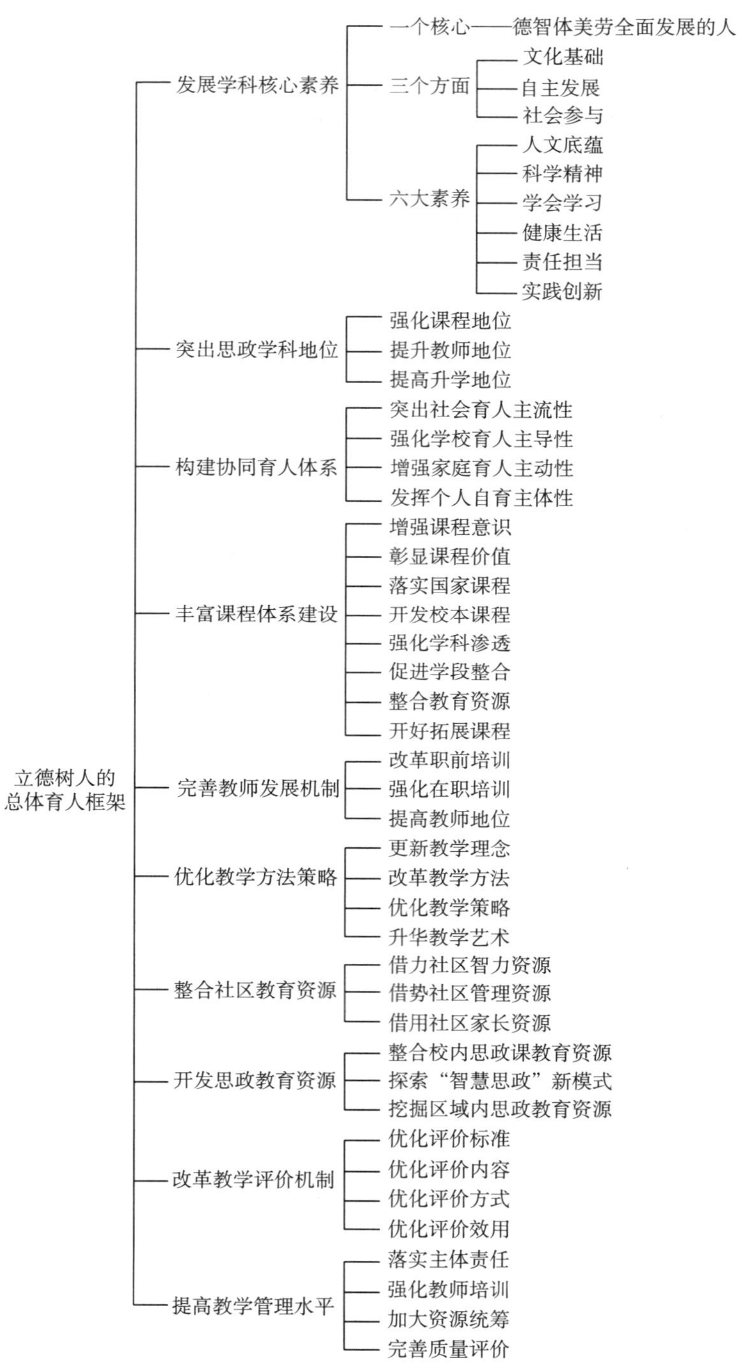

图 5－2　中学思政课立德树人的总体育人框架

二、突出思政学科地位

围绕中学思政课落实立德树人根本任务，全面贯彻落实习近平总书记2019年3月18日在北京主持召开学校思想政治理论课教师座谈会时的重要讲话精神和《关于深化新时代学校思想政治理论课改革创新的若干意见》等系列重要文件要求，强化思政课的课程地位，提高思政课的教师地位，提高思政课的升学地位，更加突出思政课的学科地位，充分彰显思政课的育人功能和学科核心价值（见图5－3）。

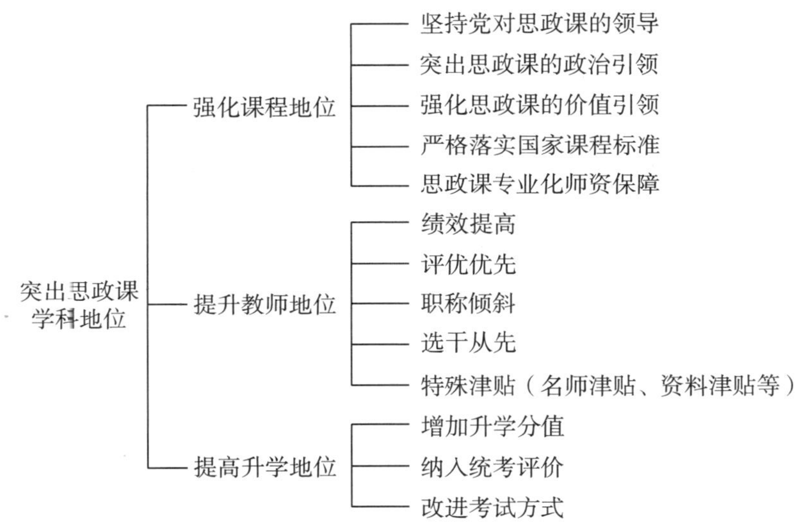

图5－3　立德树人导向下突出中学思政课的学科地位

（一）强化课程地位

思政课是落实立德树人根本任务的关键课程，发挥着不可替代的作用。在立德树人导向下，必须提高政治站位，将思政课建设放到学校党建和学校工作中更加突出的位置。坚持党对思政课建设的全面领导，突出思政课的政治引领，强化思政课的价值引领，严格落实国家课程标准，加大思政课专业化师资保障，开展“博士进校园”活动，推进“互联网＋思政教育”，探索“智慧思政”新模式，切实提升思政课建设的整体水平和教学的整体质量，增强立德树人实效。

（二）提升教师地位

通过加大思政课教师激励力度、设立思政课教师岗位津贴、提高思政课教师职称岗位占比、把思政课教师作为学校干部队伍重要来源、单列思政课专项教学成果奖、定期开展优秀思政课示范课巡讲活动、各级晋级评优及进入行政序列比例对思政教师在同等条件下有特别的倾斜与照顾、核定编制时充分考虑思政课教师配备要求、将思政教师纳入各类名优教师培养计划等措施，创新探索促进思政课教师专业化发展机制，切实增强思政教师的学科归属感、成就感和幸福感。

（三）提高升学地位

强化中高考招生考试对学生学习思政课的指挥棒作用，增加思政课的中考升学分值，切实体现思政课是落实立德树人根本任务的关键课程的重要地位和作用。改进考试方式，增加注重考查学生学科核心素养和综合能力素质的比重，增加过程考核和面试考查的方式，改变“分数”决定学生思想政治素质高低的中高考招生考试现状。完善考核评价，将思政课纳入学期统考统阅科目，将思政课学习实践情况等作为重要内容纳入综合素质评价体系，作为学生评奖评优重要标准和学生入团入党的重要参考，以切实增强各方对思政课的重视，强化思政课的学科地位，提高立德树人实效。

三、构建协同育人体系

围绕中学思政课落实立德树人根本任务，推进立德树人导向下中学思政课教学改革，要积极构建立德树人的协同育人体系，切实增强中学思政课立德树人的实效。

（一）突出社会育人主流性

落实立德树人根本任务，要充分利用社会教育积极因素的影响，有效防止消极因素的腐蚀。引导学生全面认识社会，让学生既看到社会的主流，积极的、正面的东西，也要让学生认识社会的复杂性、多元性，从而自觉抵制不良风气，增强改造社会的责任，担负时代赋予的使命，促进中学生良好思想品德与政治素养的培养和形成。

（二）强化学校育人主导性

推进立德树人导向下中学思政课教学改革，要充分利用学校教育的主导地位，切实发挥学校育人的主导性作用。要将立德树人放在学校工作和学科教学的首要位置，突出思政课的“第一学科”地位，发挥思政课的“关键课程”作用，着力解决“重智育、轻德育，重分数、轻育人”的实际问题，切实增强立德树人实效。

（三）增强家庭育人主动性

家庭是人生成长的摇篮，父母是孩子的第一任老师。人的许多良好个性品质、行为习惯的养成，都是在家庭教育中逐渐形成的。由于家庭教育既是学校教育的基础，又是学校教育的补充和延伸，因此落实立德树人根本任务，需要切实增强家庭育人的主动性，让家长有意识地通过自己的言传身教和家庭生活实践，引导子女养成良好的思想品德、道德情操、个性品质和行为习惯。

（四）发挥自我教育主体性

自我教育是最有效的教育，引导学生学会自我教育是现代教育的最佳途径。落实立德树人根本任务，要着力唤起学生的主体意识、主动精神，充分发挥自我教育的主体性作用。在思政课教学实践中，应通过观看视频、小组讨论、交流发言、角色扮演、游戏活动等各种途径和方式，让学生尽可能多地参与到教学活动中来，使学生真正实现从“被人塑造”到“自我塑造”的根本转变。

四、丰富课程体系建设

课程是发挥中学思政课育人功能的重要载体，课程建设是推进中学思政课教学改革的重要抓手。围绕中学思政课落实立德树人根本任务，推进立德树人导向下中学思政课教学改革，必须进一步丰富和完善课程体系。加强中学思政课课程体系建设，构建以习近平新时代中国特色社会主义思想为核心内容的思政课课程群，充分体现思政课的思想含量、政治含量、学术含量，进一步发挥思政课承载的育人使命和历史重任，是思政课落实立德树人根本任务的客观需要和根本要求（见图5—4）。

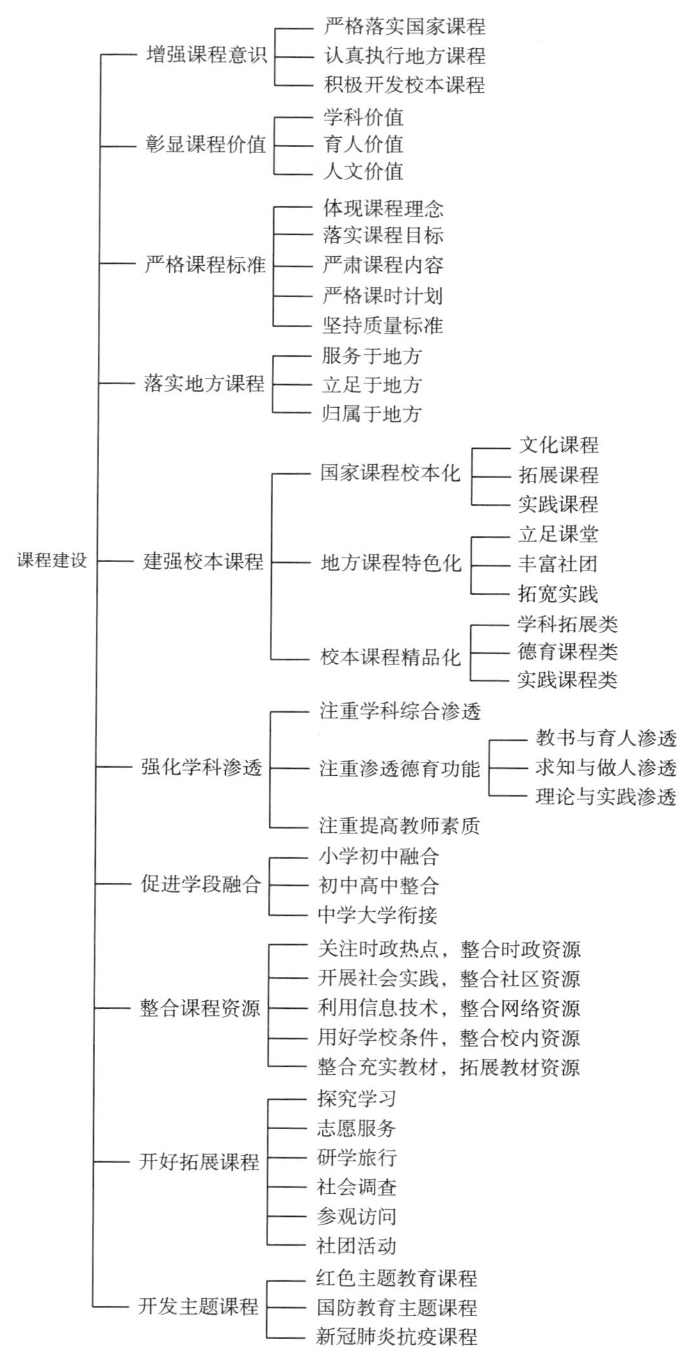

图 5－4　立德树人导向下中学思政课的课程体系建设

（一）增强课程意识

课程意识是指教师对课程的敏感程度，它蕴含着对课程理论的自我建构意识、课程资源的开发意识等几方面。处于教学第一线的教师，其课程意识的强弱程度直接影响着教学改革的成败及教学质量的高低。因此，落实立德树人根本任务，思政课教师需切实增强课程意识，积极形成总体课程观——严格落实国家课程，认真执行地方课程，积极开发校本课程，切实更新课程观念，确保思政课的学科地位和学科价值得到充分体现和发挥。严格落实国家课程，即执行国家课程的标准、内容和要求，不打折扣、不搞变通，不走样、不缩水。认真执行地方课程，即按照地方教育主管部门的要求，认真编写和开设地方特色课程，增强课程的地方特色和多元属性。积极开发校本课程，即根据学校校情和师生实际，积极开发具有学科特点、体现学科特性、富有学科特色的校本课程。切实更新课程观念，课程意识作为教育领域一种意识形态的"课程哲学"，会深刻影响教师的课程观念，促进教师教育理念的更新。

（二）彰显课程价值

中学思政课的课程标准充分体现了思想性、人文性、实践性、综合性的课程性质。由于中学思政课是以国家认同、科学精神、法治意识、公共参与为课程核心理念，其课程目标是培养学生具有学科核心素养，逐步形成能够适应终身发展和社会发展需要的必备品格、关键能力和价值观念。因此，中学思政课彰显课程价值，就要充分体现课程的学科价值、育人价值和人文价值，做到教书与育人相结合、求知与做人相结合、理论与实践相结合，培养学生自信、奋斗、担当的精神状态，促使学生形成深厚的人文底蕴和高尚的人文精神，帮助学生树立正确的世界观、人生观和价值观。

（三）严格课程标准

要按照国家整体规划思政课的课程目标，突出初高中育人重点，初中阶段重在打牢思想基础、强化思想意识，高中阶段重在提升政治素养、增强政治认同。要切实增强思政课教学的思想性和理论性、亲和力和针对性，生动活泼、灵活有效地对学生进行爱国主义、集体主义和社会主义教育，加强中华民族优良传统、革命传统教育和国防教育，加强思想品质和道德教育，引导学生树立正确的世界观、人生观和价值观。要倡导科学精神、科学态度和科学方法，引导学生积极创新与实践，培养创新精神和实践能力。要准确把握课程标准对课程性质的规定，体现课程理念，紧扣课程目标，严肃课程内容，严格课时计划，坚持质量标准，充分发挥思想政治课在学校德育中的基础性和导向性作用。

（四）落实地方课程

中学思政课落实立德树人根本任务，推进立德树人导向下中学思政课教学改革，需要切实加强地方课程建设，充分发挥地方课程在落实立德树人根本任务中的特殊价值和重要作用。中学思政课落实地方课程，要准确把握服务于地方、立足于地方、归属于地方三个基本原则，突出地方课程的地域性、民族性、文化性、针对性、适切性、灵活性、探究性、开放性、建构性等特征，使地方课程既是国家课程的有机补充，又是学校课程的重要依据。同时在实施地方课程的过程中，可采取课程整合、灵活实施、实践体验等策略，确保思政课地方课程得到有效落实，提高思政课育人的针对性和实效性。

（五）建强校本课程

坚持“国家课程地方化、地方课程校本化、校本课程特色化、特色课程精品化”思路，立足学校实际，根据师生特点，结合区域资源、时政教育、生涯规划等建强思政课校本课程，着力构建“必修课＋选修课”的思政课立德树人课程体系，提升思政课校本课程的政治性、时代性、科学性、可读性。国家课程体现总体目标与基本原则，地方课程体现地区目标和地域特色，校本课程体现学校目标和校本特色。国家课程校本化主要从文化课程、拓展课程、实践课程三个方面分别推进，地方课程特色化主要从立足课堂、丰富社团、拓宽实践三个方面分项推进，校本课程精品化主要从学科拓展类、德育课程类、实践课程类三个方面分类推进，最终实现思政课“小课堂”与社会“大课堂”的有机结合，体现思政课学习的广度和深度、综合性和实践性。

（六）强化学科渗透

思政课强化学科渗透，就是围绕立德树人根本任务，按照“铸魂育人”的要求，建立纵向跨学段、横向跨学科的教学交流研修机制，充分发挥各学科的育人价值，深度挖掘各学科课程蕴含的思政课教育资源，促进各类课程和思政课渗透整合。在具体实施时，要注重学科综合渗透，做到“渗透有度”，不能主次不分，必须确保思政课的主导地位和学科性质；注重渗透德育功能，做到教书与育人渗透、求知与做人渗透、理论与实践渗透，实现润物无声、德育无痕，潜移默化地增强思政课的育人效果；注重提高教师素质，使其既要拥有深厚的专业功底，又要具有渊博的知识学养，还要掌握现代教育信息技术，切实增强思政课落实立德树人根本任务的实际效果。

（七）促进学段融合

中学思政课分为初中和高中两个阶段，两个阶段的教材和教学都是以生活作为构建的基础。初中阶段主要要求学生对知识的了解，而高中阶段主要要求学生对知识的应用。从初中到高中是一个由浅入深、循序渐进的过程，教师应以学生为本，将初中思想品德和高中思想政治教育从“外因诱导”转化为“内因驱动”。因此，中学思政课促进学段融合要遵循学生认知规律设计课程内容，体现不同学段特点，依据教材内容和学段要求，有效地进行小学初中融合、初中高中整合、中学大学衔接，统筹推进区域内大、中、小学思政课一体化建设，着力推动区域思政课建设内涵式发展和立德树人导向下中学思政课教学改革，以收到良好的立德树人实效。

（八）整合课程资源

中学思政课整合课程资源，就是要在教学中灵活整合教材内容，充分利用课内课外教学资源，优化教学内容，丰富教学形式，创新教学手段，拓展教学空间，提高教学质量。在具体实施过程中，要关注时政热点，整合时政资源，使思政课教学更具张力和活力；开展社会实践，整合社区资源，使思政课教学达到知、情、意、行的有机统一；利用信息技术，整合网络资源，使思政课教学实现教学手段的多样化、教学方法的艺术化、教学效果最优化的高度统一；用好学校条件，整合校内资源，为课堂教学提供丰富的校内人文资源，切实增强思政课的亲和力和针对性；整合充实教材，拓展教材资源，让学生既加深对教材知识的理解和感悟，又增强对社会生活的关注与参与。

（九）开好拓展课程

围绕落实立德树人根本任务，推进立德树人导向下中学思政课教学改革，需要积极开好拓展课程。当前，开好思政课拓展课程，重点是抓好拓展教材和拓展活动两个方面。前者主要是运用好党史、国史、改革开放史、社会主义发展史、中华优秀传统文化、革命文化、社会主义先进文化、科技创新文化及总体国家安全观等拓展教材，并以此作为选修课内容。后者主要开展探究学习、研学旅行、志愿服务、社会调查、参观访问、社团活动、团队建设、学生党（团）校等拓展活动，并以此作为选修课实践。两者相互促进、互为补充，共同组成思政课的拓展课程，并有机融入思政课教学之中，实现课内课外相统一。

（十）开发主题课程

在推进立德树人导向下中学思政课教学改革的具体实践中，可自主开发红色主题教育系列课程、国防教育主题课程和新冠肺炎抗疫课程。红色主题教育课程依托红色基因和革命传统，汲取党史、军史、革命史、国史、发展史和改革史的红色历史营养，让学生感受中国特色社会主义的革命和发展规律，认同中国特色社会主义的历史成就和历史趋势，进一步完善和健全人生观、价值观和世界观，浸润价值观的教育和政治上的正确熏陶。国防教育主题课程按照“铸魂育人”的要求，以军事知识、军事人物、军事思想、军事历史、军事地理、军事战役、军事工程、军事技术、军事兵器等为载体，开发了“开国将帅”“抗战经典”“中共领导的著名战争”“影响中国的100次战争”等系列国防教育课程，传承红色基因和革命传统，落实立德树人根本任务。新冠肺炎抗疫课程以2020年突如其来的新冠疫情为教育契机，创新开发了“战‘疫’中的家国情怀”“抗疫中彰显中国责任”“抗疫中的中国价值”“抗疫中的中国力量”“抗疫中的中国精神”“抗击新冠肺炎疫情的中国实践”“抗疫中的心理疏导”等系列抗疫课程，切实增强了学生的“四个自信”，厚植了学生的家国情怀，强化了学生的使命担当，达到了立德树人的根本目的。

五、完善教师发展机制

围绕中学思政课落实立德树人根本任务，着眼于发展学生学科核心素养，着力建设一支可信、可敬、可靠，乐为、敢为、有为的思政课教师队伍，迫切需要完善教师发展机制，全面提高思政课教师队伍的整体素质。完善教师发展机制，关键是要从改革职前培养、强化在职培训、提高教师地位三个方面采取切实有效的改革措施（见图5—5）。

（一）改革职前培养

针对当前思政课教师职前培养存在的理想信念意识淡薄、职业道德修养淡化、专业能力素养肤浅等实际问题，要着力从加强理想信念教育、强化职业道德培养、突出专业能力提升等三个方面下功夫。

1. 加强理想信念教育

围绕解决好“培养什么人、怎样培养人、为谁培养人”这个根本问题，必须切实加强大学生职前理想信念教育，以凝聚人心、完善人格、开发人力、培育人才、造福人民为工作目标，坚持以传统文化为理想信念教育的资源，坚持以革命文化为理想信念教育的基因，坚持以先进文化为理想信念教育的根本，突破理想信念教育的瓶颈，真正打好学生“坚定马克思主义科学信仰、坚定社会主义和共产主义科学信念、坚定中国特色社会主义自信”的政治底色，切实解决好真学、真懂、真用、真信的问题。

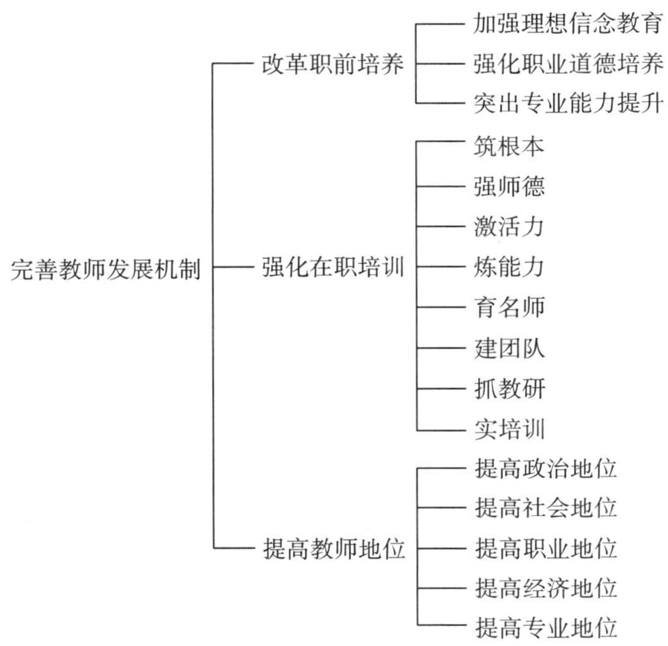

图 5—5　立德树人导向下完善中学思政课教师发展机制

2. 强化职业道德培养

在职前培养中，要坚持思想铸魂，按照“四有好老师”的标准塑造未来的思政课教师，使未来的思政课教师在大学时代就养成良好的职业道德素养。具体来讲，要坚持以习近平新时代中国特色社会主义思想为指导，突出课堂育德、突出典型树德、突出规则立德，持续加强大学生职业道德教育，引导大学生们更好掌握马克思主义立场观点方法，认清中国和世界发展大势；坚持价值导向，引导大学生们切实践行社会主义核心价值观，弘扬中华优秀传统文化、革命文化和社会主义先进文化，充分发挥文化涵养师德师风功能；坚持党建引领，引导大学生们切实增进对中国特色社会主义的政治认同、思想认同、理论认同、情感认同。

3. 突出专业能力提升

当前，有相当一部分新上岗的思政课教师普遍存在理论知识不扎实、专业素养不深厚、教学能力不突出等诸多问题。究其客观原因，与目前大学对学生的学习和毕业要求不高、不严等因素密切相关。这种状况的存在，严重影响了大学生的培养质量，也制约了基础教育的教育质量。因此，大学要切实加强大学生专业能力的培养和考核，确保大学生人才培养质量符合国家规定的质量标准，切实满足基础教育和立德树人的根本要求。

（二）强化在职培训

按照习近平总书记提出的“六个要”标准，努力建设一支可信、可敬、可靠、乐为、敢为、有为的思政课教师队伍，是落实立德树人根本任务的客观要求。针对当前思政课教师继续教育存在的各种实际问题，可采取以下切实有效的改革措施。

1. 筑根本

实施“铸魂工程”，加强思政课教师队伍的思想政治教育，坚定政治认同，整体提升思政课教师的政治素质。

2. 强师德

把立德树人的成效作为检验学校一切工作的根本标准，把师德师风作为评价教师队伍素质的第一标准，将社会主义核心价值观贯穿师德师风建设全过程。加强思政课教师队伍的师德师风建设，倡导思政课教师争做“学高为师、身正为范”的楷模，坚决实行师德“一票否决”制度。

3. 激活力

要保证思政课教师的专业地位和政治待遇，激发他们的积极性、主动性和创造性，打造一支政治强、情怀深、思维新、视野广、自律严、人格正的思政课教师队伍。

4. 练能力

实施思政课教师“能力提升计划”，加强学科教研活动，落实“手拉手”集体备课、“心连心”交流互动，通过课例观摩、学术研讨、教学比武、示范展示等专题研修活动，促进教师加强思政课教学热点、难点、疑点问题研究，不断改进教学方法，提高课堂教学水平，整体提升思政课教师的专业素养和立德树人能力。

5. 育名师

加强思政课名师队伍建设，充分发挥思政课名师在学科教学中的示范、引领和辐射作用。大力培育壮大思政课名优骨干教师后备力量，给他们引路子、压担子、搭梯子，促进其成长。着力培育和造就一批在全市、全省乃至全国有影响力的领军型、专家型思政课教师，改善思政课教师队伍结构。建立名师“走班”“走课”机制，开展跨校师徒结对活动。

6. 建团队

依托思政课名师资源，组建思政课名师工作室，强化学校思政课学科教研组、备课组建设，构建思政课教师成长共同体。

7. 抓教研

加强学科教研活动，实行思政课集体备课制度，完善思政课教师“手拉手”备课机制。建立纵向跨学段、横向跨学科的交流研修机制，开展相邻学段思政课教师教学研讨活动，推动建立思政课教师与其他学科专业教师交流机制。大力推进思政课教学方法改革，提升思政课教师信息化能力素养，推动现代信息技术在思政课教学中的应用。

8. 实培训

完善思政课教师培训制度，切实提高思政课教师的政治素养、师德素养和专业素养。将思政教师纳入“金字塔”教师梯队建设、星光教师培养计划、名师闪闪耀工程等，优先外派学习培训。依托“党旗在岗位闪光”品牌，凸显“德育之星”在“五星”党员中引领价值。

（三）提高教师地位

围绕建设一支政治强、情怀深、思维新、视野广、自律严、人格正的思政课教师队伍的目标，全面提高思政课教师的政治地位、社会地位、职业地位、经济地位、专业地位，让思政课教师真正成为社会令人羡慕、受人尊重的职业。

1. 提高政治地位

把思政课教师作为学校干部队伍重要来源，表彰宣传立场坚定、学养深厚、联系实际、成果突出的优秀思政课教师，切实增强思政课教师的职业认同感、荣誉感和责任感。

2. 提高社会地位

加大表彰力度，评选思政课教学名师，成立思政课名师工作室，表彰思政课教学科研成果，奖励贡献突出的教学一线教师，定期开展优秀思政课示范课巡讲活动，增强思政课教师的社会影响力。

3. 提高职业地位

实行思政课教师准入制度，严把思政课教师的政治关、师德关、业务关，实行不合格思政课教师退出机制。明确与思政课教师教学科研特点相匹配的评价标准，在培训、职称评聘、表彰奖励等方面向思政课教师倾斜。实施思政课教师理论学习提升专项计划，健全师德建设常态长效机制，建立教师个人信用记录，完善诚信承诺和失信惩戒机制。

4. 提高经济地位

完善思政课教师待遇保障机制，确立公办思政课教师作为国家公职人员特殊的法律地位和经济地位。健全思政课教师工资长效联动机制，核定绩效工资总量时统筹考虑当地公务员实际收入水平，确保思政课教师平均工资收入水平不低于或高于当地公务员平均工资收入水平。完善思政课教师收入分配激励机制，绩效工资分配向思政课教师倾斜。因地制宜设立思政课教师岗位津贴，纳入绩效工资管理，相应核增学校绩效工资总量。提取思政课专项经费，用于思政课教师学术交流、实践研修等，并逐步加大支持力度。

5. 提高专业地位

高度重视思政课的学科地位和思政课教师的专业地位，加强专职思政课教师配备，严格按编制配齐思政课教师，统筹解决好思政课教师缺口问题，严格落实思政课专业教师上思政课。核定编制时要充分考虑思政课教师配备要求，在编制内配足，且不得挪作他用。保证思政课管理人员配备，确保事有人干、责有人负。遴选学科带头人担任集体备课牵头人、形势政策报告人、党校讲座主讲人，提升思政课教师的专业地位。

六、优化教学方法策略

围绕落实立德树人根本任务，着眼发展学生学科核心素养，推进立德树人导向下的中学思政课教学改革，需要切实优化思政课教学方法策略。

（一）更新教学理念

中学思政课要落实好立德树人根本任务，必须将过去以“教”为主的教学理念转变为以“学”为主的教学理念，重点解决好“教什么”“如何教”“怎么学”“学到什么”的问题，做到治学严谨、启迪有方、乐教善教。

（二）改革教学方法

要按照习近平总书记提出的“八个相统一”的要求，适应新时代落实立德树人的根本要求，改革和优化当前的思政课教学方法，坚持达成三维目标与培育核心素养相结合，坚持系统讲授、专题深化与形式多样的“活动课堂”相结合，坚持思政课主导教育与主体教育相结合，坚持理论播撒与实践体悟相结合，坚持问题导向与目标导向相结合，实现全员、全程、全方位育人，达成知、情、意、行的统一。

（三）强化定位定性

针对当前中学思政课教学确实存在教材内容与教学体系需要转化、思政课教学环境亟待优化、思政课教学内容整合需要深化等诸多实际问题，在遵循逻辑原则、实践原则、内容定位原则、课程定性原则的基础上，做到教学定位、目标定位、对象定位和思想课定性、政治课定性、理论课定性，进而构建科学合理且创新高效的思政课教学体系。

（四）增强教学艺术

思政课教学既是一门科学，也是一门艺术。科学是符合客观的真，艺术是发自内心的美。思政课教学艺术具有五大基本特性：形象性、情感性、审美性、表演性、创造性。思政课教学艺术还具有六大作用：一是活跃课堂气氛：振奋精神，调动情绪；二是构建和谐的师生关系：沟通情感，缩短距离；三是激发学生的学习兴趣和求知欲：新鲜生动，激发兴趣；四是加强学生对知识的理解和记忆：举一反三，内化迁移；五是启发学生的心智：通俗易懂，促进理解；六是展现教师的才能和机智：机动灵活，化解冲突。思政课教师应从教学幽默、教学机智、语言艺术、板书艺术、仪容仪表、批评表扬等方面，切实增强自身的教学艺术能力。尤其要从普通话、好板书、好口才、好文章、好方法等“五个基本功”入手，研究教学规律、积累渊博知识、提高师德素质，以德立身、以德立学、以德施教、以德育德，全心全意做学生锤炼品格、学习知识、创新思维、奉献祖国的引路人。

七、整合社区教育资源

围绕落实立德树人根本任务，推进立德树人导向下的中学思政课教学改革，客观上需要整合社区教育资源，充分挖掘和开发利用社区教育资源中立德树人的思政课教育因素，并最大限度地发挥其应有的积极作用。在具体实施过程中，要着力从三个方面借力借势。

（一）借力社区智力资源

要积极邀请高等院校、科研院所、学术团体等各方专家学者、专业技术人才为中学生上思政课。要推动思政课实践教学与学生社会实践活动、志愿服务活动相结合，思政小课堂和社会大课堂相结合，挂牌建立思政课实践教学基地，完善思政课实践教学机制，形成思政课立德树人工作体系，汇聚办好思政课合力。

（二）借势社区管理资源

要严格落实辖区党委思政课建设主体责任，把思政课建设作为党的建设和意识形态工作的标志性工程摆上重要议程，在工作格局、队伍建设、支持保障等方面采取有效措施。要建立和完善辖区党委领导班子成员联系学校和讲思政课特别是“形势与政策”课制度，并把思政课建设情况纳入党委领导班子考核和政治巡视。同时加大正面宣传和舆论引导力度，强化思政课改革建设的政治引领和管理指导，推动形成全党全社会努力办好思政课、教师认真讲好思政课、学生积极学好思政课的良好氛围。

（三）借用社区家长资源

要切实建立和完善经常性的家长联系学校制度，充分利用家长学校和家长委员会这两大平台，通过举办家庭教育专家讲座、召开家长会、进行家访、组织个别交流等形式，促进家校形成教育共识和育人合力。要发挥家庭教育的优势，邀请家长群体中的专家、学者、公安、法官、公务员、医生、教师等各类专业技术人才，通过举办家长论坛、开设专题讲座、开展网上交流等途径，采取集中+分组、系统+分类、线上+线下等形式，共同发挥对学生的思想品德教育、政治价值引领、行为习惯培养、健全人格塑造、情感情操陶冶等方面的独特作用，切实增强立德树人效果。

八、开发思政教育资源

围绕落实立德树人根本任务，着眼于发展学生学科核心素养，推进立德树人导向下的中学思政课教学改革，需要切实加强思政课教育资源开发。开发思政课教育资源，要坚持以人为本，遵循学生发展规律，深入推进学科融合、思政课与活动课的整合，使各类课程与思政课同向而行，发挥协同效应，满足学生成长需求和发展期待。在具体实施过程中，要着力从三个方面下功夫（见图5－6）。

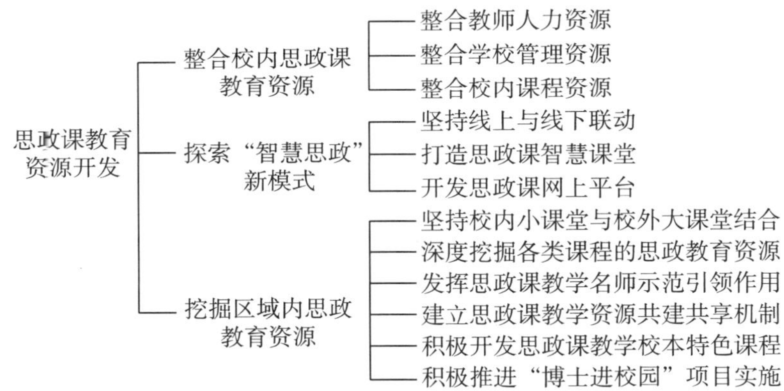

图 5—6　立德树人导向下中学思政课的教育资源开发

（一）整合校内思政课教育资源

整合校内各类人力资源、管理资源、课程资源，使之产生协同育人合力，发挥协同育人效应，以满足学生成长需求和发展期待。

就整合教师人力资源而言，要围绕习近平总书记提出的“六个要”标准，加强思政课教师配备，统筹解决好思政课教师缺口问题；严把政治关、师德关、业务关，实行不合格思政课教师退出机制；教育主管部门和各校要保证思政课管理人员配备，确保事有人干、责有人负；定期开展思政课一体化教学研究活动，整体提升思政课教学质量水平。

就整合学校管理资源而言，要严格落实学校书记、校长主体责任制，建立学校书记、校长带头抓思政课机制，带头走进课堂，带头推动思政课建设，带头联系思政课教师；严格落实思政课建设巡察和督导制，把思政课建设情况纳入学校党的建设工作考核、办学质量和学科建设评估标准体系；加强思政课日常教学管理，建立思政课教学质量测评体系，开展思政课建设达标和提升行动，健全思政课老中青教师传帮带机制，优化教师晋升机制，加大思政课教育资源统筹力度，促进区域思政课教师交流，强化区域思政课学段整合，提升学校思政课教学管理水平。

就整合校内课程资源而言，要结合劳动教育、国家安全教育、全民阅读、校本特色课程建设等，切实强化思政课与德育活动的整合；要结合主题党日、创先争优、主题教育、红色教育等党建活动，切实强化思政课与党建活动的整合；结合学生入团、主题团会、举办团校、团员实践等团队活动，切实强化思政课与团队活动的整合；结合学校开展的艺术、体育、阅读、演讲等丰富多彩的社团活动，切实强化思政课与社团活动的整合。

（二）创新探索“智慧思政”新模式

坚持线上线下联动，整合思政课教学信息资源，推进“互联网＋思政教育”，建设学校思政课教学 App，形成教育资讯、技能培训与资源共享一体化平台。

就坚持线上与线下联动而言，要积极探索“互联网＋思政课教学模式”改革创新，促进现代信息技术与思政课教学的深度融合，实现师生课上课下、线上线下教学联动，推动思政课教学体系逐渐从“平面”走向“立体”，促进思政课教学的多样化、互动化、生动化和协同化，提高思政课教学的亲和力和感染力。开发和建设区域、学校思政课教学 App，形成覆盖区域各学校各年级的思政课教学共享资源体系。

就打造思政智慧课堂而言，要加快学校教育信息化基础设施建设，打造“智慧校园”，推进“互联网＋思政课教学”深化发展。以“智慧校园”为依托，充分发挥区域、学校思政课名优骨干教师优势，打造一批区域、校级思政课精品在线开放课程，探索建设融媒体思政公开课，推动思政课优质教学资源共建共享，切实增强思政课教学的思想性、理论性和亲和力、针对性，实现知、情、意、行的统一。定期开展思政课一体化教学研究活动，及时在线分享思政课教师的教学研究成果和优质思政课教学资源。

就开发思政课网上平台而言，要加快数字校园建设，统筹建设一体化智能化教学、管理与服务平台。加强学校思政课教师网络集体备课平台建设，建设思政课教学资源库，实现思政课教学资源共建共享，提高思政课教学信息化水平。借助微博、微信、QQ 等新媒体，打造思政课网络教学新模式。坚持思政课程与校园文化的融合统一，发挥思政课教学名师和优秀团队的优势，利用网络平台发表具有思想性和理论性、说服力和影响力的主流价值观点，把道理讲彻底、把事实讲明白、把问题讲清楚，让学生真懂真信、口服心服，从而抢占网络舆论主阵地和思政课教学制高点。

（三）挖掘区域思政课教育资源

坚持开门办好思政课，扩大思政课的时空场域，建立思政课校外实践教学基地，把思政课与社会实践、研学旅行、研究性学习等结合起来，进一步强化中学生的社会实践意识与道德践行能力。

坚持校内小课堂与校外大课堂相结合，推动思政课实践教学与学生社会实践活动、志愿服务活动相结合，思政小课堂和社会大课堂相结合，不断扩大思政课的时空场域；深度挖掘各类课程的思政教育资源，解决好各类课程与思政课相互配合的问题，使各类课程与思政课同向同行，形成协同效应，增强立德树人实效。发挥思政课教学名师示范引领作用，选树一批思政课教学名师，组建一批思政课名师工作室，举办“思政课名师大讲堂”，开展优秀思政课示范课巡讲，充分发挥名优骨干教师的示范引领和辐射带动作用；建立思政课教学资源共建共享机制，加强思政课教学资源库建设，完善思政课实践教学机制，挂牌建立思政课实践教学基地，编写深度解读教材体系的示范教案，打造思政课精品在线开放课程，探索建设融媒体思政公开课，推动优质教学资源共享；积极开发思政课教学校本特色课程，编写中华优秀传统文化、革命文化、社会主义先进文化、科技创新文化及总体国家安全观等方面的校本课程，编制中华民族古代历史和革命建设改革时期英雄人物、先进模范进课程教材图谱，如高中阶段可围绕学习习近平总书记重要讲话精神开设“思想政治”选择性必修课程，初中阶段可结合校本课程、兴趣班开设思政类选修课程；积极推进“博士进校园”项目实施，加大思政课思想性、理论性资源供给，切实提高中学思政课教师的理论水平、教学能力和育人效果，不断探索引入优质思政课专业教师的创新路径。

九、改革课堂教学评价

教学是教学工作的中心环节和基本形式，是提高教学质量的关键所在。围绕落实好立德树人根本任务，着眼于发展学生学科核心素养，推进立德树人导向下的中学思政课教学改革，客观上要求改革课堂教学评价。在具体实施过程中，可从以下四个方面下功夫。

（一）优化课堂教学评价标准

要从教学目标、内容解构、教学行为、学习行为、学习效果等五个维度加以分析、考核和评价，并对授课者的突出优点、主要问题及改进建议提出具体的意见和建议（见表5—1）。

表5—1　立德树人导向下中学思政课教学评价量表

维度	评价内容	赋分标准			评分
		A	B	C	
教学目标	1. 教学目标符合课程标准与学生实际，情感态度价值观与知识、能力、核心素养有机融合。	5	4	3	
	2. 教学目标明确、具体，书写规范，具有操作性、可检测性。	5	4	3	

续表

维度	评价内容	赋分标准			评分
		A	B	C	
内容解构	1. 教材内容解读完整，准确把握教材编写意图。	5	4	3	
	2. 基于学情，对教材内容的选择、重组恰当，容量适度，利于核心素养的培育。	5	4	3	
教学内容	1. 课堂整体结构严谨合理，教学环节完整，教学过程流畅，教学结构清晰，教学逻辑联系紧密，教学过渡自然、巧妙。	3	2	1	
	2. 关注时政热点，联系学生实际和社会生活，选择加工适切适量的学习资源，与学习内容有机融合，生成学习课程。	5	4	3	
	3. 为学生创设“知、情、意、行”有机融合、精当的学习情境，对学习情境的价值进行深度挖掘，充分体现思政课的学科价值和教育功能，促进学生学科核心素养的养成。	5	4	3	
	4. 教学时间分配、把控和布局合理，能突出重点、突破难点、回应热点、聚焦焦点、解决疑点。	4	3	2	
	5. 面向全体、尊重差异，注重学法指导和学科思维的培养，突出学生主体地位，强调教学互动性。	5	4	3	
	6. 依据教学内容需求，合理选择教学组织形式，灵活运用各种教学方法和手段，有效运用现代教育技术。	3	2	1	
	7. 尊重学生的不同见解，课堂上预设充分，有资源生成并能有效利用，重视教学评价的反馈和激励功能。	5	4	3	
学习行为	1. 学习习惯良好，能有效地倾听、表达、思考和质疑。	6	5	4	
	2. 学习兴趣深厚，注意力集中，积极主动参与对话，参与面广。	8	6	4	
	3. 学习方法有效，善于探究与合作，主动感知、体验，情感得到熏陶。	8	6	4	
	4. 综合运用所学知识和方法，创造性地分析解决新问题。	8	6	4	

续表

维度	评价内容	赋分标准			评分
		A	B	C	
学习效果	1. 在对话过程中，每个学生都有参与、表达的时空；在学习活动中，学生有良好的体验与感悟，不同层次的学生均有较多的获得感。	10	8	5	
	2. 三维目标达成度高，学生对基础知识、核心知识理解深刻，学科思维和能力得到提升，与学习内容对应的学科核心素养生成良好。	10	8	5	
综合得分					
综合评价	突出优点 主要问题及改进建议				

（二）优化课堂教学评价内容

课堂教学评价内容应与教学评价的“五个维度”形成一一对应关系，突出“三维目标”和学科核心素养，并从教学态度、教学表达、教学内容、教学方法、教学手段、课堂氛围、能力培养、教学效果等方面优化课堂教学评价。

（三）优化课堂教学评价方式

采取“四个相结合”的方式，即奖惩性评价和发展性评价相结合、外部评价和内部评价相结合、现场观察评价和课后量表评价相结合、监视监听评价与录像录音评价相结合的方式，更好地促进学生成长、教师发展和教学质量提高。

（四）优化课堂教学评价效用

要突出奖惩性评价，切实将课堂教学评价作为教师晋级、评优、嘉奖、降级、解聘等的重要依据，强化课堂教学评价的甄别、诊断、鉴定、导向、激励功能，最大限度地调动教师创新课堂教学的积极性和创造性，全面发展学生学科核心素养，着力增强立德树人育人效果。

十、提高教学管理水平

围绕落实好立德树人根本任务，推进立德树人导向下的中学思政课教学改革，客观上需要加强党对思政课建设的领导，不断完善立德树人的教学管理体制机制，提高学校思政课教学管理水平。在具体实施过程中，要着重从四个方面发力（见图 5—7）。

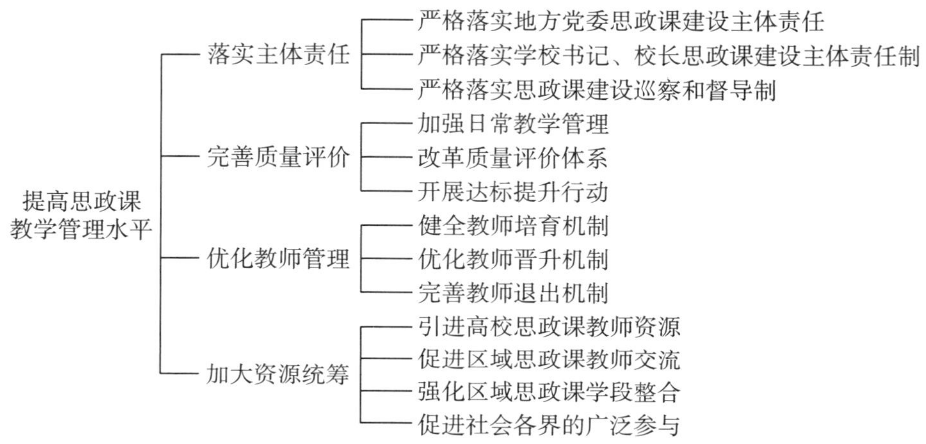

图 5—7 提高立德树人导向下的中学思政课教学管理水平

（一）落实主体责任

推进立德树人导向下中学思政课教学改革，全面落实立德树人根本任务，首要在于落实主体责任。

1. 严格落实地方党委思政课建设主体责任

切实把思政课建设作为党的建设和意识形态工作的标志性工程摆上重要议程，建立地方党政领导、教育主管部门领导和学校领导联系思政课教师制度，抓住制约思政课建设的突出问题，在工作格局、队伍建设、支持保障等方面采取有效措施。建成一批课程思政示范校，推出一批课程思政示范课程，选树一批课程思政教学名师和团队。

2. 严格落实学校书记、校长思政课建设主体责任制

建立书记、校长带头抓思政课机制，带头进课堂，带头讲思政课，带头推动思政课建设。完善优秀思政课教师培育、晋升机制，探索师德严重失范教师处理与退出办法。加强思政课日常教学管理，维持正常教学秩序。

3. 严格落实思政课建设巡察和督导制

把思政课建设情况纳入学校党的建设工作考核、办学质量和学科建设评估标准体系，用于班子考核和政治巡视。健全思政课教师队伍建设督导评估机制，把思政课教师队伍建设情况作为教育督导和绩效考核的重点内容。

（二）完善质量评价

推进立德树人导向下的中学思政课教学改革，全面落实立德树人根本任务，核心在于完善质量评价。

1. 加强日常教学管理

按照国家课程标准开齐、开足、开好思政课，严禁将思政课时挪作他用、改上其他课程。按照“六个要”标准和“八个相统一”要求，强化对教师教学“六认真”的监督与考核，不断完善教学质量过程管理，全力提高思政课教学质量和水平。

2. 改革质量评价体系

强化思政课教学质量的过程督查与评估。改革中、高考思政课考试方式，强化中、高考对学生学习思政课的“指挥棒”作用。强化思政课教学质量、课程建设、活动开展、综合效益等的建设质量测评，将学生思政课学习实践情况等纳入综合素质评价体系，并作为学生升学入学、评优评干、入团入党的重要参考。

3. 开展达标提升行动

开展思政课建设达标和提升行动，着力建设一支符合“六个要”标准的思政课教师队伍，加大思想性、理论性资源供给，提高思政课的思想性、理论性和亲和力、针对性，把思政课建设达标和提升行动情况纳入学校党的建设工作考核、办学质量和学科建设评估标准体系。

（三）优化教师管理

推进立德树人导向下的中学思政课教学改革，全面落实立德树人根本任务，关键在于优化教师培养。

1. 健全教师培育机制

严格按编制配齐思政课教师，实行思政课教师准入制度。加强中小学思政课教师队伍思想政治建设，优先发展思政课骨干教师入党。加强思政课教师专业能力培训，完善专题培训制度，健全思政课老中青教师传帮带机制。建立健全思政课教师实践教育和校外实践锻炼制度，加强思政课教研组建设，建立思政课教师成长共同体。完善思政课教师教学改革激励机制，开展思政课教师教学比赛，开展优秀教学设计评选活动，推进思政课名师工作室建设，健全思政课教师表彰奖励机制，选树优秀思政课教师先进典型，定期开展优秀思政课示范课巡讲活动。国家级教学成果奖中单列思政课专项，思政课教师在中央和地方主要媒体上发表的理论文章可纳入学术成果范畴。

2. 优化教师晋升机制

改革思政课教师评价机制，突出课堂教学质量和立德树人导向，克服职称评定和晋级评优中唯分数、唯升学、唯论文等弊端。强化考核评价结果运用，将考评结果作为思政课教师职称评聘、绩效分配、评奖评优、培养培训的依据。完善思政课教师职称评聘标准和办法，中、高级职称评审比例不低于学校教师平均水平。各级模范教师、教学名师、教学成果奖等评选向思政课教师倾斜，并给予相应政策支持和经费保障。因地制宜设立思政课教师岗位津贴，并将其纳入绩效工资管理。完善各相关部门考核机制，将思政课教师队伍建设作为对领导班子、干部考核的重要指标。

3. 完善教师退出机制

建立思政课教师退出制度，对违反职业道德行为的，除按相关规定处理外，须及时调离思政课教师岗位。对不能胜任思政课教学、未按要求完成培训学时的，应令其退出思政课教师行列。

（四）加大资源统筹

推进立德树人导向下的中学思政课教学改革，全面落实立德树人根本任务，保障在于加大资源统筹。

1. 引进高校思政课教师资源

借助“博士进校园”项目，加大思想性、理论性资源供给。建立思政课教师轮训制度，实施思政课骨干教师提升计划。充分发挥高校思政课教师的资源优势，实施结对帮扶指导，定期开展教学研讨、课程研究、教师实践教育等活动。加强思政课教师源头培养和源头储备，加大优质思政课教师供给。

2. 促进区域思政课教师交流

落实教师区（县）管校用规定，促进思政课教师校际交流和良性互动。配齐建强思政课教研队伍，健全思政课教研员示范授课、巡回评课等制度。建立区、校两级思政课教研共同体，开展高质量教学研究和专项课题研究活动。遴选学科带头人担任集体备课牵头人，建立思政课教师“手拉手”备课机制。加强思政课教师网络集体备课平台建设，建设思政课网络教学资源库。建立纵向跨学段、横向跨学科的交流研修机制，深入开展相邻学段思政课教师教学交流研讨活动。

3. 强化区域思政课学段整合

准确把握初、高中不同学段思政课课程目标，结合各学段特点构建“必修课+选修课”的课程体系。遵循学生认知规律设计课程内容，体现不同学段特点，如高中阶段重在开展常识性学习，初中阶段重在开展体验性学习。推动思政课教师专业发展一体化团队建设，确保每个团队涵盖各学段思政课教师，定期开展思政课一体化教学研究活动。

4. 促进社会各界的广泛参与

实行思政课特聘教师制度，聘请党政干部、专家学者、先进模范、英雄人物等定期到校讲课或作报告。各级党校、高校等要为中学思政课教师开发有针对性的教育培训项目，各有关单位要为思政课教师实践锻炼和实践教育提供机会。坚持开门办思政课，推动思政课实践教学与学生社会实践活动、志愿服务活动结合，思政小课堂和社会大课堂结合。挂牌建立思政课实践教学基地，完善思政课实践教学机制。加大正面宣传和舆论引导力度，推动形成全党全社会努力办好思政课、教师认真讲好思政课、学生积极学好思政课的良好氛围，汇聚办好思政课的合力。

第三节　推进中学思政课教学改革的总体育人框架

围绕中学思政课落实立德树人根本任务，着眼于发展学生学科核心素养，推进立德树人导向下的中学思政课教学改革，不仅要系统构建“核心素养”和“立德树人”的总体育人框架，而且要从“教学改革”的角度进行系统思考与顶层设计，使中学思政课教学符合“立德树人”与“发展核心素养”的根本导向和基本要求。针对当前中学思政课教学的客观现状，应着力从把握思政课特点、建立思政课联席会议制度、创新思政课工作机制、建立思政课协同育人体系、营造思政课教育氛围等方面系统构建中学思政课“教学改革”的总体育人框架，从而将思政小课堂与社会大课堂有机结合起来，真正实现全员、全程、全方位育人（见图 5—8）。

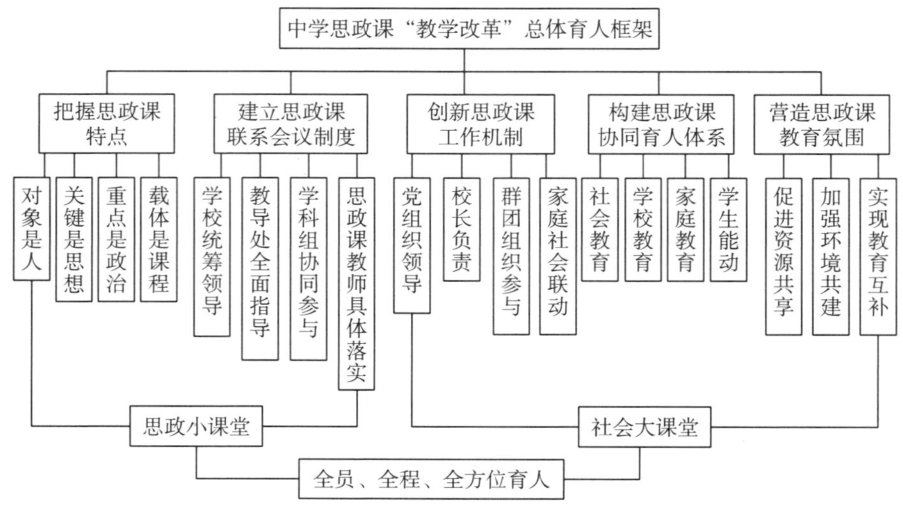

图 5—8　立德树人导向下中学思政课教学改革的总体育人框架

一、把握思政课特点

围绕中学思政课落实立德树人根本任务，推进立德树人导向下中学思政课教学改革，需要牢牢把握思政课的“对象是人、关键是思想、重点是政治、载体是课程”的特点。

（一）思政课的对象是“人”

思政课的对象是“人”，这要求思政课教学改革应坚持以人为本的原则，一切从学生实际出发，按照“德育为先，育人为本”的要求，切实以科学的理论武装人，以正确的舆论引导人，以高尚的精神塑造人，以优秀的作品鼓舞人，为学生的健康成长打下良好的思想品德基础，全面落实立德树人的根本任务。

（二）思政课的关键是“思想”

思政课的关键是“思想”，这要求思政课教学改革要高度重视思政课的思想性，强化思想价值引领。一方面，从党和国家的层面来看，思政课要为党育人、为国育才，引导学生坚定理想信念，坚持“四为服务”，成为担当民族复兴大任的时代新人。另一方面，从学生的层面来看，思政课要坚持“八个相统一”的要求，用心用情给学生心灵埋下真善美的种子，培养学生树立正确的世界观、人生观和价值观，为学生一生的成长奠定科学的思想基础。

（三）思政课的重点是“政治”

思政课的重点是“政治”，这要求思政课教学改革要切实把握思政课的“政治性”，把“政治性”摆在思政课的关键位置，切实解决好“培养什么人、怎样培养人、为谁培养人”这个根本问题。因此，思政课教学改革要始终体现政治性，按照“对标”“求真”“达意”“入情”的要求，始终坚持政治性是思政课的第一特性、政治素养是思政课教师的第一素养、坚定政治立场是对思政课教师的第一要求，实现政治性与学理性的有机统一。

（四）思政课的载体是“课程”

思政课的载体是“课程”，这要求思政课教学改革必须从增强课程意识、彰显课程价值、落实课程标准、建强校本课程、强化学科渗透、促进学段整合、整合课程资源、开好拓展课程等方面，系统地构建“中学思政课的课程体系”。一方面，要切实加强“思政课程”建设，构建全面覆盖、类型丰富、层次递进、相互支撑的课程体系；另一方面，要切实加强“课程思政”建设，构建全员、全课程、全过程、全方位的大思政课程体系，汇聚办好思政课合力，推动形成全党全社会努力办好思政课、教师认真讲好思政课、学生积极学好思政课的良好氛围。

二、建立思政课联席会议制度

围绕中学思政课落实立德树人根本任务，推进立德树人导向下中学思政课教学改革，需要建立思政课联席会议制度，推动形成“学校统筹领导、教导处全面指导、学科组协同参与、思政课教师具体落实”的大思政工作格局，汇聚各方教育合力，齐心协力办好思政课。在具体实施过程中，要着力做好四个方面的工作。

（一）学校统筹领导

围绕中学思政课落实立德树人根本任务，推进立德树人导向下中学思政课教学改革，必须提高思想认识和政治站位，加强党对思政课建设的全面领导，加强思政课教师队伍建设，改革思政课教师评价机制，加大思政课教师激励力度，积极拓展思政课建设格局，切实把办好思政课放在世界百年未有之大变局、党和国家事业发展全局中来看待，从坚持和发展中国特色社会主义、建设社会主义现代化强国、实现中华民族伟大复兴的高度来对待，确保思政课落实立德树人根本任务具有强大的组织力和领导力。

（二）教导处全面指导

围绕中学思政课落实立德树人根本任务，推进立德树人导向下中学思政课教学改革，必须切实加强教导处在课程建设、教学管理、教学研究等方面的全面指导，切实增强思政课教师的立德树人意识，全面提升思政课教师的立德树人能力。

（三）学科组协同参与

围绕中学思政课落实立德树人根本任务，推进立德树人导向下中学思政课教学改革，必须切实增强学科组全体教师的共同参与意识和协同参与能力，协同推进思政课课程内容建设，协同加强思政课校本教材建设，协同加大思政课教研工作力度，共同把立德树人根本任务落在实处。

（四）思政课教师具体落实

围绕中学思政课落实立德树人根本任务，推进立德树人导向下中学思政课教学改革，归根到底要靠教学改革的主体——思政课教师来落实和完成。由于思政课的对象是“人”，这一方面要求思政课教师在推进教学改革时要做到“心中有人”，另一方面要求思政课教师要务必明确自己才是推进教学改革的主体和落实者。因此，思政课教师要围绕立德树人的总目标，切实按照习近平总书记提出的“六个要”标准和“八个相统一”要求，坚持思政课的六个基本原则，扎实推进立德树人导向下中学思政课教学改革，实现知、情、意、行的统一。

三、创新思政课工作机制

围绕中学思政课落实立德树人根本任务，推进立德树人导向下中学思政课教学改革，客观上需要创新思政课工作机制，建立和完善“党组织主导、校长负责、群团组织参与、家庭社会联动”的思政课工作体系。在具体实施过程中，要着力突出四个方面。

（一）党组织领导

要充分发挥学校党组织在思政课教学改革中的政治把关作用。学校党组织是推动思政课改革创新的重要保障。办好思政课，关键在学校党的工作发挥作用。其具体措施如下：

1. 坚持“问题导向”

紧盯制约思政课建设的突出问题不放松，紧抓“关键少数”不放手，在工作格局、队伍建设、支持保障等方面切实履行推动思政课改革创新的主体责任。

2. 树立“一盘棋”思想

摒弃“思政课是思政教师的课”的狭隘观念，坚持把立德树人成效作为检验学校工作的重要标准，切实把思政课建设摆在学校工作的重要位置，确保各类课程与思政课同心、同向、同行。

3. 加强组织领导

要发挥办好思政课的宣传动员、组织部署、服务保障的职能，争做思政课建设的“火车头”，切实打通学校思想政治工作和思政课教学改革的“最后一公里”。

（二）校长负责

要充分体现校长是履行思政课教学改革“第一责任人”的角色和职责，切实负起办好思政课的政治和领导责任，建设学校立体化的思政课教材体系，加强思政课教师队伍建设，加大思政课教师培训工作力度，设立思政课教师岗位津贴，统筹解决好思政课教师缺口问题，健全学校考核评价制度，建立和完善校长带头抓思政课机制，把思政课建设情况纳入学校工作考核、办学质量和学科建设评估标准体系，汇聚办好思政课合力。

（三）群团组织参与

要充分发挥学校群团组织在推进思政课教学改革中的助推作用。群团组织具有“顶天立地”的性质，学校工会、妇联、共青团、学生会、党校、团校、社团等各类群团组织，可以通过开展丰富多彩的组织生活、社团活动、社会实践、志愿服务、研学旅行、参观访问等活动，加强对学生的思想引领和政治教育，充分发挥群团组织在思政课教学改革中的协同育人作用。

（四）家庭社会联动

要充分发挥家庭和社会两个方面对推进思政课教学改革的协同作用。推进思政课教学改革，汇聚办好思政课合力，要牢固树立“开门办思政课”的理念，推动学校、家庭、社会联动，协同多方育人资源为思政课建设提供有力支撑。要主动联系各类校外教育资源，积极探索家庭、社会联动教育共同体，以制度化、系统化、一体化的理念推动育人资源向思政课建设开放。要充分利用爱国主义教育基地和红色教育资源，将革命传统教育和红色基因融入课堂教学之中，推进以爱国主义为核心的民族精神教育，开展以改革创新为核心的时代精神教育。要有效整合多元教育主体和教育资源，充分利用课内课外、校内校外、线上线下等多方资源，实现学校、家庭、社会等多元教育主体协同互动，打造全员、全程、全方位育人的大思政格局，营造全党、全社会共同关心和支持思政教育的浓厚氛围。

四、构建思政课协同育人体系

围绕中学思政课落实立德树人根本任务，推进立德树人导向下的中学思政课教学改革，需要系统构建立德树人导向下的中学思政课协同育人体系，形成社会、学校、家庭、个人“四位一体”的思政课工作新格局，汇聚办好思政课合力，推动全员、全程、全方位育人（见图 5—9）。

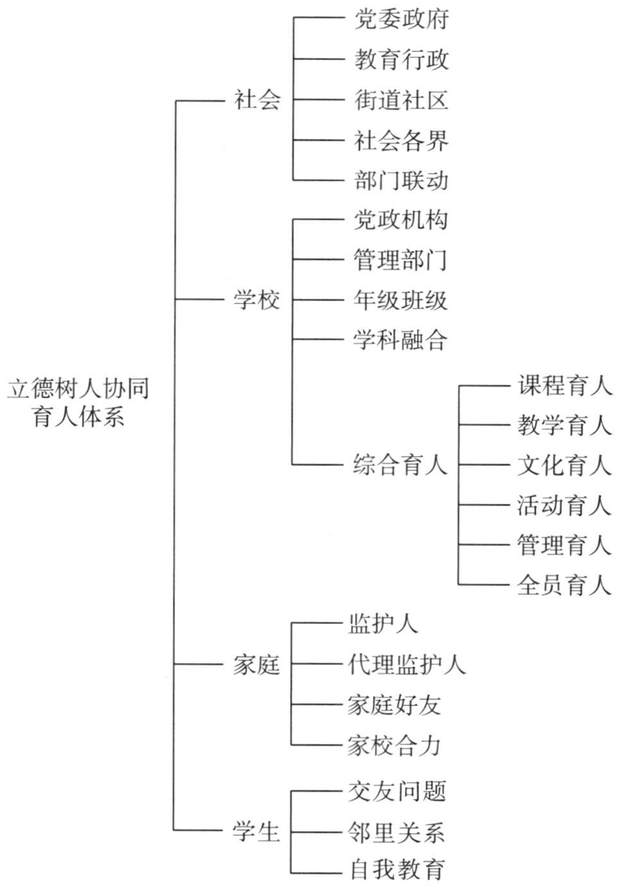

图 5—9 立德树人导向下中学思政课的协同育人体系

（一）发挥社会教育职能

人是社会中的人，社会对人有着潜移默化的塑造和影响作用。要发挥党委政府应有职能，严格落实地方党委思政课建设主体责任。发挥教育行政部门职能，切实承担着立德树人的主业主责。发挥街道社区基本职能，推动街道、社区与学校同向同行，形成教育合力和协同效应。发挥社会各界辐射职能，切实发挥社会各界智力资源、管理资源和家长资源的引领、辐射、先导和助推作用，不断创新立德树人的载体、途径和方式，全力提升立德树人的育人效果。发挥多部门联动育人职能，建立多方联动和资源共享机制，发挥社会合力育人的作用。

（二）发挥学校教育职能

学校既是教育的主要场所，也是立德树人的主要阵地。构建立德树人导向下中学思政课协同育人体系，最关键的是要充分发挥学校的教育职能。要发挥学校党政机构职能，落实学校党组织书记、校长主体责任制。强化学校管理部门职能，充分发挥管理育人、服务育人的作用。发挥年级班级管理职能，年级管理要认真落实国家思政课课程标准和学校思政课课时安排，班级管理要全力为落实立德树人根本任务营造良好的班风、学风、教风；发挥学科融合渗透作用，深度挖掘所有课程蕴含的思政课教育资源，使各类课程与思政课同向同行，形成协同效应。发挥学校综合育人作用，按照“三全”教育理念，全面落实课程育人、教学育人、文化育人、活动育人、管理育人、全员育人的各项要求，充分发挥学校育人的主阵地和主渠道作用，务求将立德树人根本任务落到实处。

（三）发挥家庭教育职能

家庭是人成长的“第一课堂”。要发挥监护人的职责，履行监护人的法定义务和职责。精心为孩子铺好“立德树人”的人生道路，切实提高孩子生命的高度，让孩子享受人生幸福的温度、宽度和厚度。发挥代理监护人的职责，切实履行好代理监护人应有的职责和义务，以正确的教育观念和教育行为，为孩子的健康成长创造良好的学习和成长氛围，让孩子在良好的家庭教育氛围中真正感受到立德树人的熏陶和浸染。发挥家庭亲友的职责，让家庭亲友切实起到立德树人的榜样作用，以自己高尚的道德情操、健康的生活方式、良好的行为习惯，引领孩子健康成长、愉快学习、幸福生活。建立家校社联合机制，加强家庭教育指导，发挥家庭在立德树人中的奠基作用，给孩子讲好“人生第一课”，帮助孩子扣好人生“第一粒扣子”，把家长引导和培育成为立德树人的一支有生力量。

（四）发挥学生能动作用

外因要通过内因才能起作用。构建立德树人的协同育人体系，归根到底需要充分发挥每个学生的主观能动作用。为此，学生要正确处理好交友问题和邻里关系，通过认识自己、要求自己、调控自己和评价自己，发挥自我教育作用。

五、营造思政课教育氛围

围绕落实好立德树人根本任务，推进立德树人导向下中学思政课教学改革，需要积极营造良好的思政课教育氛围。从当前中学思政课教学的实际情况来看，客观上还存在思政课一体化建设不够系统、思政课教育合力和协同效应不够明显、全党全社会关心支持思政课建设的氛围不够浓厚等突出问题。营造良好的思政课教育氛围，可从三个方面着手。

（一）促进资源共享

所谓促进资源共享，即加强思政课教学资源建设，促进思政课教学资源共建共享。从当前思政课教学资源的开发和建设情况来看，确实还存在教学资源相对短缺、形式单一、种类稀少的客观问题。这在很大程度上影响了课堂教学的实际成效和立德树人的育人效果。根据当前中学思政课教学改革的需要和实际，促进思政课教学资源共建共享，要着重从以下三个方面发力。

1. 创新调整思政课教材内容

针对当前思政课教学内容不够鲜活的问题，要切实遵循循序渐进、螺旋上升的认知规律，创新调整思政课教材内容，加大思想性、理论性资源供给，以政治认同、家国情怀、道德修养、法治意识、文化素养为重点，以爱党、爱国、爱社会主义、爱人民、爱集体为主线，坚持用习近平新时代中国特色社会主义思想铸魂育人，确保习近平新时代中国特色社会主义思想进教材、进课堂、进头脑。

2. 加大思政课集体教研力度

建立健全思政课教师一体化备课机制，普遍实行思政课教师集体备课制度。遴选学科带头人担任集体备课牵头人，学校领导干部要积极支持和主动参与。建立思政课教师“手拉手”备课机制，发挥思政课建设强校和高水平思政课专家示范带动作用。建立纵向跨学段、横向跨学科的交流研修机制，深入开展相邻学段思政课教师教学交流研讨。探索建立思政课教师与其他学科教师共同教研机制，推动思政课建设形成学科协同效应。

3. 建设思政课教学资源库

加大思政课教育信息化建设力度，提升思政课教师信息化能力素养，推动人工智能等现代信息技术在思政课教学中的应用。大力推进思政课教学方法改革，促进思政课与现代教育技术融合。推进思政课教学资源库建设，促进思政课教学资源共建共享。加强“思政课教学区域网络集体备课平台”建设，完善QQ群、微信群等网络备课服务支撑系统。借助各级虚拟仿真思政课体验教学中心，积极开发红色主题教育、思政课选修教材等思政课共享教学资源。

（二）加强环境共建

所谓加强环境共建，即加强思政课教学所需教育环境的共建与改善工作，共同优化思政课教学的整体育人环境。从当前思政课教学面临的教育环境来看，还存在部分领导对思政课的重视程度不够、思政课建设的机制不健全、思政课建设的大格局尚未形成、思政课的教育实践基地未被充分利用等突出问题。这也在很大程度上影响了课堂教学效果和立德树人实效。根据当前中学思政课教学改革的实际和需要，加强思政课环境共建，要着重从以下三个方面发力。

1. 加强党对思政课建设的领导

严格落实地方党委思政课建设主体责任，地方各级党委要把思政课建设作为党的建设和意识形态工作的标志性工程摆上重要议程。党委每年至少召开1次专题会议研究思政课建设，抓住制约思政课建设的突出问题，在工作格局、队伍建设、支持保障等方面采取有效措施。党委和政府主要负责同志每学期结合学习和工作至少讲1次思政课，并将思政课建设情况纳入各级党委领导班子考核和政治巡视，切实加强党对思政课建设的领导和重视。

2. 建立书记校长带头抓思政课机制

建立健全学校书记、校长深入一线了解学生思想动态、服务学生发展的制度性安排。学校书记、校长作为思政课建设第一责任人，要带头走进课堂听课讲课，带头推动思政课建设，带头联系思政课教师。学校党委（或支部）每学期至少召开1次会议专题研究思政课建设，书记、校长每学期至少给学生讲授4个课时思政课，领导班子其他成员每学期至少给学生讲授2个课时思政课，可重点讲授“形势与政策”课。开学典礼、毕业典礼讲话等要鲜明体现党的教育方针、积极传播马克思主义科学理论、弘扬社会主义核心价值观。要把思政课建设情况纳入学校党的建设工作考核、办学质量和学科建设评估标准体系。

3. 积极拓展思政课建设大格局

加强对思政课建设的分类指导，保证思政课管理人员配备，确保事有人干、责有人负。强化中、高考对学生学习思政课的“指挥棒”作用，将思政课学习实践情况等作为重要内容纳入综合素质评价体系，探索记入本人档案，作为学生评奖评优重要标准，作为入队、入团、入党的重要参考。坚持开门办思政课，推动思政课实践教学与学生社会实践活动、志愿服务活动结合，思政小课堂和社会大课堂结合，鼓励学校就近与党政机关、企事业单位对接，挂牌建立思政课实践教学基地，完善思政课实践教学机制，汇聚办好思政课合力。

（三）实现教育互补

所谓实现教育互补，即实现思政课建设所需“硬件”的全面配套和“软件”的有效提升，推动思政课建设形成全面协同与有效互补的效应。从当前思政课教学的协同情况与互补效应来看，还存在氛围营造不够、协同效应不佳、舆论引导力度不大等突出问题。这自然在很大程度上影响了思政课的课堂教学效果和立德树人实效。根据当前中学思政课教学改革的实际和需要，实现思政课教育互补，要着重从以下四个方面发力。

1. 发挥各类课程的协同效应

坚持思政课在课程体系中的政治引领和价值引领作用，统筹推进大中小学思政课一体化建设，推动各类课程与思政课建设形成协同效应。深度挖掘校园文化和语文、历史、地理、体育、艺术等所有课程蕴含的思想政治教育资源，解决好各类课程与思政课相互配合的问题，发挥所有课程育人功能，构建全面覆盖、类型丰富、层次递进、相互支撑的课程体系，使各类课程与思政课同向同行，形成协同效应。

2. 重视思政课舆论氛围营造

加大正面宣传和舆论引导力度，推动形成全党全社会努力办好思政课、教师认真讲好思政课、学生积极学好思政课的良好氛围。要注重表彰优秀思政课教师，大力推选思政课教师年度影响力人物等先进典型。对立场坚定、学养深厚、联系实际、成果突出的思政课教师优秀代表加大宣传力度，发挥其示范引领作用。要积极吸收优秀思政课教师的创新理论成果，不断提升思政课教师的综合素质，切实增强思政课的社会传播力和影响力。

3. 吸收思政课最新学术成果

在教学中及时融入马克思主义中国化最新成果、坚持和发展中国特色社会主义最新经验、跟进马克思主义理论学科最新研究进展。加强思政课课题研究和成果交流，将思政课教师在中央和地方主要媒体上发表的理论文章纳入学术成果范畴。全力打造一批思政课精品在线开放课程，探索建设融媒体思政公开课，推动优质教学资源共享。

4. 统筹推进思政课课程建设

以政治认同、家国情怀、道德修养、法治意识、文化素养为重点，以爱党、爱国、爱社会主义、爱人民、爱集体为主线，系统开展马克思主义理论教育，系统进行中国特色社会主义和中国梦教育、社会主义核心价值观教育、法治教育、劳动教育、心理健康教育、中华优秀传统文化教育，推动思政课建设内涵式发展，全面提升学生思想政治理论素养，实现知、情、意、行的统一。

第六章　中学思政课立德树人的基本内涵

中学思政课要落实好立德树人根本任务，就需要明确立德树人的基本内涵，准确把握“一个核心、三个方面、六大素养”的根本要求，全面提高中学思政课的育人实效，努力实现“立德”与“树人”的有机统一，最终达到“立育人之德”与“树有德之人”的教育目的（见图6—1）。

第一节　立德树人的基本内容

党的十八大提出：把立德树人作为教育的根本任务，培养德智体美全面发展的社会主义建设者和接班人。所谓“立德树人”，其基本内容包括“立德”和“树人”两个方面。所谓“立德”，即坚持德育为先，通过正面教育来引导人、感化人、激励人。所谓“树人”，即坚持以人为本，通过恰切的教育来塑造人、改变人、发展人。因此，“立德树人”的实质是一个以文化人、以德育人的过程。其具体内容包括坚定理想信念、厚植爱国情怀、加强品德修养、增长知识见识、培养奋斗精神、增强综合素质等六个方面。就落实“立德树人”的基本要求而言，其内容包括“立什么德”和“树什么人”两个方面。

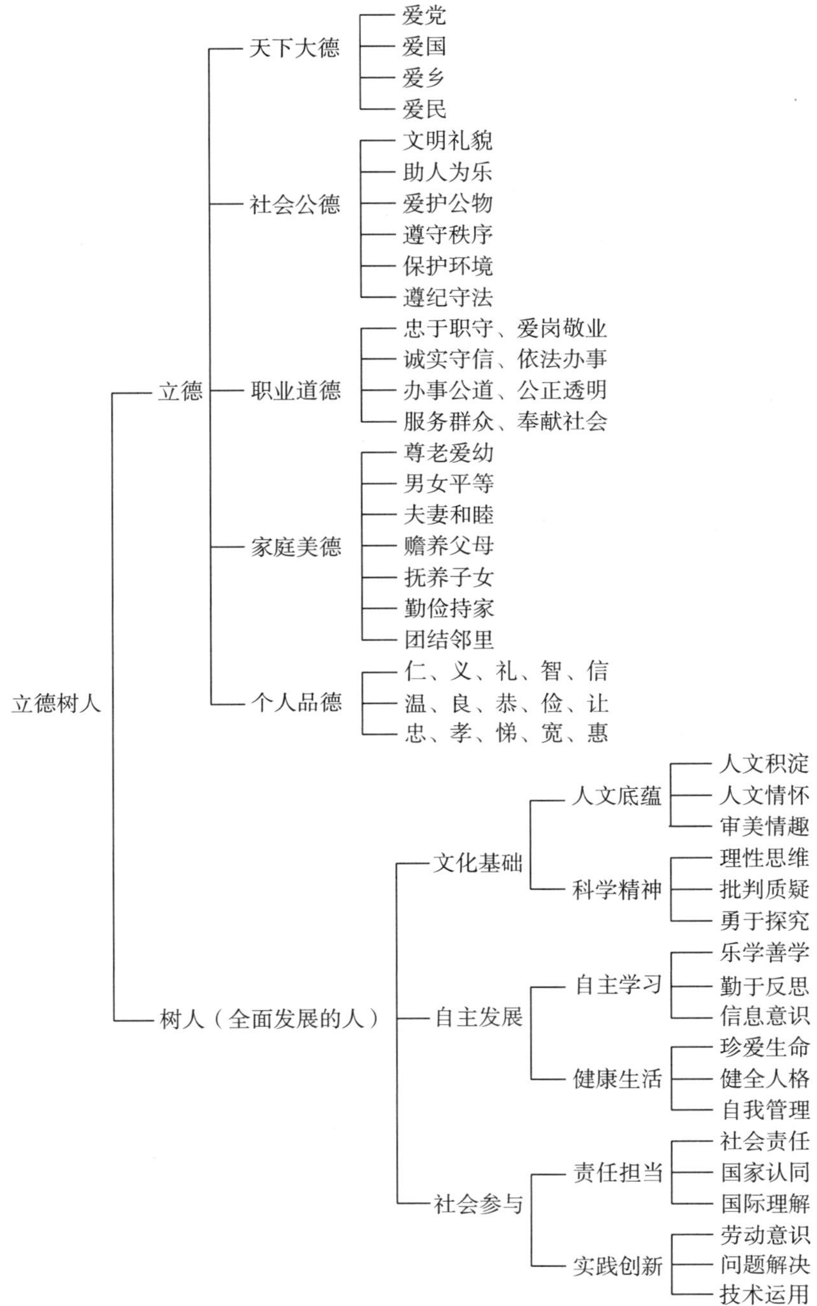

图 6－1　中学思政课立德树人的基本内涵

就“立什么德”而言，包括天下大德、社会公德、职业道德、家庭美德、个人品德。天下大德，即爱党、爱国、爱乡、爱民的高尚情怀。社会公德，即文明礼貌、助人为乐、爱护公物、遵守秩序、保护环境、遵纪守法等道德准则、文化观念和公序良俗。职业道德，即忠于职守、爱岗敬业，诚实守信、依法办事，办事公道、公正透明，服务群众、奉献社会等职业道德、职业精神和职业操守。家庭美德，即尊老爱幼、男女平等、夫妻和睦、赡养父母、抚养子女、勤俭持家、团结邻里等家庭生活的道德观念、道德规范和道德品质。个人品德，即仁、义、礼、智、信，温、良、恭、俭、让，忠、孝、悌、宽、惠等个人德性、个人品性。由于“立德”在“树人”之前，“立德”才能“树人”，因此，中学思政课要落实好立德树人根本任务，首先必须弄清“立德”的内容与要求。

就“树什么人”而言，是指培养全面发展的人，即培养德智体美劳全面发展的社会主义建设者和接班人、培养担当民族复兴大任的时代新人，其表现为“三个方面”（文化基础、自主发展、社会参与）、“六大素养”（人文底蕴、科学精神、学会学习、健康生活、责任担当、实践创新）。其中，人文底蕴包括人文积淀、人文情怀、审美情趣等，科学精神包括理性思维、批判质疑、勇于探究等，自主学习包括乐学善学、勤于反思、信息意识等，健康生活包括珍爱生命、健全人格、自我管理等，责任担当包括社会责任、国家认同、国际理解等，实践创新包括劳动意识、问题解决、技术运用等。虽然“立德”在“树人”之前，“立德”才能“树人”，但在落实立德树人根本任务时，不仅要思考“立什么德”问题，还应考虑“树什么人”的问题，准确把握“树人”的具体内容与要求。

总之，中学思政课要落实好立德树人根本任务，首先就要明确“立德”和“树人”的基本内涵与根本要求，准确把握“一个核心、三个方面、六大素养”的核心要义，扎实推进立德树人导向下中学思政课教学改革，全面提高中学思政课育人实效，全面落实立德树人根本任务，努力实现“立德”与“树人”的有机统一，最终达到“立育人之德”与“树有德之人”的教育目的。

第二节　立德树人的主要元素

中学思政课落实立德树人根本任务，不仅要传授学生知识、培养学生能力，而且要帮助学生构建、培育和践行包含国家之德、社会之德和个人之德的核心价值体系，引导学生树立正确的世界观、人生观、价值观、荣辱观、道德观、法治观，培养一代又一代拥护中国共产党领导和社会主义制度、立志为中国特色社会主义事业奋斗终身的有用人才，使之成为担当民族复兴大任的时代新人。在具体实践过程中，中学思政课落实立德树人根本任务会受到诸多元素的制约和影响。

就影响立德树人的基本元素而言，其主要包括理论元素、社会元素、学校元素、家庭元素、实践元素等五大元素（见图6－2）。围绕中学思政课落实立德树人根本任务，扎实推进立德树人导向下中学思政课教学改革，就必须深入探讨五大元素对立德树人的影响和作用，并采取切实有效的改革措施，有效地优化和改善五大元素对立德树人的积极影响，最大限度地消除和减少五大元素对立德树人的不利影响。

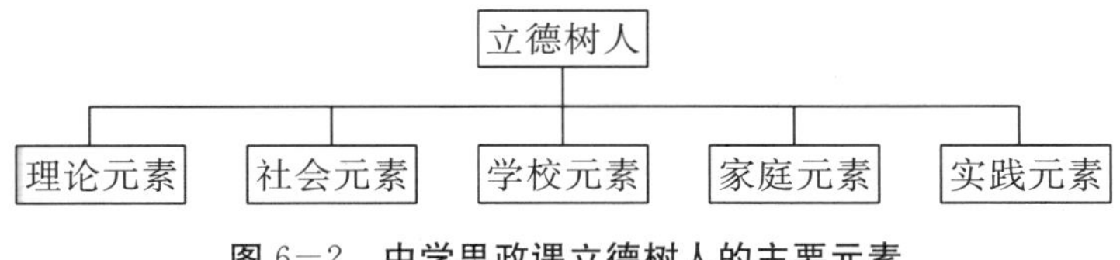

图6－2　中学思政课立德树人的主要元素

就影响立德树人的理论元素而言，立德树人是对我国古代“三立”“四端”“五常”等传统教育思想的传承与发展，是中国特色社会主义教育的本质体现，是新时代贯彻党的教育方针的客观要求。习近平总书记关于立德树人的一系列重要论述和中共中央、国务院、教育部等制定的一系列重要文件，为中学思政课落实立德树人根本任务提供了理论指导、行动指南和根本遵循。

就影响立德树人的社会元素而言，个人的道德品质和行为习惯在一定程度上总是受当时的政治环境、经济环境、文化环境、网络环境等社会环境的影响，社会环境会对立德树人产生一定的影响。在影响立德树人的社会元素中，既存在党的正确引领、经济全球化和文化多样化发展等有利的一面，也存在市场经济功利化、西方文化的渗透、网络信息的负面影响等不利的一面，需要我们在思政课教学实践中加以甄别，扬长避短、趋利避害，以切实增强立德树人实效。

就影响立德树人的学校元素而言，学校教育一直是教育的主体和最系统的教育方式，它具有目的性、计划性、组织性和影响力，具有家庭教育、社会教育等其他教育方式所不具有的优势和特点。学校落实立德树人根本任务，就要以立德树人的管理理念去审视、反思现有的学校教育管理的方式和方法，要从课程德育、社会实践和学校文化三方面构建学校立德树人的管理理论和实践体系，把立德树人渗透于教育教学的各环节、全过程、每个人。

就影响立德树人的家庭元素而言，家庭教育在育人中的基础作用是学校教育和社会教育无可替代的。落实立德树人的教育根本任务，必须重视家庭教育和家风建设。但在家庭教育中，还存在对家庭教育重视不够、家庭教育方式不恰当、家庭教育氛围不和谐等问题，需要切实增强家庭育人意识、注重家教家风教育、建立家校社联合机制，充分发挥家庭在立德树人中的奠基作用，把家长引导和培育成为立德树人的一支有生力量。

就影响立德树人的实践元素而言，落实立德树人根本任务，要深入研究影响立德树人的实践元素，创新开拓立德树人的实施路径。要构建学校实施立德树人的主渠道，按照全员育人、全程育人和全方位育人的“三全”教育理念，切实将课程育人、教学育人、文化育人、活动育人、管理育人、全员育人的各项要求落到实处。同时充分发挥学校育人、家庭育人和社会育人的合力作用，建立社会参与、多方联动、资源共享的立德树人机制，共同搭建立德树人大舞台。

第三节　立德树人的根本要求

中学思政落实立德树人的根本要求，就是要落实好习近平总书记提出的“六个下功夫”，即在坚定理想信念上下功夫、在厚植爱国主义情怀上下功夫、在加强品德修养上下功夫、在增长知识见识上下功夫、在培养奋斗精神上下功夫、在增强综合素质上下功夫。“六个下功夫”既是新时代教育改革发展的行动指南，也是中学思政课落实立德树人根本任务的基本遵循。它不仅深刻阐明了“培养什么人、怎样培养人、为谁培养人”这一根本问题，而且科学揭示了立德树人的时代内涵和实现路径，全面阐释了培养担当民族复兴大任的时代新人的基本要求。因此，落实好“六个下功夫”，对于中学思政课把握育人方向、提升育人品质具有明确的导向意义和实践价值。推进立德树人导向下中学思政课教学改革，关键在于落实好“六个下功夫”（见图 6—3）。

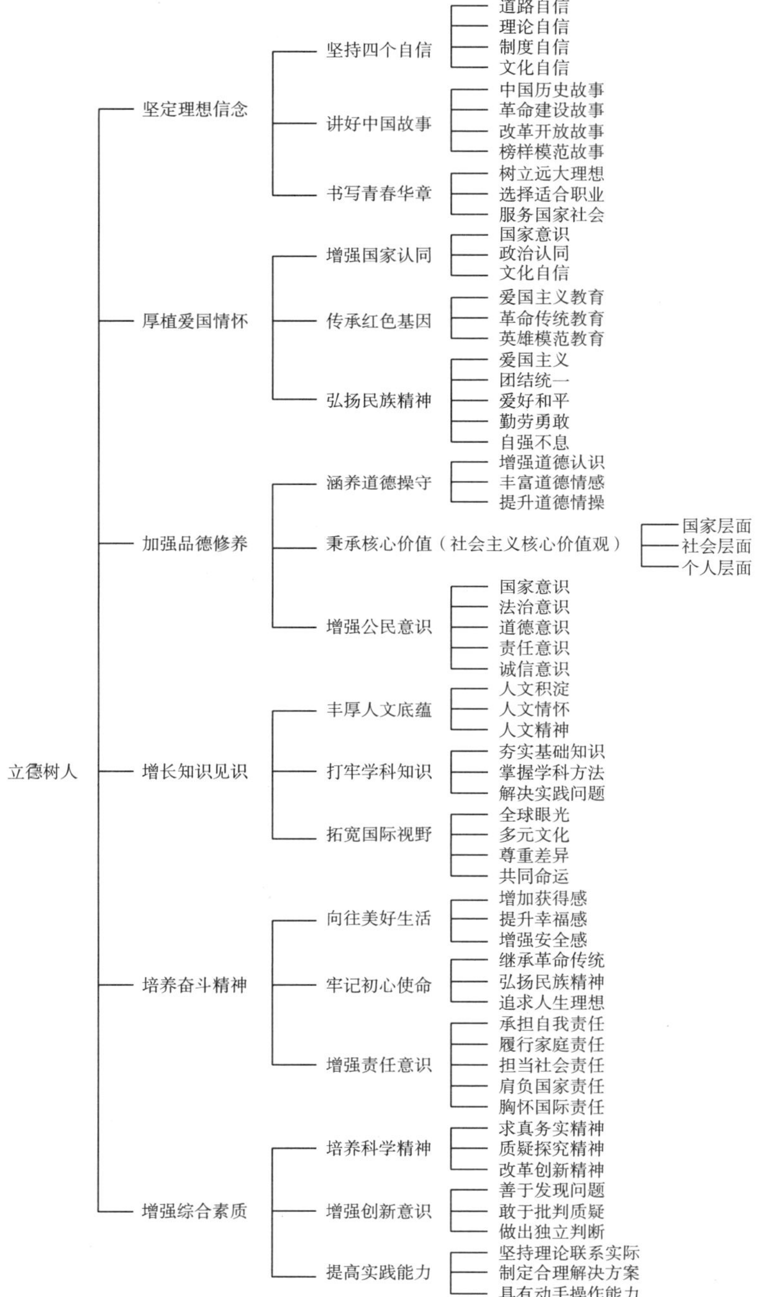

图 6—3　中学思政课立德树人的根本要求

一、着眼学生人生方向，在坚定理想信念上下功夫

围绕落实立德树人根本任务，中学思政课要着眼学生人生方向，在坚定理想信念上下功夫，就是要教育引导学生树立共产主义远大理想和中国特色社会主义共同理想，增强学生对中国特色社会主义的道路自信、理论自信、制度自信、文化自信，立志肩负起民族复兴的时代重任。为此，中学思政课要从三个方面着力：一要引导学生坚持“四个自信”。坚持“四个自信”，是实现我国社会主义现代化的必由之路，是创造人民美好生活的必由之路。引导坚持“四个自信”，目的就是要增强学生的政治认同，衷心拥护中国共产党的领导和社会主义制度。二要用心向学生讲好中国故事。要围绕立德树人根本任务，坚持马克思主义的立场和方法，运用辩证唯物主义和历史唯物主义的观点，讲好中国历史故事、革命建设故事、改革开放故事、榜样模范故事，让学生从中汲取成长的精神力量。三要引导学生书写青春华章。要围绕“铸魂育人”的根本要求，加强学生理想教育、职业教育和奉献教育，引导学生树立远大理想、选择适合职业、服务国家社会，激励学生立鸿鹄志、做奋斗者，努力为国家和社会做出自己的积极贡献。

二、着眼学生人生抱负，在厚植爱国情怀上下功夫

围绕落实立德树人根本任务，中学思政课要着眼学生人生抱负，在厚植爱国情怀上下功夫，就是要让爱国主义精神在学生心中牢牢扎根，教育引导学生热爱和拥护中国共产党，立志听党话、跟党走，立志扎根人民、奉献国家。为此，中学思政课要从三个方面着力：一要增强学生国家认同。国家认同，主要表现为个体对国家政治制度、核心价值理念、民族文化传统等方面的理解、认同和遵从，其内容包括国家意识、政治认同、文化自信等。二要传承学生红色基因。红色基因，主要表现为个体对革命信仰、革命精神、革命传统、革命品质的传承、忠诚和追求等。传承红色基因是爱国主义的精神内核，是中华民族的精神纽带，是激励中华儿女实现中华民族伟大复兴的不竭动力。三要弘扬学生民族精神。民族精神，主要表现为个体对中华民族在五千多年的社会历史发展过程中逐步形成的民族生活方式、理想信仰、价值观念的认同、遵从、继承和发扬。民族精神是民族之魂，是中华文化最本质、最集中的体现，是中华民族赖以生存和发展的精神纽带、支撑和动力，是创新社会主义先进文化的民族灵魂。

三、着眼学生人生修为，在加强品德修养上下功夫

围绕落实立德树人根本任务，中学思政课要着眼学生人生修为，在加强品德修养上下功夫，就是要教育引导学生培育和践行社会主义核心价值观，踏踏实实修好品德，成为有大爱、大德、大情怀的人。为此，中学思政课要从三个方面着力：一要涵养学生道德操守。结合学科内容和特点，增强学生道德认识，丰富学生道德情感，培养学生道德意志，规范学生道德行为，提升学生道德情操，并始终对学生的道德行为起着支持和约束作用。二要培育学生核心价值。社会主义核心价值观传承了中华优秀传统文化的基因，承载着民族和国家的精神追求，是人生奋斗的梦想之舵，是中华民族的精神之钙，是当代中国的兴国之魂。中学思政课要引导学生从生活的点滴做起，积小德、成大德，积极培育和践行社会主义核心价值观。三要增强学生公民意识。公民意识是指公民个人对自己在国家和社会中的地位的自我认识，体现为公民对于国家和社会的责任感。中学思政课培养公民意识，就是要结合学科内容和特点，旨在培养适应未来社会要求的合格公民，培养具有与时代共同进步能力的现代公民。

四、着眼学生人生底蕴，在增长知识见识上下功夫

围绕实现立德树人根本任务，中学思政课要着眼学生人生底蕴，在增长知识见识上下功夫，就是要教育引导学生珍惜学习时光，心无旁骛求知问学，增长见识，丰富学识，沿着求真理、悟道理、明事理的方向前进。为此，中学思政课要从三个方面着力：一要丰厚学生人文底蕴。中学思政课要结合学科内容、学科性质和学科特点，按照人文积淀、人文情怀、人文精神的根本要求，拓宽学生的学习领域，增长学生的知识见解，夯实学生的人文底蕴，帮助其形成高尚的思想内核与精神品格。二要打牢学生学科知识。中学思政课要围绕“夯实基础知识、掌握学科方法、解决实际问题”三大根本任务，按照习近平总书记提出的“八个相统一”的要求，对学生进行系统的马克思主义观点教育，令其初步形成正确的世界观、人生观、价值观，为终身发展奠定良好的思想政治素质基础。三要拓宽学生国际视野。拓宽国际视野是现代教育发展的必然要求，是培养国际化人才的客观需要。国际化人才通常是精通外语、具有国际眼光或者国际视角、能够站在全球或更广阔的角度上观察国际形势和处理国际事务的战略性人才。

五、着眼学生人生态度，在培养奋斗精神上下功夫

围绕实现立德树人根本任务，中学思政课要着眼学生人生态度，在培养奋斗精神上下功夫，就是要教育引导学生树立高远志向，历练敢于担当、不懈奋斗的精神，具有勇于奋斗的精神状态、乐观向上的人生态度，做到刚健有为、自强不息。为此，中学思政课要从三个方面着力：一要引导学生向往美好生活。对美好生活的向往，是每个人的生活追求。人生的意义就在于把“生存”提升为“生活”。引导学生向往和追求美好生活，就要使其树立远大的人生理想和切实的奋斗目标，培养不懈奋斗的精神状态，养成乐观向上、自强不息的人生态度。二要教育学生牢记初心使命。中学思政课要引导学生以天下为己任，追求人生理想，牢记使命担当，以坚定的理想信念和不懈的奋斗求索，在实现中国梦的生动实践中放飞青春梦想，在为人民利益的不懈奋斗中书写人生华章。三要帮助学生增强责任意识。责任意识是一种自觉意识，也是一种传统美德。责任是一种能力，又远胜于能力。责任是一种精神，更是一种品格。中学思政课要引导学生自觉承担自我责任、履行家庭责任、担当社会责任、肩负国家责任、胸怀国际责任，成为有责任感的现代公民。

六、着眼学生人生发展，在增强综合素质上下功夫

围绕落实立德树人根本任务，中学思政课要着眼学生人生发展，在增强综合素质上下功夫，就是要教育引导学生坚持“五育”并举，促进学生德智体美劳全面发展，培养创新思维，增强综合能力，坚持知行合一，让学生成为生活和学习的主人。为此，中学思政课要从三个方面着力：一要培养学生科学精神。求真务实是培育科学精神的出发点，质疑探究是培育科学精神的切入点，改革创新精神是培育科学精神的促进点。中学思政课要结合学科内容、学科性质和学科特点，培养学生的求真务实精神、质疑探究精神、改革创新精神等。二要增强学生创新意识。中学思政课要培养学生的创造动机、创造兴趣、创造情感和创造意志，使学生具有能够综合运用已有的知识、信息、技能和方法，提出新方法、新观点的思维能力和进行发明创造、改革创新的意志、信心、勇气和智慧。三要提高学生实践能力。中学思政课要结合学科内容和特点，积极开展社会调查、参观访问、探究学习、研学旅行、模拟法庭、社团活动等综合实践课程，培养学生理论联系实际、解决实际问题和动手操作能力，切实增强个人综合能力素质。

总之，“六个下功夫”既是新时代教育改革发展的行动指南，也是中学思政课落实立德树人根本任务的基本遵循。中学思政课要切实按照习近平总书记

提出的“六个要”标准和“八个相统一”要求，着眼于学生的人生方向、人生抱负、人生修为、人生底蕴、人生态度、人生发展，务求把“六个下功夫”的要求落到实处，以实现立德树人根本任务这一重大教育使命。

第四节 立德树人的教师标准

围绕落实立德树人根本任务，着眼发展学生学科核心素养，根据中学思政课“立德树人”和“教学改革”的总体育人框架，深入推进立德树人导向下中学思政课教学改革，着力形成“一个核心、三个方面、六大素养”的现代课堂教学形态，需要思政课教师努力达到以下两个标准。

一、“四有”好老师标准

2014 年 9 月 9 日，在第三十个教师节来临之际，习近平总书记在北京师范大学号召全国教师争做“四有”好老师，即有理想信念、有道德情操、有扎实学识、有仁爱之心的“四有”好老师，为发展具有中国特色、世界水平的现代教育，培养社会主义事业建设者和接班人做出更大贡献。作为新时代的中学思政课教师，应当切实加强自身的修养、修炼、修为，成为落实立德树人根本任务的“四有”好老师。

（一）有理想信念

这是实现中国梦的思想基础，体现了思想育人的导向。理想信念不仅是共产党员精神上的钙，也是每位教师的灵魂之钙，更是每名学生急需补充的思想之钙。这个钙补得及时、适量，就会让每一名学生坚定理想信念，树立远大理想，立志报效祖国。对此，思政课教师不仅要有深刻的认识，更要有坚定的理想信念，自觉肩负立德树人的神圣使命，切实履行教书育人的工作职责。

（二）有道德情操

这是教书育人的前提条件，体现了道德育人的导向。古人云：师者，传道、授业、解惑也。一个道德情操高尚的教师，他的人格魅力会极大地影响和感染学生。反之，老师道德滑坡，学生的思想自然正不了。对此，思政课教师要有清醒的认识，切实增强个人的师德修养和人格魅力，真正做到以德立身、以德立学、以德施教、以德育人，让自己有尊严、让职业有荣光、让家长有信任。

（三）有扎实知识

这是对教师的起码要求，体现了知识育人的导向。教师的职业就是教书育人，知识渊博是教师的符号和象征。在这个知识爆炸的时代，如果教师不加强学习，就会被淘汰。对此，思政课教师要有清醒的认知，要面向世界、面向未来，要与时俱进、锐意进取，要专业学习、跨界学习，不断丰富自己的思想，提高自己的认知能力，这样才能得到学生的尊重，才能得到社会的认可。

（四）有仁爱之心

这是教师从事的职业所需，体现了和谐育人的导向。孟子曰：“仁者爱人，有礼者敬人。爱人者，人恒爱之；敬人者，人恒敬之。”教师具有仁爱之心，学生才会亲其师、信其道。对此，思政课教师要提高认识，必须站在“十年树木，百年树人”的政治高度，切实增强仁爱之心，热爱教师职业，把学生当亲人，与学生和谐相处，实现“学生想当教师，教师想教学生”的喜人局面。

二、思政课教师“六个要”标准

2019 年 3 月 18 日，习近平总书记在北京主持召开学校思想政治理论课教师座谈会上发表重要讲话。他强调，办好思想政治理论课关键在教师，关键在发挥教师的积极性、主动性、创造性。思政课教师，要给学生心灵埋下真善美的种子，引导学生扣好人生“第一粒扣子”。为此，他对思政课教师提出了“六个要”标准：一是政治要强。让有信仰的人讲信仰，善于从政治上看问题，在大是大非面前保持政治清醒。二是情怀要深。保持家国情怀，心里装着国家和民族，在党和人民的伟大实践中关注时代、关注社会，汲取养分、丰富思想。三是思维要新。学会辩证唯物主义和历史唯物主义，创新课堂教学，给学生深刻的学习体验，引导学生树立正确的理想信念、学会正确的思维方法。四是视野要广。有知识视野、国际视野、历史视野，通过生动、深入、具体的纵横比较，把道理讲明白、讲清楚。五是自律要严。做到课上课下一致、网上网下一致，自觉弘扬主旋律，积极传递正能量。六是人格要正。有人格，才有吸引力。“亲其师，信其道。”思政课教师要有堂堂正正的人格，用高尚的人格感染学生、赢得学生，用真理的力量感召学生，以深厚的理论功底赢得学生，自觉做为学为人为师的表率，做让学生喜爱的人。有这样一支可信、可敬、可靠，乐为、敢为、有为的思政课教师队伍，我们完全有信心、有能力把思政课办得越来越好。对应习近平总书记提出的“六个要”标准，围绕中学思政课落实立德树人根本任务，思政课教师应该做“金”，刚正不阿，人格挺立；做

"木"，人生充实，内涵深刻；做"水"，晶莹剔透，品质清醇；做"火"，热情洋溢，态度真诚；做"土"，底蕴深厚，养分充足。以自己坚定的理想信念、深厚的家国情怀、高尚的人格品质、坚实的专业功底、创新的思维观念、广阔的教学视野、典范的言行举止，用心做学生成长成才的引路人，切实增强思政课的思想性、理论性和亲和力、针对性，让思政课润物无声、春风化雨，真正上到学生心坎里，从而有效地教育引导学生成长为有理想、有本领、有担当的时代新人。

第五节　立德树人的教学要求

习近平总书记强调，推动思政课改革创新，要不断增强思政课的思想性、理论性和亲和力、针对性。为此，他对上好思政课提出了"八个相统一"的具体要求：一是坚持政治性和学理性相统一，以透彻的学理分析回应学生，以彻底的思想理论说服学生，用真理的强大力量引导学生。二是坚持价值性和知识性相统一，寓价值观引导于知识传授之中。三是坚持建设性和批判性相统一，传导主流意识形态，直面各种错误观点和思潮。四是坚持理论性和实践性相统一，用科学理论培养人，重视思政课的实践性，把思政小课堂同社会大课堂结合起来，教育引导学生立鸿鹄志，做奋斗者。五是坚持统一性和多样性相统一，落实教学目标、课程设置、教材使用、教学管理等方面的统一要求，又因地制宜、因时制宜、因材施教。六是坚持主导性和主体性相统一，思政课教学离不开教师的主导，同时要加大对学生的认知规律和接受特点的研究，发挥学生主体性作用。七是坚持灌输性和启发性相统一，注重启发性教育，引导学生发现问题、分析问题、思考问题，在不断启发中让学生水到渠成得出结论。八是坚持显性教育和隐性教育相统一，挖掘其他课程和教学方式中蕴含的思想政治教育资源，实现全员全程全方位育人。

习近平总书记强调的"八个相统一"，构成了一个紧密联系、相互渗透、有机统一的整体。坚持政治性和学理性相统一，是将思政课的政治属性建立在具有严密科学逻辑的基础上；坚持价值性和知识性相统一，要用丰厚的知识成果滋养先进的价值观念；坚持建设性和批判性相统一，是建设需要批判、批判加强建设；坚持理论性和实践性相统一，要把教科书与新时代中国这本大书融为一体；坚持统一性和多样性相统一，需要贴近实际、贴近对象、贴近具体；坚持主导性和主体性相统一，要用主导开发主体，靠主体顺应主导；坚持灌输性和启发性相统一，需要通过启发达到灌输目的；坚持显性教育和隐性教育相统一，要用好“主干道”、开发“多渠道”。只有系统、深刻把握和坚持“八个相统一”的精髓要义和科学方法，才能切实解决好“培养什么人、怎样培养人、为谁培养人”这一根本问题，才能完成好立德树人的根本任务。

第七章　中学思政课立德树人的核心素养

中学思政课要落实好立德树人根本任务，就要深入了解和探索学科核心素养的基本内涵、主要内容、根本要求和基本途径，正确把握中学思政课发展学科核心素养的发生机制、形成机制和完善机制，准确把握立德树人与学科核心素养之间的目标关系、逻辑关系、实践关系，正确处理中学思政课发展学科核心素养中的教与导的关系、放与收的关系、记与悟的关系、知与行的关系，以便为扎实推进立德树人导向下的中学思政课教学改革提供科学有效的学科理论支撑和实践参考依据，从而充分体现中学思政课的育人功能和学科价值，全面落实立德树人根本任务。

第一节　发展学科核心素养的基本思路

中学思政课在中学课程体系中是一门具有特殊地位和独特功能的重要学科和德育课程，是落实立德树人根本任务的关键课程。中学思政课发展学生学科核心素养，其基本思路体现出两条内在逻辑：一是课程目标的内容遵循“双基目标”→“三维目标”→“学科核心素养”的更迭变化；二是课程目标的层次遵循“素养”→“核心素养”→“学科核心素养”的层级升华。除体现这两条内在逻辑外，中学思政课发展学生核心素养还应着重研究发展中学思政课学科核心素养的核心要义、基本内容和根本要求等关键问题。发展中学思政课学科核心素养的核心要义是必备品格、关键能力和价值观念，基本内容是政治认同、科学精神、法治意识和公共参与，根本要求是正确处理立德树人与学科核心素养之间的关系、正确处理中学思政课发展学科核心素养的基本关系、正确把握中学思政课发展学科核心素养的机制（见图7-1）。

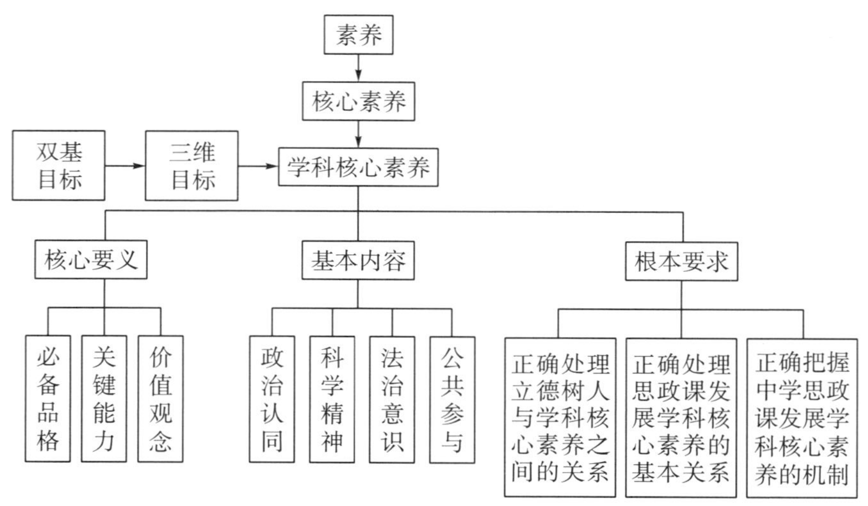

图 7—1　立德树人导向下中学思政课发展学科核心素养的基本思路

第二节　发展学科核心素养的课程目标

中学思政课课程目标的改革发展，大体经历了从“双基目标”到“三维目标”，再从“三维目标”到“学科核心素养”的演变历程。由于“双基目标”既不完整，也不适应现代社会发展对人才培养的要求，于是，在实施新课程改革的背景下，“三维目标”应运而生。“三维目标”是对“双基目标”的补充和完善，既适应了新课程改革的发展需要，也顺应了教育现代化对人才培养的根本要求。但在实施课程改革和推进素质教育的过程中，人们更加关注综合素质和核心素养对人的全面发展和终身学习的持续影响，于是，培养学生核心素养呼之而出。核心素养既是“三维目标”的概括与提升，也是“双基目标”的丰富与发展。从“双基目标”到“三维目标”，再从“三维目标”到“核心素养”，这是从教书走向育人这一过程的不同阶段。它体现了课程改革不断向纵深发展，但同时对立德树人的中学思政课教学提出了更新更高的要求。简单来说，如果落实“双基目标”是课程目标 1.0 版，“三维目标”是 2.0 版，那“核心素养”就是 3.0 版。

第三节　发展学科核心素养的基本概念

围绕中学思政课落实立德树人根本任务，推进立德树人导向下中学思政课教学改革实践，必须厘清发展学科核心素养中四个最基本的概念。

一、素养

素养，即人们通过后天的修习涵养，形成具备一定知识、能力和态度的过程与结果，是知识、能力与态度的综合化形态。素养与素质、教养、修养、涵养、文明、习性、知识、能力之间，既有联系，也有区别。厘清它们之间的关系，为中学思政课发展学生学科核心素养解决了最基础的概念性问题，提供了原点理论支撑。

二、核心素养

核心素养，即人们在一定时期，帮助个体实现自我、成功生活与融入社会的最基本、最关键、最重要的知识、能力与态度，即能够适应终身发展和社会发展需要的必备品格、关键能力和价值观念。核心素养具有基础性、生长性、共同性、关键性等四个特性，包括必备知识、关键能力和价值观念等三个内涵。

三、学科素养

学科素养，即经历了“特定学习方式”后形成的“学科观念、思维模式和探究技能，结构化的（跨）学科知识和技能”。学科素养不等同于学科知识。学科知识的积累是造就学科素养的条件，而学科素养的形成则是学科知识积淀的结果。

四、学科核心素养

学科核心素养，即学科素养中最基本、最关键、最核心的必备知识、关键能力和价值观念，是学科育人价值的集中体现。在某种意义上讲，学科核心素养=学科+核心素养。学科核心素养具有学科性、科学性、教育性、人本性等四大特性。发展学科核心素养的意义在于两个方面：一方面，学科核心素养是核心素养落地的抓手；另一方面，学科核心素养是学科教学的灵魂。

综上所述，素养带有普遍性和共性，学科素养带有学科特性和学科特色，而学科核心素养则是学科素养中最基本、最关键、最核心的部分。学科核心素养既不同于学科素养，也有别于一般意义上的核心素养。它是由两者孕育出来的，是个体在解决真实情景问题过程中表现出来的，适应终身发展和社会发展需要的必备品格、关键能力和价值观念。中学思政课发展学生学科核心素养，就要按照《中国学生发展核心素养》报告的要求，围绕“一个核心、三个方面、六大素养”标准，具体细化到人文积淀、人文情怀、审美情趣、理性思维、批判质疑、勇于探究、乐学善学、勤于反思、信息意识、珍爱生命、健全人格、自我管理、社会责任、国家认同、国际理解、劳动意识、问题解决、技术运用等 18 个基本要点，融入教育教学的全过程、各环节、每个人之中。

第四节　发展学科核心素养的基本关系

发展学生学科核心素养，是进一步深化课程改革、落实立德树人根本任务的关键举措和重要途径。围绕中学思政课落实立德树人根本任务，着眼发展学生学科核心素养，推进立德树人导向下中学思政课教学改革，必须厘清八大基本关系。

一、立德树人与学科核心素养的关系

立德树人与学科核心素养之间存在事实上的目标关系、逻辑关系和实践关系，使得二者之间密不可分、相互促进、相得益彰。两者之间密不可分的内在关系，要求思政课教学中要遵循三个要求：一是张扬个性——遵从思政课学科品性设计教学；二是尊重规律——依据品德形成过程设计教学；三是探索路径——根据思政课课程内容设计教学。明确立德树人与发展学科核心素养之间的内在关联，使发展学生学科核心素养与落实立德树人根本任务相互促进、相得益彰，从而将落实立德树人根本任务真正抓在关键、落在实处，并在中学思政课教学改革实践中实现立德树人的智慧。

二、核心素养与学科核心素养的关系

就两者的联系而言，核心素养与学科核心素养是上位与下位、整体与部分、抽象与具体的关系，是目的、方向与手段、途径的关系，是相互包含、融合和有机转化、相互促进的关系。就两者的区别而言，核心素养不是各个学科

核心素养简单机械的总和，两者的出发点也不完全相同。核心素养一般是从学生发展的角度出发的，即从学生终身发展、可持续发展的要求出发，来分析和定位某一阶段学生应具备的素质。这是纵向的角度，它体现的是核心素养的时代性、未来性。横向的角度则是从学生身心全面健康发展的要求出发，来分析和界定学生应具备的素质，它体现的是核心素养的人本性、和谐性。而学科核心素养一般是从学科的本质、功能、价值、作用出发的，即挖掘和分析本学科对学生发展的独特的内涵和意义。

三、核心素养与三维目标的关系

核心素养较之于三维目标，既有传承，更有超越。核心素养来自三维目标又高于三维目标，是三维目标的提炼与整合，是个体的必备知识、关键能力与价值观念。但三维目标不是教学的终极目标，而是核心素养形成的要素和路径。教学的终极目标是能力与品格，即核心素养。从“三维目标”走向“核心素养”，是学科教学在高度、深度和内涵上的提升，是学科教学对人的真正的回归。学科核心素养的提出，意味着学科教学模式和学习方式的根本变革。

四、中学思政课学科核心素养与学生发展核心素养的关系

中学思政课是一门思想性、人文性、实践性和综合性都很强的思想政治教育课程。这一学科的本质决定其构建的学科核心素养体系包括政治认同、理性精神、法治意识、公共参与等四个方面。从思政课的学科本质出发，对照“中国学生发展核心素养”的框架体系，中学思政课发展学科核心素养要更加突出思政课的学科价值和育人功能，充分体现思政课的学科特点和课程性质。

五、思政课学科核心素养与“三维目标”之间的关系

思政课学科核心素养不等同于“三维目标”，而是对“三维目标”的深化和发展。新课标提出学科核心素养并不意味着对“三维目标”的全面否定，而是依据学生核心素养体系和学科本质，使学科课程更好地体现育人功能。与“三维目标”相比，学科核心素养更多强调跨学科的必备品质、关键能力和价值观念。

六、思政课学科核心素养与具体学科模块之间的关系

具体学科模块是指教材模块，它与发展学科核心素养之间存在内在联系，直接关系到立德树人的效果。思政课是一门功能定位较为特殊的学科，各模块

的教材观点必须为学科核心素养的达成服务。具体学科模块的教材观点不能仅仅归结为学科观点，而应凸显其引领正确价值导向的意义以及学科育人的功能。在知识点的选取上，学科教学固然要寻求学科专业知识的支撑，但不能是学科本位决定知识点，它必须服从于思想政治观点的目标设置，必须服务于发展学生核心素养的总目标。

七、思政课学科核心素养四个构成要素之间的关系

思政课学科核心素养包括政治认同、科学精神、法治意识和公共参与等四个要素，每个要素都有自身特点，对学生适应社会需要和终身发展具有独特的价值。由四个要素构成的思政课学科核心素养是一个有机的整体，每个要素都不是孤立存在的，彼此在逻辑上相互依存，在内容上相互交融。

八、思政课学科核心素养与学业评价的关系

衡量学生思政课学科核心素养的发展水平，必须通过学业评价来完成。科学的学业评价能引领教学行为，保障学科核心素养目标的达成。因此，对学科核心素养进行水平分级是学业评价的前提，掌握科学的衡量尺度是正确评价学生学科核心素养水平的关键，运用恰当的学业评价方式是评价学生学科素养水平的保证。

第五节　发展学科核心素养的基本要求

围绕中学思政课落实立德树人根本任务，着眼发展学生学科核心素养，根据立德树人与发展学科核心素养之间的内在关系，推进立德树人导向下中学思政课教学改革，必须系统地了解和把握发展学生学科核心素养的基本要求（见图7—2）。

一、把握学科核心素养的基本特性

相对于单个具体的经验、知识、技能、能力和品格而言，学科核心素养具有三大基本特性：一是强大的统摄力与整合性，二是广泛的迁移力与适应性，三是持续的影响力与建构性。推进立德树人导向下中学思政课教学改革，要特别注重把握思政课学科核心素养的这三大基本特性，从而更有效地发展学生的学科核心素养。

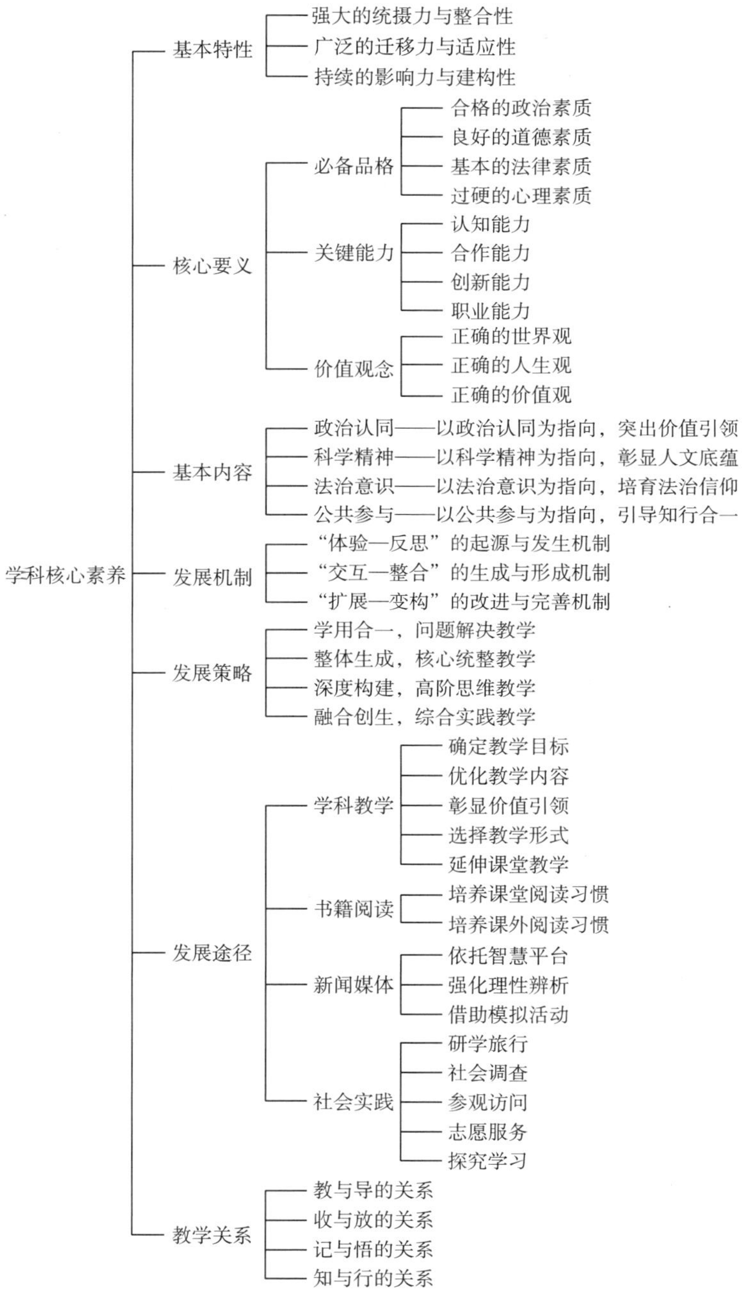

图 7—2　立德树人导向下中学思政课发展学科核心素养的基本要求

二、把握学科核心素养的核心要义

思政课学科核心素养的核心要义，包括必备品格、关键能力和价值观念三个方面。必备品格包括合格的政治素质、良好的道德素质、基本的法律素质、过硬的心理素质。关键能力包括认知能力、合作能力、创新能力、职业能力。价值观具有稳定性与持久性、历史性与发展性、主观性与选择性等特点，而中学阶段是学生世界观、人生观、价值观这个“总开关”形成的关键时期，教师要按照“六个要”标准和“八个相统一”要求，引导学生扣好人生的第一粒扣子。

三、把握学科核心素养的基本内容

中学思政课是面向中学生进行马克思主义教育、中国特色社会主义理论体系特别是习近平新时代中国特色社会主义思想教育，以及社会主义核心价值观教育的主渠道、主阵地。基于思政课的学科属性及其意识形态强的特点，中学思政课凝练形成了四大学科核心素养：一是以政治认同为指向，突出价值引领；二是以科学精神为指向，彰显人文底蕴；三是以法治意识为指向，培育法治信仰；四是以公共参与为指向，引导知行合一。这四大学科核心素养，不是学科素养的简单组装，而是在内涵上相互交融、在逻辑上相互依存，构成一个有机的整体。

四、把握学科核心素养的发展机制

根据学科核心素养的三大基本特性，中学思政课发展学生核心素养，需要相应确立三个取向的学科核心素养观：一是整合取向的学科核心素养观，二是实践取向的学科核心素养观，三是建构取向的学科核心素养观。在此基础上，切实遵循学科核心素养的三大发展机制，即“体验—反思”的起源与发生机制、“交互—整合”的生成与形成机制、“扩展—变构”的改进与完善机制，从而有效地发展学生学科核心素养和落实立德树人根本任务。

五、把握学科核心素养的发展策略

根据学科核心素养的基本特性、核心要义、基本内容和发展机制，结合中学思政课大量的教学改革与实践经验，中学思政课发展学科核心素养，可采取四大发展策略：一是学用合一，问题解决教学；二是整体生成，核心统整教学；三是深度构建，高阶思维教学；四是融合创生，综合实践教学。从学生的角度、学科的角度、生活的角度设计教学内容，引导学生在问题解决过程中展开整合性学习和深度建构学习，增强学生的创新精神和实践能力。

六、把握学科核心素养的发展途径

中学思政课发展学生学科核心素养，可通过四个基本途径：一是学科教学。在具体实施过程中，要注意教学目标的确定、教学内容的优化、价值引领的彰显、教学形式的选择、课堂教学的延伸等几个实际问题。二是书籍阅读。其包括课堂阅读和课外阅读两个方面，在具体实施过程中，要注意指导学生抓住文本重点、把握文本难点、掌握阅读方法、开展分层阅读、选择有效信息。学生通过广泛阅读，深化对思政课学科本身的理解和认识，提高独立思考和判断的能力，全面提高人文素养。三是新闻媒体。思想性、教育性和时政性是思政课的一大学科特点。引导学生观看时政新闻或了解新闻媒体的有关报道，是中学思政课发展学生学科核心素养的又一重要途径。教师要依托智慧平台、借助模拟活动、强化理性辨析，引导学生通过电视、电台、广播、互联网、智能手机、QQ、微信、微博等渠道和手段，充分利用时政教育或新闻媒体报道的有关内容，强化对学生学科核心素养的培育和发展。四是社会实践。理论联系实际是思政课教学的普遍原则和基本方法。思政课要从学生的成长需要出发，广泛开展研学旅行、社会调查、参观访问、志愿服务、探究学习等系列化社会活动，引导学生在体验社会生活及在自身的思维活动中理解理论的真谛，在践行正确价值观的过程中逐渐形成行动自觉。

七、把握发展学科核心素养的教学关系

思政课作为落实立德树人根本任务的主渠道和主阵地，要使课堂成为涵养人性、滋养德行、培育品格的殿堂，在教学过程中必须把握好四组教学关系：一是教与导的关系。在教学过程中，教师要做“导师”而非“教师”，采用“导”的方式，对学生进行相机诱导、适时点拨，引导和帮助学生实现自我发展、自我超越。二是放与收的关系。“放”就是将学生置于真实、复杂、现实的生活情境中，“收”就是遵循课程标准要求。课堂上要“先放后收”，放收有度、放收适度，收放自如、游刃有余。三是记与悟的关系。“记”是外在于个体的，“悟”是内生于个体的，由记到悟的转变凸显的是由教书走向育人、由教学走向教育的过程。四是知与行的关系。依据教学做合一理论，在构成思想品德的四个基本要素中，知是“奠基石”，情是“催化剂”，意是“加油站”，行是“目的地”。发展学生学科核心素养，必须实现由知到行的转化，重活动、重亲历、重体悟、重过程、重反思、重指导。

第八章　中学思政课立德树人的教学改革

推进立德树人导向下中学思政课教学改革，是落实立德树人根本任务的关键环节。围绕中学思政课落实立德树人根本任务，着眼发展学生学科核心素养，推进立德树人导向下中学思政课教学改革，必须始终遵照习近平总书记提出的“六个要”标准和“八个相统一”要求，深入研究和探索中学生认知规律，以辩证唯物主义和历史唯物主义贯穿中学思政课教学的全过程，力求使中学思政课教学做到有虚有实、有棱有角、有情有义、有滋有味、有己有人，切实把立德树人根本任务落到实处。

第一节　立德树人教学改革的总体要求

创新是促使中学思政课教学更富活力、更有生机的重要保证，推进中学思政课教学改革的关键也在创新。围绕落实立德树人根本任务，创新推进立德树人导向下中学思政课教学改革，务求把握思政课教学改革需要切实遵循的总体要求。

一、正思想

坚持“内容为王”，加大思想性、理论性资源供给，加强对习近平总书记最新重要讲话精神及相关文件精神的学习，全面理解和准确把握党中央重大决策部署，突出价值引领，唱响主旋律，着力增强教学内容的理论阐释力和现实说服力。

二、创方式

顺应媒体融合发展的趋势和规律，推进思政课教学方法改革，充分利用全媒体教育教学资源，探索建设融媒体思政公开课，推动思政课传统优势同现代信息技术的深度融合，提高课堂教学的技术参与度和贡献率，增强思政课的思想性、理论性和亲和力、针对性。

三、活形式

注重启发性教育、体验式参与、互动型交流，初中阶段重在开展体验性学习，高中阶段重在开展常识性学习，推动学生日常思想政治教育与思政课教学的深度融合，提高思政课教学的针对性和参与度，使思政课真正“实”起来、“活”起来、“动”起来。

四、重表达

围绕“突出重点、关注要点、化解难点、回应热点”的教学要求，创新思政课话题体系，用“教学语言”传递“教材语言”，把“有意义”的知识讲得“有意思”。

五、促融合

深化学科渗透，切实改变思政课“单兵作战”现状，探索学科融合大课堂建设，鼓励其他学科教师、党政干部到思政课堂讲课。

六、重实践

坚持思想小课堂与社会大课堂相结合，增强思政课的时代感和生活感，引导学生发现、分析、思考和解决实际问题。

七、勤交流

坚持以赛促培、以赛促研、以赛促学，开展思政课教师教学设计、说课、优质课比赛和论文评选，定期举办学术交流、教学技能比武，开展优秀思政课示范课巡讲、思政课建设优秀成果巡礼等活动。

第二节　立德树人教学改革的具体实践

围绕落实立德树人根本任务，创新推进立德树人导向下中学思政课教学改革，重在将理论认识转化为具体实践和实效行动。在推进立德树人导向下中学思政课教学改革的鲜活实践中，逐步摸索出一些具体的实施途径和有效的操作策略（见图 8-1）。

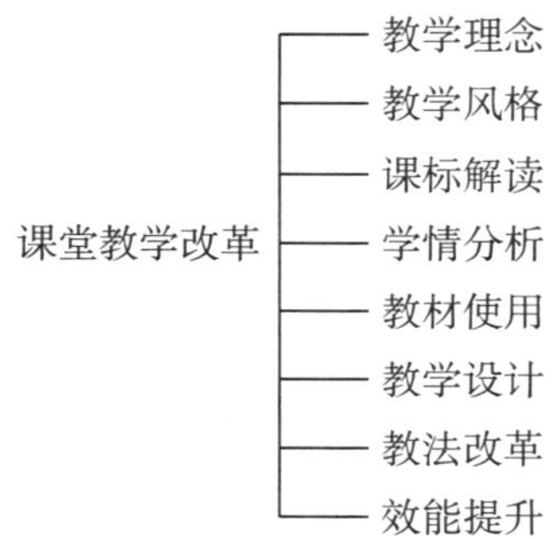

图 8-1 立德树人导向下中学思政课教学改革的实施途径

一、立德树人的教学理念

教学理念是人们对教学活动的看法和持有的基本的态度与观念，是人们从事教学活动的信条或信念。作为教师，具有明确表达的教学理念对于自身开展教学活动有着极其重要的指导意义。首先，教师要有“对象”意识。其次，教师要有“全人”概念。此外，教师要有“效益”观念。因此，教师要树立正确的、先进的教学理念，方能胜任自己的教学工作，有效地完成教学任务。

围绕落实立德树人根本任务，创新推进立德树人导向下中学思政课教学改革，必须牢固树立立德树人的教学理念。这一理念，在理论层面体现为：适性发展、多元成才、因材施教、教学相长。在操作层面体现为：爱心教育、言传身教、赏识学生、点燃梦想。在学科层面体现为：政治认同、科学精神、法治意识、公共参与（见图 8-2）。

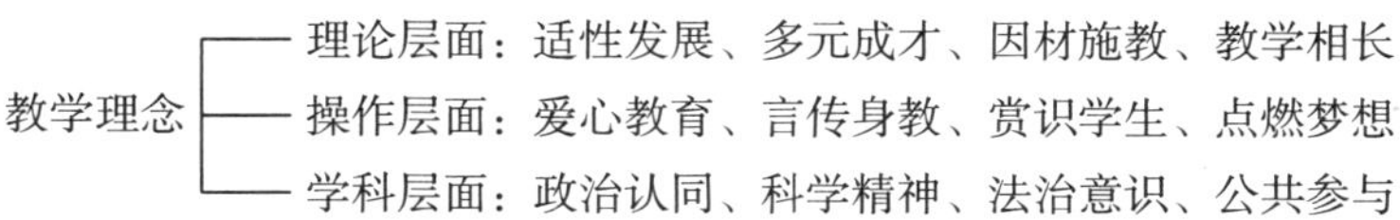

图 8-2 立德树人导向下中学思政课教学改革的教学理念

（一）理论层面：适性发展、多元成才、因材施教、教学相长

所谓适性发展，即教学应当从人出发，追寻课堂的本意和灵魂，让课堂回归学生、回归个体，使课堂教学的目标、内容、活动、训练等都基于人、适合人、成长人。思政课教学要坚持适性发展，其基本条件和根本要求是教学目标要适切、教学素材要适合、教学活动要适宜、教学训练要适度。

所谓多元成才，即教学要遵从多元智能理论，懂得学生的智能是多元的、有差异的。思政课教学倡导多元成才，要努力做到三点：一要树立学生是有差异的，每个学生都能成才的学生观；二要创设多元学习情境，树立多元化的教学观；三要充分挖掘每个学生的闪光点，建立多元的学生评价观。

所谓因材施教，即教学要从学生的实际出发，使教学的深度、广度、精度适合学生的知识水平和接受能力，同时考虑学生的个性特点和个性差异，使每个人的才能、品行获得最佳的发展。思政课教学倡导因材施教，就要充分考虑学生的性别差异、年龄特征、学习基础、学习特点、学习方式和学习策略等因素。

所谓教学相长，即教和学两方面互相促进，共同提高。《礼记·学记》云："是故学然后知不足，教然后知困。知不足然后能自反也，知困然后能自强也。故曰教学相长也。"推进立德树人导向下的中学思政课教学改革，思政课教师应当牢固树立教学相长的教学理念。

（二）操作层面：爱心教育、言传身教、赏识学生、点燃梦想

所谓爱心教育，有两层意思：一是教师在教学过程中要对学生充满爱心；二是教师在教学过程中要有效提升学生对正义、善良的人和事的爱心奉献程度的教育，培育和弘扬学生人性中善良的一面，压缩和消除学生人性中邪恶的一面。因此，爱心教育中的爱是一种大爱，这种爱是关心、帮助、给予、奉献，是理解、体谅、尊重，是义务、责任、原则，是博大、理性、公平、高尚，是心与心的真诚沟通。

所谓言传身教，即教师在教育教学过程中，一方面要在语言上传授、讲解；另一方面要在行动上教导、示范，以身作则地为学生树立起榜样和表率。"身教"重于"言教"。作为思政课教师，尤其应当懂得言传身教的重要性，在言行举止方面要以身作则、率先垂范，在学生面前始终起到表率作用。

所谓赏识学生，即在教学过程中，教师通过激励、表扬手段，肯定学生的优点、长处，鼓励学生不断取得进步和成功。美国心理学家威普·詹姆斯有一句名言："人性最深刻的原则就是希望别人对自己加以赏识。"因此，在教学过程中，教师应多给学生一些鼓励与耐心，少一些批评和责骂；多一些理解与信任，少一些冷漠和无情；多一些赏识与肯定，少一些讽刺和挖苦。因为被赏识、被肯定，就是被信任、被希望，人就会产生一种被鼓舞、被期待的积极心理效应，就会更加向善向美。

所谓点燃梦想，即在教学过程中，教师要通过自己的智慧、博学和品格去唤醒充满梦想的"花蕾"，引导学生树立正确的人生理想和奋斗目标，点燃学

生的梦想和希望。实际上，教育本身就是一项筑梦工程，而教师就是学生筑梦的灵魂工程师。点燃每位学生的梦想和希望，是每一位教师的神圣使命和天然职责。

（三）学科层面：政治认同、科学精神、法治意识、公共参与

从学科层面来讲，思政课教师应当树立政治认同、科学精神、法治意识、公共参与的教学理念。这是因为，现行中学思政课教材为教育部统编教材，与旧教材相比，部编教材在编写思路、理念、体例、内容、结构等方面做了大幅度的调整和修订，充分体现了政治认同、科学精神、法治意识、公共参与四大学科理念，从而使教材更加贴近学生生活，更加适应时代要求，更易满足学生发展需要。

1. 以政治认同为指向，突出价值引领

部编教材以政治认同为指向，着力培育有理想、有自信的中国公民。在价值引领上，部编教材尝试了社会主义核心价值观进教材、中华优秀传统文化进教材、革命传统教育进教材、总体国家安全观进教材等新方式。在落实社会主义核心价值观的时候，教材特别注重同中华优秀传统文化内容相结合，既注重了传统节日、民俗、传统礼仪、积极的民间文化等方面的教育，也注意使用古代诗歌、传统格言及谚语等题材对儿童进行传统文化教育，使教材富有中国文化风格和精神气息，帮助学生建立起核心价值观与中华优秀传统文化相承接的精神链条，在完整的历史文化脉络中涵养青少年学生的思想品德。以落实总体国家安全观的教育为例，这一内容在以往的课程和教学中并未得到充分体现。现行教材以一个单元的篇幅，让学生深刻理解国家利益和国家安全对于我国经济和社会发展、对于每个社会成员的重要价值。这是部编教材与以往教材的不同，也是我们在教学中必须引起足够重视的地方。

2. 以科学精神为指向，彰显人文底蕴

部编教材以科学精神为指向，着力培育有思想、有理智的中国公民。在选材过程中，部编教材充分注重思想性和人文性，充分体现学生思想认识和思维方式的培育，进而形成对于相关教学内容的辩证性认识。如八年级教材规则部分的内容中关于“在无人的道口，是不是还要遵守交通规则”的讨论、关于坚持爱国和如何“理性爱国”的思考等，都在不同的层面为学生形成完整、准确和深刻的认识提供了基础性条件。对这些问题的深入讨论，就成为学生展现思维、深化思维和拓展思维的重要抓手和基础形式。

3. 以法治意识为指向，培育法治信仰

部编教材以法治意识为指向，着力培育有自尊、有规则的中国公民。部编教材帮助学生认识法律的重要作用，增强宪法意识，培育法治信仰，引导学生做学法、尊法、守法、用法的合格公民。首先是系统设计法治教育内容，以社会主义核心价值观为基本遵循，以宪法精神为主线，以增强规则意识、程序意识、责任意识、诚信意识等为重点，明确学习要求。其次是采用专册与分散融入相结合的方式安排法治教育内容，即编写法治教育专册，满足不同学段集中开展法治教育的需要，同时在其他册次教材中分散融入，确保法治教育贯穿始终，全程不断线。最后是有机结合初中生的生活经验，从现实问题入手，以案例为依托，突出正面引导，让学生体会到法治让生活更美好，如义务教育法保障失学儿童上学的权利，老年人权益保障法规定家庭成员应当关心老年人的精神需求，不得忽视、冷落老年人等。

4. 以公共参与为指向，引导知行合一

部编教材以公共参与为指向，着力培育有担当、能实践的中国公民。教材在各个单元都将培养学生的担当意识作为重要内容，予以落实。教材根据学习内容尽可能设计安排有具体方法技能的学习指导，通过设计开放性的教学过程，引领道德与法治学习方式方法的革新，更多采用调查研究、参观访问、角色扮演、讨论辨析、反思探究等方法，让学生在生成性的活动中积极表达、善于思考、习得方法、努力践行。

二、立德树人的教学风格

教学风格是指教学活动的特色，是教师的教育思想、个性特点、教育技巧在教育过程中独特的、和谐的结合和经常性的表现。教学风格的形成是一个教师在教学艺术上趋于成熟的标志。虽然教学风格有理智型、自然型、情感型、幽默型、技巧型等不同类型，但推进立德树人导向下中学思政课教学改革，客观上要求追求充分体现立德树人根本要求的教学风格。这种教学风格体现出思政课共有的一些基本特点，形成了思政课特有的教学特色（见图 8－3）。

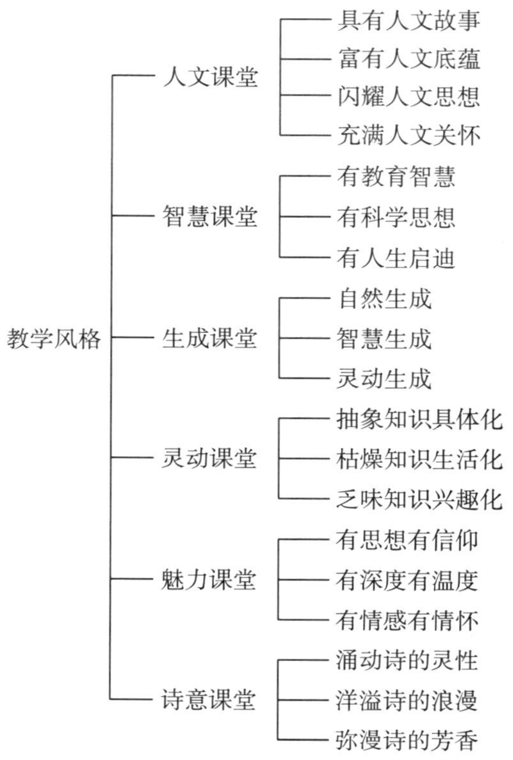

图 8－3　立德树人导向下中学思政课教学改革的教学风格

（一）人文课堂

思政课堂应当是具有人文故事、富有人文底蕴、闪耀人文思想、充满人文关怀的课堂。思政课既是政治理论课，也是思想教育课。但无论是政治理论教育，还是思想道德教育，单靠简单的纯粹说理，效果是不理想的。如果能采用富有人文底蕴、闪耀人文思想、充满人文关怀的人文故事来晓之以理、动之以情、导之以行，往往会收到意想不到的效果，达到事半功倍的目的。例如，在初一年级讲授“如何战胜挫折”这一内容时，教师就可以通过讲述毛泽东的生平故事，引导学生追寻伟人毛泽东的早期革命足迹，了解毛泽东经历过的苦难辉煌，感悟毛泽东为中国革命事业做出的丰功伟绩，学习毛泽东战胜危机、走出逆境、走向伟大的人生智慧。这一方面，可以启发学生明白挫折和逆境谁都会遇到，要想不断进步、事业成功，就要不断接受挑战、不断克服逆境，甚至需要在绝望处求生存、谋发展。另一方面，可以引导学生学习伟人毛泽东战胜逆境和挫折的意志品质与人生智慧，为传承红色基因、成就个人梦想、共圆伟大复兴中国梦，延续奋斗的信念和希望。由此可见，思政课是人文学科，好的思政课堂应当是具有人文故事、人文底蕴、人文思想和人文关怀的人文课堂。

（二）智慧课堂

思政课堂应当是富有教育智慧、科学思想和人生启迪的课堂。这与当前现代信息技术条件下，基于信息化视角所构建的“智慧课堂”完全不是一回事。思政课所倡导的智慧课堂是基于思政课作为一门人文社会科学的性质出发的，其课堂教学必须充分体现思政课的思想性、教育性、时政性、科学性、针对性和实效性，使思政课充满教育的智慧和思想的光芒，真正给学生带来人生启迪、价值引领和人文熏陶。

（三）生成课堂

思政课堂应当是教学预设在教学过程中动态生成的课堂。生成课堂强调教学的过程性，突出教学个性化建构的成分，追求学生的生命成长，是一种开放的、互动的、动态的、多元的教学形式。就生成课堂形成的具体情形而言，可以是自然生成的，也可以是智慧生成的，还可以是灵动生成的。就生成课堂的基本特征而言，通常具有复杂性、动态性、情境性、偶发性和隐蔽性。因此，生成课堂不是“罐头式”的、“木乃伊式”的、偶然的、随意的，而是在师生互动过程中，通过教师对学生的需要和感兴趣的事物的价值判断，不断调整教学活动，以促进学生更加有效学习的教学发展过程，是一个师生共同学习，共同建构对世界、对他人、对自己的态度和认识的动态过程。

（四）灵动课堂

思政课堂不应当是死板、空洞的说教，而应当是将抽象的知识具体化、枯燥的知识生活化、乏味的知识兴趣化，让教学充满思想和智慧的火花，让师生充满精神活力和思维灵动的课堂。“灵动”既是思政课的品质，又是思政课的境界。它须变传统教学中理论化、师徒化的僵化活动为综合化、民主化、活动化的师生互动，使师生感受动脑、动情、动眼、动耳、动口、动手的生命化教学体验，并呈现出多样、灵活、动态、延展的课堂教学特点，进而达到师生智动与情动的协调统一、思想与精神的高度契合，整个课堂充满了灵气、灌注了灵魂。例如，在初三年级讲授“小平，您好”一课时，教师可以结合大量的历史文献和党的十九大报告，采用鲜活的案例和翔实的数据，运用对比分析和以案说理的方法，深入浅出、通俗易懂地讲清楚社会主义初级阶段五个最重要的基本问题，即我国社会主义建设的发展阶段，从“站起来”到“建起来”再到“富起来”，最终将实现“强起来”，重点明确新时代“两个一百年”奋斗目标；

我国社会主义建设取得的巨大成就，特别是党的十八大以来取得的十大成就；我国现阶段的基本国情及其原因和表现；准确理解社会主义初级阶段的两层含义；深刻认识我国处于社会主义初级阶段的重大意义。这样依据教材而又超越教材的思政课教学，将教材知识与时政热点、社会生活和学生实际紧密结合，以学生逐步扩展的社会生活为背景，以幽默诙谐的语言风格将抽象的知识具体化、枯燥的知识生活化、乏味的知识兴趣化，在传授知识的同时更注重对学生思想品德、行为习惯和情感、态度、价值观的培育与塑造，让学生的心灵之舟徜徉在思想共鸣、情感共振、认识提高、精神升华的自由世界，使课堂成了师生释放生命激情与青春活力的舞台，不断演绎出智慧课堂、人文课堂、生命课堂的灵动与精彩。

（五）魅力课堂

思政课堂应当是有思想有信仰、有深度有温度、有情感有情怀，充满了思想魅力、人格魅力和艺术魅力的课堂。俗话说："教学有法，教无定法。"教学是一门科学，也是一门艺术。一堂好的思政课，往往是思想性、科学性和艺术性的高度统一，充满了授课者的思想魅力、人格魅力和艺术魅力，给学生以思想性、科学性和艺术性的熏陶和享受。例如，在初二年级讲授"品质赢得市场"一课时，教材对"品质"的定义仅是从"物"的角度而言的，其属性也仅仅是"物"的品质属性。而实际上，"品质"既指"物"的品质，也指"人"的品质。而"物"是由人生产或制造的，物的品质归根到底要受人的品质影响。因此，从这个意义上讲，人品决定产品，人的品质决定产品的品质。正是基于对"品质"这一概念内涵的深刻理解和把握，教学设计从"物的品质"着手，最终立意于"人的品质"来讲解和提升，并在课尾通过深入分析"三鹿奶粉事件"这一典型案例充分阐释和印证"人的品质决定产品的品质"这一核心观点。这样的教学不仅让学生真正明确了品质在市场中的重要作用——品质是市场的通行证，而且为学生下节课学习"诚信支撑经济"的内容奠定了思想认识基础，从而自觉养成良好的为人品质。

（六）诗意课堂

思政课堂应当是涌动着诗的灵性、洋溢着诗的浪漫、弥漫着诗的芳香、充满诗意的课堂。马卡连柯曾说："教育是诗一样的事业。"教学和写诗一样，都是一场酣畅淋漓的情感流淌过程。思政课教师要善于运用文学、音乐、图画等美的手段，营造诗意的学习环境，把学生带入诗情画意之中，使他们在不知不觉中张开诗的翅膀，舒展诗的灵性，享受诗性课堂的快乐和幸福。为此，思政课教学需要注意四点：一要呵护学生的诗意性。中学时光，翩翩少年，风华正茂，正是有梦想的年纪。苏霍姆林斯基说："每一个儿童少年就其天性来说都是诗人。"思政课教学要把握中学生的这种天性，善于引导，让学生心中诗的琴弦响起来，充分燃烧自己的生命激情，使其学习和生活充盈着爱和诗意。二要激活教材的诗意性。现行部编教材无论是在正文、活动创意，还是在语言设计上都很注重积极情感的注入、渗透和负载，也很注重诗意的营造。思政课教学要善于激活教材的诗意性，使课堂流淌着诗的音韵节律，充分彰显思政课教学的磁吸效应，让课堂变得诗意盎然。三要发掘课堂环境的诗意性。课堂环境主要是指心理环境。课堂是师生交往的天地，是师生共同的精神家园。追求充满诗意的思政课教学，就要营造互信互赖的心理空间，让自由、平等、和谐的精神充盈其间。有了诗一般的心理环境，学生的生命成长和德性养成就有了肥沃的土壤。四要彰显教师课堂生活的诗意性。于漪说："语言本身是富有诗意的，只要思想深刻、流畅，表达出来的就有诗意。"教师要充满生命活力，以自己的奕奕神采、澎湃激情撼动学生的心灵，使他们在课堂上因兴奋而雀跃、因激动而流泪、因悲痛而扼腕、因惋惜而唏嘘。学生有了感动，稚嫩的心灵就会震撼，善或美的种子就会悄然入土、萌芽、生长。教师要善于用诗的方式表达生命感动，善于把寻常道理烹制成可口的美味，善于将习以为常的生活点缀出诗意的灿烂。如此，思政课的价值才会因情感的介入而得以彰显，学生会因善良情感的浸润而展现生命的亮色。

三、立德树人的课标解读

课标解读是推进立德树人导向下中学思政课教学改革的重要环节，也是全面落实立德树人根本任务的客观要求。思政课教师的课标解读能力，直接关系到教师对课程理念、课程性质、课程目标、课程内容、课程结构、课程实施等重要理论问题的理解和认识，也直接影响到教学思路、教学设计、教学方法和教学策略等实践操作问题的思考与设计。因此，推进立德树人导向下中学思政课教学改革，必须全面提升思政课教师的课标解读能力（见图 8-4）。

（一）解读课程性质

课程性质不仅决定了课程的基本理念，而且影响到教学的设计思路。教师对课程性质的解读情况，不仅关系到教师对本门课程的理解和认识程度，而且影响到教师的教学组织与实施。中学思政课是一门具有思想性、人文性、实践性和综合性的课程，教学设计、教学内容和教学方法等必须体现这"四性"要求，以落实立德树人根本任务。

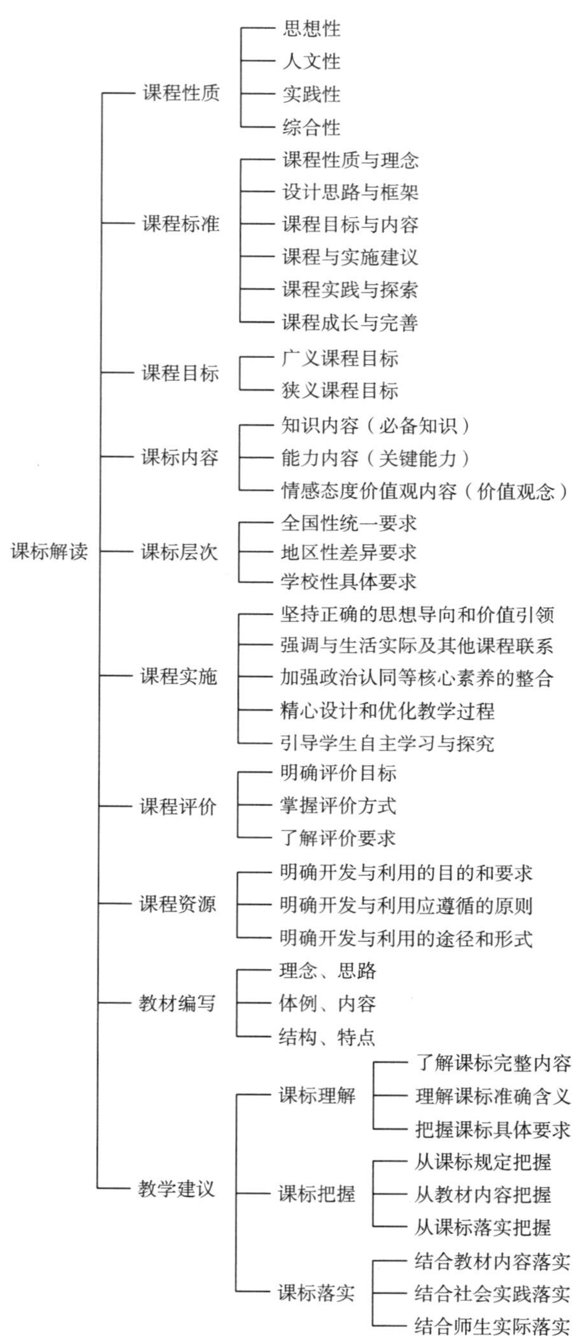

图 8—4　立德树人导向下中学思政课教学改革的课标解读

（二）解读课程标准

课程标准明确了课程应达到的基本标准和要求，中学思政课需以政治认同为指向、突出价值引领，以科学精神为指向、彰显人文底蕴，以法治意识为指向、培育法治信仰，以公共参与为指向、引导知行合一，实现知、情、意、行的统一，达到立德树人的根本目的。教师解读课程标准的能力，是教师落实立德树人根本任务的关键能力之一，直接关系立德树人的实际效果。

（三）解读课程目标

课程目标有广义与狭义之分。广义的课程目标，涵盖面是全层次的，包括“教育方针”“教育目的”“培养目标”和“教学目标”等内容。狭义的课程目标，是指课程本身要实现的具体目标，即学生通过课程学习以后，在知识、智能、品德、体质等方面达到的程度。中学思政课解读课程目标，可分为学期教学目标、单元教学目标和课时教学目标，其具体的指标体系又分为识记、理解、运用、评析等若干个层次。

（四）解读课标层次

从实施层面来讲，课标层次有全国性统一要求、地区性差异要求、学校性具体要求，其表现形式就是国家课程、地方课程和校本课程。国家课程严格执行，地方课程认真落实，校本课程积极开发。从内容层面来讲，课标层次可以分为不同的实施维度。从“双基目标”到“三维目标”再到“核心素养”，体现了课程改革的不断深化，同时对思政课落实立德树人根本任务提出了更高要求。

（五）解读课程实施

课程实施应以课程标准为依据，遵循中学生身心发展、思想品德和政治素质形成与发展的规律。中学思政课实施课程，要坚持正确的思想导向和价值引领，强调与生活实际以及与其他课程的联系，加强政治认同、人文精神、法治意识、公共参与等内容的整合，精心设计和优化教学过程，引导学生自主学习。

（六）解读课程评价

解读课程评价，务必明确评价目标、掌握评价方式、了解评价要求。中学思政课在解读课程评价时，应以课程目标和内容标准为依据，体现学科评价特点，多角度、多途径收集学生的学习信息，客观评价学生的道德认知、道德判断、道德选择、道德实践能力。

（七）解读课程资源

解读课程资源，要明确课程资源的开发与利用的目的和要求、应遵循的根本原则（目的性原则、综合性原则、因地制宜原则）、主要途径和基本形式。中学思政课解读课程资源的开发与利用，要立足于新时代新形势下思政课对立德树人的新要求，有效开发与利用思政课教学资源。

（八）解读教材编写

准确理解教材编写的理念、思路、体例、内容、结构、特点等，才能有效提高课堂效益和立德树人效果。中学思政课解读教材编写，要准确把握课程标准、坚持正确政治导向、突出教材与生活的联系等要求，创造性理解和使用教材。

（九）解读教学建议

解读教学建议，要从理解课标、把握课标、落实课标三个维度去理解和分析。中学思政课理解课标，首先要了解课标的完整内容，其次要理解课标的准确含义，最后要把握课标的具体要求。中学思政课把握课标，首先要从课标规定来把握，其次从教材内容来把握，最后要从课标落实来把握。中学思政课落实课标，首先要结合教材内容来落实，其次要结合社会实践来落实，最后要结合师生实际落实。

四、立德树人的学情分析

学情分析是为研究学生的实际需要、能力水平和认知倾向，为学习者设计教学方案、优化教学过程，进而更有效地达成教学目标、提高课堂教学效率的一项教学实践活动。现代教学之所以重视和强调学情分析，主要基于三个方面的原因：一是学情分析是教与学目标设定的基础，二是学情分析是教与学内容分析（包括教材分析）的依据，三是学情分析是教学策略选择和教学活动设计的落脚点。由于学生各方面的情况都有可能影响学生的学习，因此学情分析涉及的内容非常宽广，包括学生现有的知识结构、学生的思维情况、学生的认知状态和发展规律、学生的生理和心理状况、学生的个性特征及其发展状态等。而学生的学习动机、学习兴趣、学习内容、学习方式、学习时间、学习效果，学生的生活环境、最近发展区、成功感等，则是学情分析的切入点。中学思政课进行学情分析，要重点分析学生的生理与心理特点、学生已有的认知基础和经验、学生的个体差异、学生对本学科学习方法的掌握情况、学生学习知识时可能要遇到的困难等（见图 8—5）。

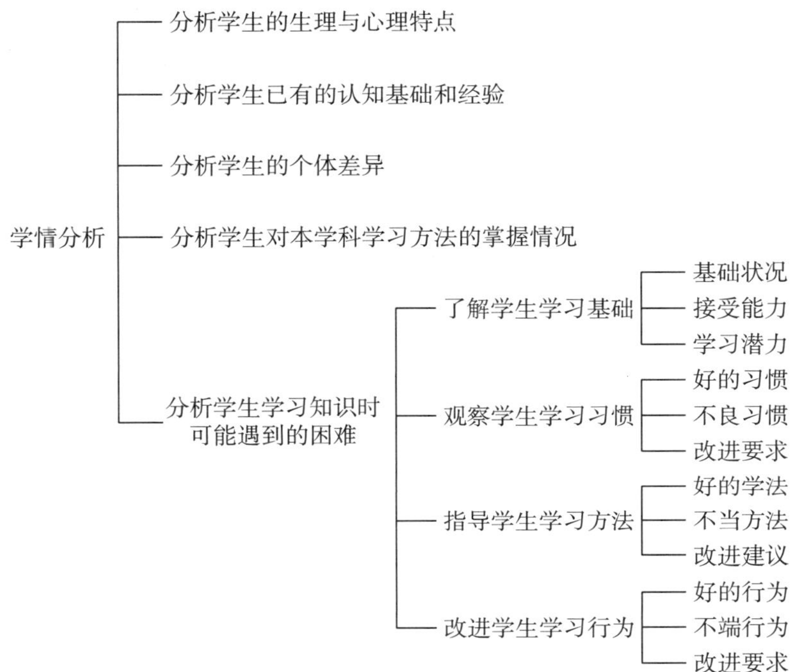

图 8—5　立德树人导向下中学思政课教学改革的学情分析

（一）分析学生的生理与心理特点

学生在身心发展、成长过程中，其情绪、情感、思维、意志、能力及性格还极不稳定，具有很大的可塑性和易变性。教师通过分析了解学生的生理与心理特征同学习内容是否相匹配及可能产生的知识误区，充分预见可能存在的问题，进而在课堂上有针对地加以分析和解决，使教学具有较强的预见性、针对性和功效性。

（二）分析学生已有的认知基础和经验

对学生学习某一内容时所应具备的与该内容相联系的知识、技能、方法、能力等方面的分析，以确定新课的起点，做好承上启下、新旧知识有机衔接的工作。如果发现学生知识经验不足，一方面可以采取必要的补救措施，另一方面可以适当调整教学难度和教学方法。

（三）分析学生的个体差异

对学生的学习能力和学习风格进行全面细致分析，分析不同班级和不同学生理解掌握新知识的能力、学习新的操作技能的能力，据此思考和设计教学任务的深度、难度和广度。客观地讲，现代学生个体存在着较大的差异。一方面，从社会因素来讲，生源构成的日益复杂造成了学生个体差异越来越大、越来越复杂。另一方面，从学生因素来讲，由于学生的学习习惯、学习兴趣、知识基础、学习能力、智力因素和非智力因素等的不同，内在地形成较大的个体差异。这都需要教师进行具体的学情分析，并采取因材施教、变通灵活的教学策略。

（四）分析学生对本学科学习的方法掌握情况

不同学科、不同学段、不同学生，其学习方法是有差异的。就思政课而言，有的学生喜欢“背多分”，过分强调“死记硬背”，而忽视对知识的理解和迁移；有的学生喜欢“抽象思维”，过分强调“理解掌握”，而忽视对知识的必要识记；有的学生喜欢时政热点分析，有的学生则遵循教材内容；有的学生喜欢形象思维，有的学生则喜欢逻辑推理……这些都充分体现了学生学法的差异性和复杂性，也隐含了学法指导和教法设计的多样性和复杂性、针对性和具体性。因此，教师只有事先了解学生对本学科学习方法的掌握情况，才能根据不同的教学内容进行相应的学法指导，才能实现教学效果的最优化。

（五）分析学生学习知识时可能遇到的困难

学生的学习基础、学习习惯、学习行为、学习方法等不同，会使学生存在较大的学习差异和学习困难。学生在学习中可能遇到的问题和阻力，又会成为他们进一步学习的困难与发展的障碍。因此，教师在备课中，要努力去关注和发现学生在学习中可能存在的困难和障碍，具体分析这些困难和障碍产生的原因，思考相应的具有针对性和实效性的教学策略。在具体分析学生可能要遇到的困难和阻碍时，可重点从四个方面着手。

1. 了解学生学习基础

要从每个学生的基础状况、接受能力、学习潜力等三个维度，充分考虑教学内容的难度是否与学生的学习基础相匹配，务求使教学内容的难度与学生的学习基础相适应，可以通过抓教材处理、抓课堂教学、抓知识形成、抓学习节奏、抓问题暴露、抓解题指导、抓思维方法等方式来解决。

2. 观察学生学习习惯

要从每个学生好的学习习惯、不良学习习惯、改进要求、改进程度等四个维度，充分考虑教学内容的难度与要求同学生的学习习惯是否一致，务求指导学生养成良好的学习习惯。实际上，不同学习能力的学生往往有不同的学习方法和学习习惯。教师要因材施教，悉心指导学生的学法，培养学生良好的学习习惯。

3．指导学生学习方法

要从好的学法、不当学法、改进建议等三个维度，综合评估学生的学法优劣与指导意见，务求使学生的学习方法与思政课的学科特点相适应。就学习中学思政课而言，教师要挖掘学生学习潜力和提升学生学习能力，指导学生学会听课、学会记忆、学会理解、学会运用、学会总结。

4．改进学生学习行为

要从好的学习行为、不良学习行为、具体改进要求等三个维度，综合评价学生的学习行为与改进建议，务求使学生的学习行为与思政课的学科要求相同步、高吻合。要改进学生学习行为，促使学生端正学习态度，最重要的有两个方面：一是激发学生的学习兴趣。中学思政课教学可通过“寓教于乐、趣味横生”“提问设疑、培养兴趣”“改进教法、激发兴趣”等有效方式，激发学生的探究兴趣和求知欲望。二是让学生体会成功的喜悦。心理学研究表明，成功的体验可以使人增强信心和成就动机。中学思政课教学可让学生在共同探索中、在教师语言中、在平常作业中、在教学评价中、在目标实现中体验成功，感受成功的喜悦和快乐，实现由“要我学”到“我要学”的良性循环。

总之，教师要科学掌握和综合运用自然观察法、书面材料法、谈话法、调查研究法、测验法等学情分析方法，并借以优化教法和指导学法，提高教育教学质量和立德树人效果。

五、立德树人的教材使用

教师的教材观，决定了教师对教材的理解和使用。而教师对教材的理解程度和使用方式，在某种程度上又决定了教材价值的实现程度。新课程改革倡导“用教材教而不是教教材”的教材理念，对推进立德树人导向下中学思政课教学改革具有导向意义和实践价值。本节以部编《道德与法治》八年级下册教材为例，从分析教材、吃透教材、用好教材和活用教材四个方面，对立德树人的教材使用做必要的分析和解读，并提出切实可行的教学建议（见图8-6）。

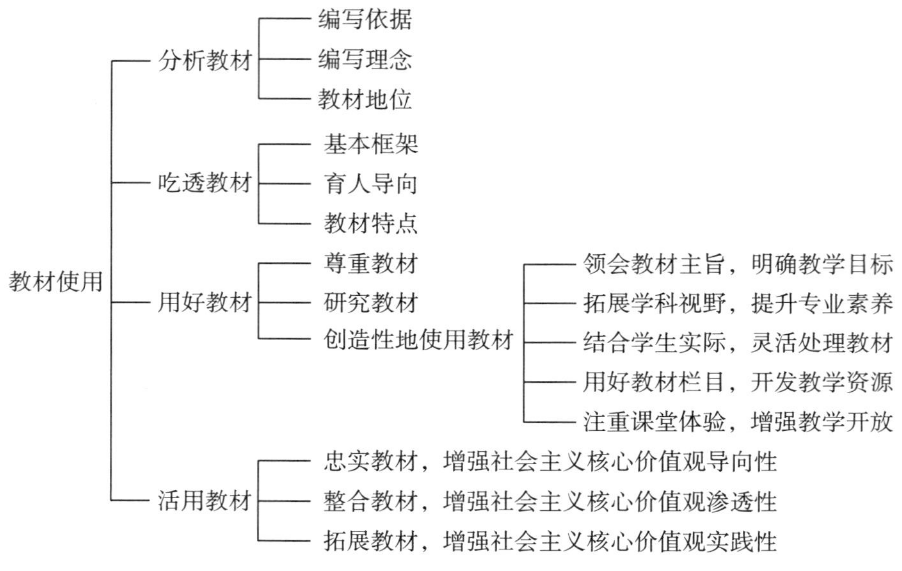

图 8—6　立德树人导向下中学思政课教学改革的教材使用

（一）分析教材

分析教材是使用教材和用好教材的前提。分析教材，要重点分析教材编写依据、编写理念和教材地位。

1. 编写依据

《道德与法治》八年级下册的编写依据主要有三：第一，《思想品德课程标准（2011）》；第二，《青少年法治教育大纲》；第三，教育部《中小学法治教育专册教材编写建议（2016）》。

2. 编写理念

《道德与法治》八年级下册的编写理念主要体现为三个方面：第一，紧扣课程标准——以宪法教育为主要内容，以宪法精神为主线。第二，明确育人重点——以宪法知识为载体，以增强学生公民意识和国家意识为主旨。第三，尊重教育规律——遵循认知发展规律，遵循生活逻辑与知识逻辑相结合的原则。本册教材编写始终坚持“两个遵循”原则，即遵循学生认知发展规律、遵循生活逻辑与知识逻辑相结合的原则，充分体现教材结构的逻辑性和教材内容的生活化（见图 8—7）。

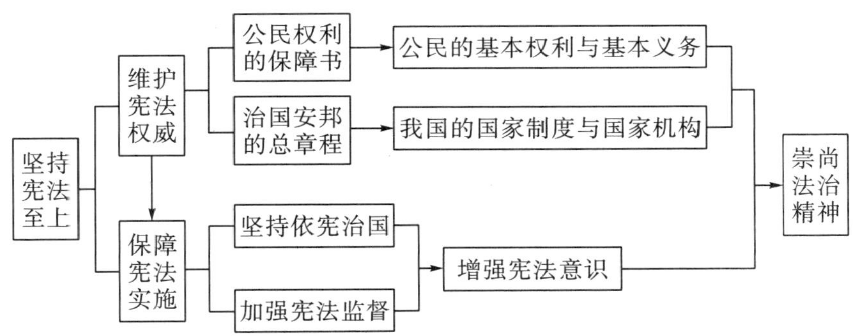

图 8－7　教育部编教材《道德与法治》八年级下册第一单元逻辑结构

3. 教材地位

就教材地位而言，《道德与法治》八年级下册教材主要是对初中生进行法治教育，以培养有理想、有道德、有文化、有纪律的社会主义合格公民为中心，以深化宪法教育为主要任务，围绕初中生不断扩展的生活中需要处理的公民与国家、公民与社会的关系，提炼生活主题，厘定编写思路，统筹安排各单元教育内容，因而不仅很好地贯彻和体现了“三个一”的编写指导原则，而且在增强学生法治意识、培养学生法治精神方面占有举足轻重的地位，在落实立德树人和促进学生健康成长方面起着重要作用。

（二）吃透教材

吃透教材是对分析教材的更高要求。只有真正理解和吃透了教材，才会合理地处理和使用教材，提高课堂教学效果。吃透教材，应重点分析教材基本框架、育人导向、教材特点。

1. 基本框架

就《道德与法治》八年级下册的基本框架而言，其着重围绕公民与国家的关系这一生活主题，以宪法精神为主线，通过全面介绍宪法主要内容，开展公民意识教育与国家意识教育，引领学生崇尚法治精神，增强法治意识。教材设计了四个单元，每个单元分为两课（见图 8－8）。

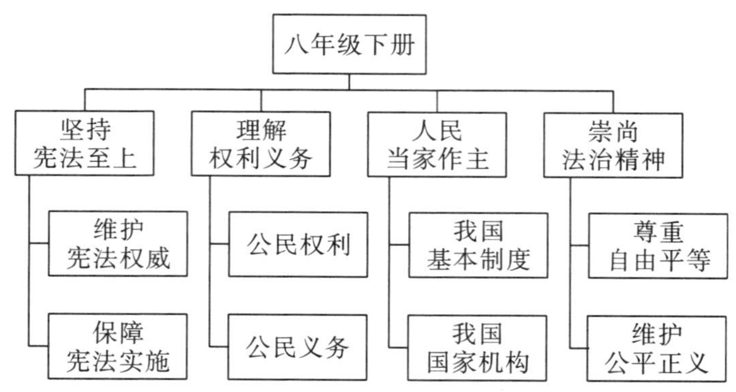

图 8—8　教育部编教材《道德与法治》八年级下册的基本框架

2. 育人导向

就育人导向而言，本册教材突出地强调和体现了四个鲜明的价值追求和育人导向：第一，体认宪法价值，明确宪法地位，树立宪法至上理念。第二，明确基本权利与义务，增强权利意识与义务意识，树立权利义务相一致观念。第三，了解国家制度与国家机构，增强制度自信与国家认同。第四，体会法治原则与价值追求，崇尚法治精神，引领法治行为。

3. 教材特点

就教材特点而言，本册教材编写呈现出六个显著的特点：第一，结合案例分析，以讲法律规范为主，重视宪法文本的价值。第二，以法律知识教育为载体，促进学生法治思维养成与实践能力提升。第三，突出法治教育主题，适当渗透道德教育。第四，追求内容科学、逻辑严谨与表述生动的统一。第五，设计开放的问题情境，培养辩证思维和批判思维，凸显思维张力。第六，教材“知识”减少，教材“留白”增多，为课堂转型提供空间和契机。据此，课堂转型急需实现三大转变：教学组织方式向“登山型”转变、教学设计向综合活动型转变、教学方式向注重学生体验转变。

（三）用好教材

用好教材既是分析教材和吃透教材的最终归宿，也是增强立德树人实效的根本要求。用好教材，要力求做好三点：首先，要尊重教材。其次，要研究教材。最后，要创造性地使用教材。就创造性使用教材而言，下面以《道德与法治》八年级下册为例，从五个方面来加以分析和改进。

1. 领会教材主旨，明确教学目标

本册教材围绕公民与国家的关系这一主题，以宪法精神为主线，通过全面介绍宪法主要内容，开展公民意识教育与国家意识教育，引领学生崇尚法治精神，增强法治意识。本册教材的总体教学目标包括三个方面：一是熟悉宪法文本，掌握宪法主要内容；二是理解宪法价值，树立宪法至上理念；三是培养法治思维，提升法治行为能力。

2. 拓展学科视野，提升专业素养

本册教材是法治教育专册，对教师专业化和教师队伍建设提出了更高的要求。教师要加强相关理论学习，提升专业素养，在教学中深钻教材，在一定的理论高度和学科视野下准确理解和把握教材内容，深刻领会编写意图，避免照本宣科。

3. 结合学生实际，灵活处理教材

在教学中，要合理确定教学目标，关注学生的差异性，准确把握教学重难点，同时发挥教师主观能动性，既要运用教材，又不能拘泥于教材，在使用和处理教材方面表现出创造性。

4. 用好教材栏目，开发教学资源

在教学中，要用好教材栏目（见表 8－1），自主开发教学资源，创设有吸引力的问题情境，努力实现教材的严肃性与教学的活泼性的有机统一，教材的相对稳定性与社会生活的不断变化性的有机统一，教材功能的发挥与学生成长的有效对接。

表 8－1　教材栏目教学建议

分类	栏目名称	教学建议
固定栏目	运用你的经验	设置情景，基于学生已有生活经验导入
	探究与分享	根据问题情境，组织学生从多角度、多层次探究，引导学生在讨论、辩论、体验、辨析和反思中生成知识、提升能力，形成正确价值观念和良好道德品质
	拓展空间	依据教学目标及教学重难点进行有效拓展，如拓展教学素材、学习空间和学习能力等；科学设计课内外活动，明确活动要求；为学生提供展示活动成果、提升学科素养、学以致用的平台

续表

分类	栏目名称	教学建议
辅助栏目	相关链接	正文内容的拓展和延伸，引导学生用心学习和思考
	阅读感悟	根据材料内容和教学目标的需要，指导学生学习阅读、设计问题，引导学生思考，在阅读思考中感悟体验
	方法与技能	学以致用，帮助学生进行正确解读，引导学生掌握具体方法，提高学习能力

5. 注重课堂体验，增强教学开放

课堂教学应注重课堂体验与对话，重视学习的过程性和实践性，关注学生思维的过程和品质。增强教学开放性，要选择合适的探究方式，充分展开课堂交互活动，提升课堂教学能力。

（四）活用教材

课堂既是开展教学的主阵地，又是实施课程的主战场。教材好比战场上的武器，作为课程的第一资源必须用好、用活。中学思政课是落实立德树人根本任务的关键课程，活用教材必须做到忠实教材、整合教材、拓展教材。

1. 忠实教材，增强社会主义核心价值观导向性

首先，要明确教材编写思想，宏观把握教学方向。《道德与法治》八年级下册的编写思想主要体现在三方面：一是以宪法精神为主线；二是以增强学生公民意识和国家意识为主旨；三是尊重认知发展规律，遵循生活逻辑与知识逻辑相结合原则。基于以上理解，教师实施课程时要从宏观上把握教学方向，有理有据地融入社会主义核心价值观（见表8-2）。

表8-2　教材与社会主义核心价值观的内在关系

三个倡导	对应课程标准	对应教材	导向
国家层面	第三部分：我与国家和社会 第二模块：认识国情，爱我中华	第三单元：人民当家作主 第五课：我国基本经济制度 第六课：我国国家机构	国家意识

续表

社会层面	第三部分：我与社会 第一模块：积极适应社会发展 第三模块：法律与秩序	第四单元：崇尚法治精神 第七课：尊重自由平等 第八课：维护公平正义 第一单元：坚持宪法至上 第一课：维护宪法权威 第二课：保障宪法实施	法治意识 法治素养 法治精神
公民层面	第二部分：我与他们和集体 第三模块：权利与义务	第二单元：理解权利义务 第三课：公民权利 第四课：公民义务	公民意识

其次，要忠实教材栏目内容，微观达成教学目标。《道德与法治》八年级下册教材的栏目归结起来分为两种：一是主要栏目《运用你的经验》《探究与分享》《拓展空间》，二是辅助栏目《相关链接》《阅读感悟》《方法与技能》（见表 8－3）。因为教材栏目内容丰富，教师在使用时要根据教学目标，科学融入社会主义核心价值观。

表 8－3　立德树人导向下中学思政课教材栏目使用建议

分类	栏目名称	呈现形式	使用建议
主要栏目	运用你的经验	材料＋问题 活动＋要求	作为教学导入使用
	探究与分享		作为学生活动使用，学生在活动后得出正文观点
	拓展空间		结课时拓展延伸使用
辅助栏目	相关链接	材料	作为课程资源，可让学生自主阅读，也可集体阅读后教师补充问题，变成活动探究
	阅读感悟		
	方法与技能		学生自主阅读和教师讲解均可

2. 整合教材，增强社会主义核心价值观渗透性

在忠实把握教材栏目内容结构的基础上，教师要根据教材内在逻辑关系和单元教学主题整合教材内容，在教材知识中科学融入社会主义核心价值观。

首先，要按教材内在逻辑关系整合。《道德与法治》八年级下册教材围绕公民与国家的关系主题，以宪法精神为主线，通过介绍宪法主要内容，开展公民意识教育与国家意识教育，引导学生崇尚法治精神，增强法治意识和法治素养（见图 8－9）。

其次，按单元教学主题整合。教学要坚持法治教育与道德教育相结合。例

如，讲授《道德与法治》八年级下册第四单元“崇尚法治精神”时，要突出法治教育主题，适时融入社会主义核心价值观教育（见图8－10）。

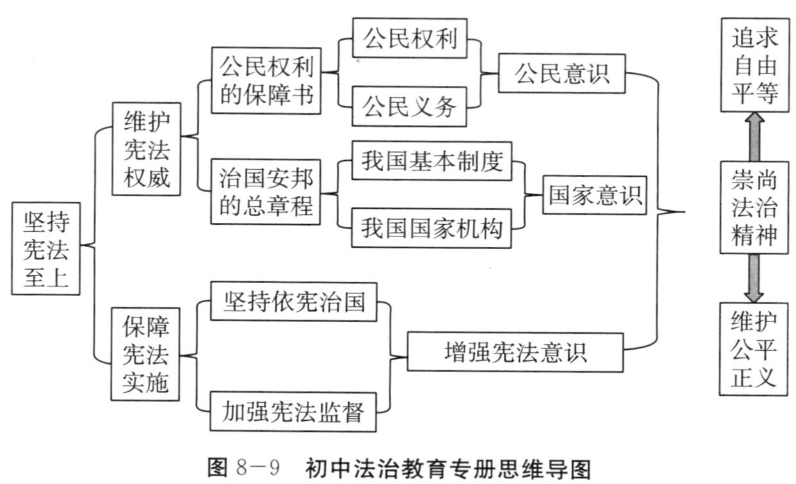

图8－9　初中法治教育专册思维导图

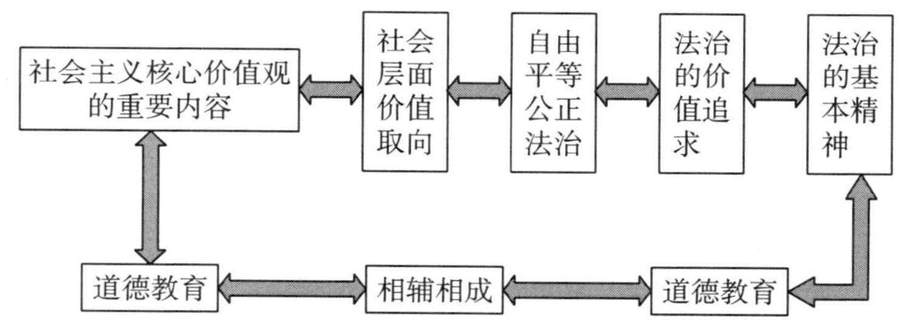

图8－10　第四单元“崇尚法治精神”思维导图

3. 拓展教材，增强社会主义核心价值观实践性

知行统一、学以致用是《道德与法治》课程的落脚点，是提升学生道德素养与法治素养的需要。在课堂教学中，教师要注重教材知识与社会实践相结合，引导学生主动参与丰富多彩的课内外活动，在实践中理解、认同并践行社会主义核心价值观。以第七课第二框题“自由平等的追求”为例，本框最后一个栏目是《拓展空间》。本栏目采用主题活动方式，设计了以践行平等为主题的板报。栏目内容有活动目的、活动要求、活动步骤、效果评价。栏目的设计意图是要求学生把平等原则落实到日常生活、学习和工作中，将平等意识和践行平等的要求外化于行、内化于心，在实践中认同并践行社会主义核心价值观。在课堂教学中，教师要将教材知识与社会实践、学生已有生活经验相联系，适时拓展教材内容，才能较好地达成课程教学目标。

需要强调的是，活用教材除了要遵循忠实教材、整合教材、拓展教材等基本要求外，还需要把握一些教材细节处理要求，如古文、栏目、插图等的灵活处理和巧妙运用，以取得更好的教学效果。

（1）古文使用。首先，要明确其使用价值。教材中古文的使用价值主要体现在两个方面：一是有助于学生认同中华传统文化价值，提升文化自信；二是有助于学生内化学科课程价值，达成教学目标。其次，要了解其作用归类。具体而言，教材中的古文分为五类：①教学内容，不可或缺。有些古文本身就是学生必须掌握的，需要教师帮助学生识记理解、深刻感悟、认同内化，因而在教学中必须加以重视。②追本溯源，概念理解。把握任何事物，首先要弄清楚概念，通过古文追本溯源是很有必要的，因而教师要帮助学生用全面、发展的眼光认识事物、加深理解。③提供证据，论证观点。在教材中，用古文中蕴含的道理为教材所要表达的观点提供证据。起到这种作用的古文最多，尤其是在正文部分出现的古文。④情境分析，话题探讨。这种情况在教材《探究与分享》栏目中最多，对其探究有助于学生深入理解教学内容。⑤阅读感悟，情感升华。这类古文常见于《阅读感悟》《相关链接》《拓展空间》等栏目，这类古文非常具有代表性、震撼力和感染性，能使学生有更多的获得感。最后，要优化使用策略。教师在处理和使用教材中的古文时，应根据古文在教材中所处的位置，基于古文在教材中的价值和作用，采取合理有效的使用策略，以便最大限度地发挥古文在立德树人中的价值和作用。概括起来，教材中的古文使用可以采取以下策略：①查找原典，尊重原意；②取其精华，去其糟粕；③分门别类，合理使用；④不同内容，有所侧重。

（2）栏目使用。首先，要明确教材栏目的设计意图和功能定位。教材是教与学的载体，为教师的教、学生的学提供了“脚手架”。中学思政课教材活动栏目设计，为教学活动的顺利开展提供了最基础的支撑，也为学生在课堂上实现情感体验与道德实践搭建了平台。《运用你的经验》作为导入，可以激发学生探究和学习的兴趣；《拓展空间》作为一框总结，是课堂学习的拓展延伸；《探究与分享》是教材活动的主体，在呈现材料后进行提问或提出活动要求，引导学生思考、分享、探讨、碰撞。其次，要扩展栏目功能，提升栏目价值。在教学过程中，可以将《阅读感悟》中的材料作为思考和讨论的内容，通过提问转化为《探究与分享》栏目。从内容和形式上看，《探究与分享》更多取材于学生生活，关注冲突、矛盾、困惑，注重留白，更多教学资源是在师生互动、生生交流中生成的，帮助学生生成具有主体性道德知识的功能主要由它完成。下面，以《探究与分享》栏目的使用为例，简要分析活用教材探究栏目的四种基本方式：

①移花接木：情境选择从早远走向新近。这里讲的移花接木，是指根据学生年龄特点，对《探究与分享》栏目中远离学生或略显过时的情境素材加以改编或替换，使素材更新、更近，从而切实开展切合学生实际的教学活动，让学生在活动中实现价值认同。

②锦上添花：方式呈现从理性走向灵动。这里讲的锦上添花，主要指依托教材原有编排，进行呈现方式的变化或相应问题的改进与情境拓展，通过组织过程体验或角色扮演，调动学生的知、情、意、行，在提升学生能力的同时帮助其树立正确的价值观。

③画龙点睛：问题视角从淡漠走向自觉。如果移花接木、锦上添花主要是从选材与外在形式入手，那么，画龙点睛则是从设问入手，重在改变角度和思维方式。它主要是指题材内核和主旨立意基本不变，设问稍作改变，从而进一步打开学生思维，进一步激发学生情感。

④脱胎换骨：线索向度从零散走向系统。学生思想道德和政治素质的提高，从观念认识、体验内化到反思践行，是一个融合、循环的复杂过程。遵循这一思路，每一内容的展开都应包含一条引领生活经验的线索。凭借《探究与分享》原材料，进行加工延伸，补足材料和问题，使之成为课堂线索而串起整堂课，堪称脱胎换骨，会起到纲举目张的作用。

（3）插图使用。插图使用的目的是化解教学内容成人化与教学素材儿童立场的矛盾，打通知识和生活之间的价值连接，增强学生与文本知识的亲近感，引导学生从表象学习走向本质学习，具有高度的思想性占位，对激发学习兴趣、理解概念内涵、修炼表达能力、培育科学精神、促进公共参与等具有重要价值。在具体教学过程中，教师使教材插图发挥最大的教育功能和育人作用，可遵从以下建议：

①开启教学话题，激发学习兴趣。教材插图标定一定教学话题，通过插图开启师生对话主题，切入教学内容，能有效培养学生积极情绪，引发学生情感共鸣、求知认同，便于推进教学，使学生迅速进入学习状态。在具体教学过程中，教师结合某一插图涉及的知识背景和社会实际，巧妙地引导学生思考插图内容，层层剥笋、步步深入，将插图潜隐的教学资源转化为显性教学内容，学生就会兴致盎然、踊跃参与、乐学善学。

②加强问题导向，指引析疑归源。有的教材插图通过问题设计引导学生发现问题、探究缘由，我们可以挖掘插图的隐性和显性信息，通过群组性问题导向，以结构化问题策略，引导学生析疑解惑归源，培养学生刨根问底的良好思

维习惯。

③展开多元对话，理解基本概念。教学即对话，许多插图以对话形式，从不同角度渗透概念和规律性认知。在具体教学过程中，教师应有效结合插图，引导学生开展与文本、专家、同学和实践等的多元对话，发挥经验效能，扩展认知水平，这将有利于其深度理解概念内涵。

④突破重点难点，达成教学目标。对于一些教学重难点，以教材插图为中介，使之接近学生生活经验和学习水平。在具体教学过程中，通过纵向或横向比较，可将抽象内容形象化、理论问题具体化，由浅入深、由感性到理性地展开教学，从而达到教学目标。

⑤培养逻辑思维，修炼表达能力。漫画类插图“有图有文有真相”，对培养学生的逻辑思维和语言表达能力有着独特价值。在具体教学过程中，引导学生对插图进行细致观察、比较分析、综合抽象、演绎归纳，有助于学生以准确的学科语言，条理清晰地阐释思想观点。

⑥发挥价值引领，增强政治认同。中学生的政治认同是他们创造幸福生活的精神支柱、价值追求和行为准则。大量的教材插图以鲜明的国家立场、坚定的政治站位和正向的价值引领，激荡着学生的家国情怀与责任担当，对学生培育公民意识、增强爱国主义情感、弘扬社会主义核心价值观具有重要的启迪作用。

⑦注意插图迁移，提高利用价值。插图资源的挖掘，要科学合理地运用迁移规律。在具体教学过程中，教师可以把某些插图迁移到其他教学内容中，一图多用或多图一用，既能灵活利用插图资源，又能有效培养学生举一反三的思维和触类旁通的能力。

⑧引导联系实际，培养科学精神。科学精神是中学生的核心素养之一。它要求我们用马克思主义的基本立场、观点和方法，具体问题具体分析，对教材插图所反映的实际问题作出科学解释、正确判断和合理选择，培养学生探究能力，提升学生思想境界。

⑨尝试问题解决，促进公共参与。基于发展学生学科核心素养的要求，教材设计《拓展空间》栏目，鼓励学生依据特定情境和具体条件，尝试解决问题。学生对有插图的《拓展空间》栏目兴趣最浓，教师可以组织学生走出教室，迈入社会实践大课堂，提升学生公共参与能力，积极行使人民当家作主权利。

六、立德树人的教学设计

教学设计是根据课程标准的要求和教学对象的特点，将教学诸要素有序安排，确定合适的教学方案的设想和计划。一般而言，教学设计包括教学课题、教学目标、教学内容、教学重点、教学难点、教学过程、师生活动、教学方法、教学案例、板书设计、课堂小结等环节。进行教学设计的目的是提高教学效率、教学质量和育人效果，使学生在单位时间内能够学到更多的知识，有效增强学生各方面的能力，从而使学生获得良好的发展（见图 8—11）。

（一）总体要求

推进立德树人导向下中学思政课教学改革，进行立德树人的教学设计，需要切实把握教学设计的总体要求。

1. 把握教学设计的基本特征

从教学设计的特征来看，教学设计会因学科差异而有所不同，但仍具有一些共同的基本特征。

（1）教学设计是把教学原理转化为教学材料和教学活动的计划。教学设计要遵循教学过程的基本规律，选择教学目标，以解决“教什么”的问题。

（2）教学设计是实现教学目标的计划性和决策性活动。教学设计以计划和布局安排的形式，对怎样才能达到教学目标进行创造性的决策，以解决“怎样教”的问题。

（3）教学设计要以系统方法为指导。教学设计把教学各要素看成一个系统，分析教学问题和需求，确立解决的程序纲要，使教学效果最优化。

（4）教学设计是提高学习者获得知识、技能的效率和兴趣的技术过程。教学设计是教育技术的组成部分，它的功能在于运用系统方法设计教学过程，使之成为一种具有操作性的程序。

2. 把握教学设计的基本原则

从教学设计的原则来看，尽管各学科有其自身的学科性质和特点，但各学科进行教学设计时应具有共同遵循的基本原则。

（1）系统性原则。教学设计是一项系统工程，具体设计应立足于整体，做到整体与部分辩证统一，系统的分析与系统的综合有机结合，最终达到教学系统的整体优化。

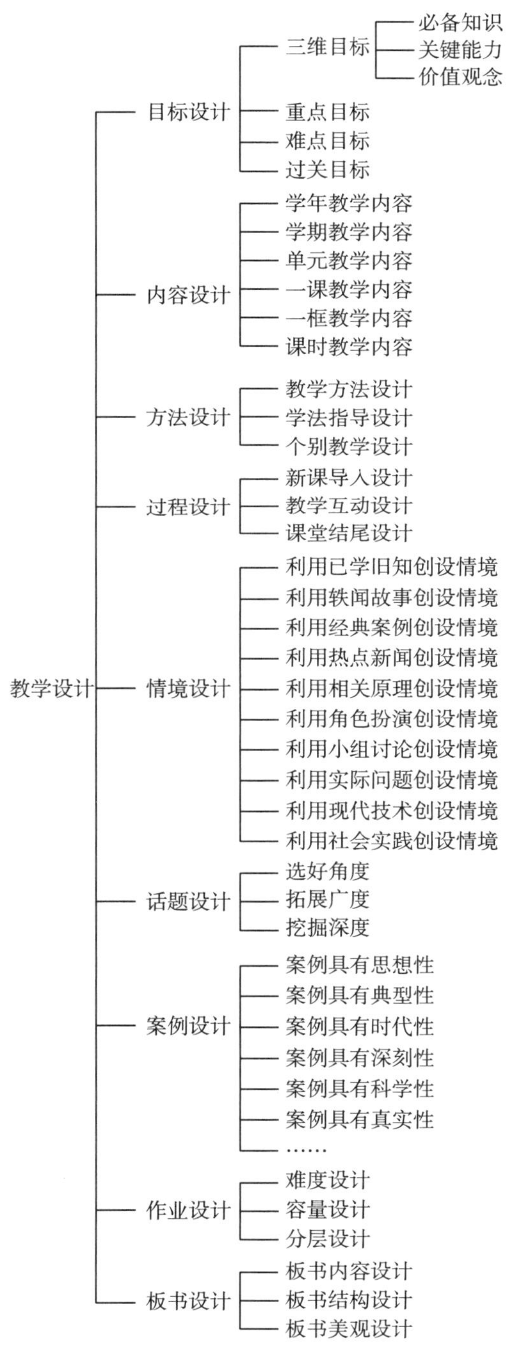

图 8—11 立德树人导向下中学思政课教学改革的教学设计

（2）程序性原则。教学设计是一项系统工程，诸子系统的排列组合具有程序性特点。根据教学设计的程序性特点，教学设计中应体现出其程序的规定性及联系性，确保教学设计的科学性。

（3）可行性原则。教学设计要成为现实，主观上应考虑学生的年龄特点、已有知识基础和师资水平等因素，客观上应考虑教学设备、地区差异等因素。同时，教学设计应能指导具体的实践，具有操作性。

（4）反馈性原则。教学成效考评只能以教学过程前后的变化以及对学生作业的科学测量为依据。测评教学效果的目的是获取反馈信息，以修正、完善原有的教学设计。

3. 把握教学设计的核心要义

从教学设计要解决的实际问题来看，虽然各学科的具体教学设计会有学科特色和差异，但在教学设计时仍有需共同遵循的核心要义。

（1）为什么学。从教学设计的方法来看，教学设计要从“为什么学”入手，确定学生的学习需要和学习目标。

（2）学什么。根据学习目标，进一步确定通过哪些具体的教学内容来提升学习者的知识与技能、过程与方法、情感态度与价值观，从而满足学生的学习需要，即确定“学什么”。

（3）如何学。根据学习需要，确定要实现具体的学习目标，使学生掌握需要的教学内容，应采用什么策略，即引导“如何学”。

（4）如何教。要对教学的方法和效果进行全面的评价，根据评价的结果对以上各环节进行修改，以确保促进学生的学习，获得成功的教学，即思考“如何教”。

4. 把握教学设计的基本要求

从教学设计的要求来看，每一个教师在达到了基本要求之后，还要写出学科特色和个人的教学风格来。一般说来，同一个教学内容，在同一时期，不同教师设计的教案会不同。同一个教学内容，在不同时期，同一个教师设计的教案也会不同。每个人都有自己的设计方法和风格，只求基本部分相同，不求完全相同。但无论相不相同、在多大程度上相同或不同，教学设计都必须要有基本的教学环节。更需要强调的是，进行教学设计要根据地区的实际、学校的条件、学生接受能力和水平等二次开发教材，充分体现教师的自身价值和开发教材的能力，让听课的专家、领导、教师和学生在课堂上能够感受到教师自身独有的课堂魅力。

下面以一份教科版九年级上册“民事权利和义务”的教学设计为例，探求如何更好地把握教学设计的基本要求。

教科版九年级上册“民事权利和义务”教学设计

【课程标准】了解民事权利和义务。《义务教育思想品德课程标准》对“权利与义务”内容的要求只有一句话：了解公民的权利与义务。据此，本框题的课程标准应当是“了解民事权利和义务”。

【课标解读】法律是规定权利和义务的特殊行为规范。民法作为法律体系中的一个重要门类，它规定的是民事主体的权利和义务。通过本课教学，学生可初步了解民事主体的权利和义务，正确理解民事法律关系中权利与义务的关系，正确行使权利，自觉履行义务。

【教材分析】教材从“法律是规定权利和义务的特殊行为规范”这一法律基本特性入手，强调民法作为法律体系中的一部重要法律，它规定的是民事主体的权利和义务。在此基础上，教材进一步阐释了民事主体的含义与分类、权利主体的含义及其享有的权益、义务主体的含义及其应履行的义务，进而较为全面、深入地分析了民事权利与义务相互依存、密不可分的关系，最终达到引导学生正确行使权利、自觉履行义务的教育目的。

为帮助学生正确理解民事主体，教材图5—2中的“各类民事主体”部分对各类民事主体做了适度拓展和解释，让学生对自然人、法人、非法人组织等民事主体有更深入的理解和认识。为帮助学生全面正确地理解民事权利与义务的关系，教材设置了“讨论”环节，旨在帮助学生结合所学知识和生活经验，深入理解哪些民事法律关系中双方当事人既享有权利又履行义务；哪些民事法律关系中当事人一方只享有权利，一方只负有义务。通过“讨论”，进一步拓展学生思维，培养学生活用法律知识的能力。

【核心素养】本框题的学科核心素养有两个：一是掌握“民事主体”这一核心法律概念，因为“民事主体”不仅是民法实践中的常见法律术语，而且是理解民事法律关系的基本概念和基础知识。二是培养学生树立正确的权利义务观，即要让学生深刻理解权利与义务的一致性原则，正确处理权利与义务的关系，从而在依法享有权利的同时，必须自觉履行义务。

【学情分析】本节课的教学对象是分层后的普通班，属中途接班。这个班学生的学习基础和学习习惯较差，有相当一部分学生需要老师严格监督才做作业，且作业质量很差，而有少数学生无论如何也不做作业。针对学生的学习基础和实际状况，课堂教学应适当降低难度和要求，且宜采取案例分析、小组讨论、多媒体教学等教学方法，充分调动学生课堂参与的积极性和主动性，提高课堂教学实效。

【教学目标】

1. 知识目标：了解民法规定的是民事主体的权利与义务，并明确民事主体的含义与分类。

2. 能力目标：理解权利主体和义务主体的含义，明确权利主体所享有的权益与义务主体应履行的义务。

3. 情感、态度、价值观目标：通过对本框内容的学习，学生懂得民法在维护民事权利和规定民事义务方面的重要作用，懂得民事权利与义务相互依存、密不可分的相互关系，明确民事权利主体可以选择行使权利或放弃权利，民事义务主体必须在法律规定的范围内履行义务，没有选择履行或不履行义务的自由，从而依法享有权利，自觉履行义务。

【教学重点】

1. 民事主体的含义与分类。

2. 民事权利主体的含义与权益，民事义务主体的含义与义务。

3. 民事权利与义务的正确关系。

【教学难点】

1. 民事主体的分类。

2. 民事权利与义务的正确关系。

【教学方法】

本框题的教学，主要考虑和选择了四种常见的教学方法：

1. 讲授教学法。选择“讲授”这个教学方法，主要基于本框题是本单元教学的一个难点，这主要表现在两个方面：一是涉及一个常见法律术语“民事主体”，这是本框题的一个核心概念。学生是否完全理解和弄透这一概念，将影响到本框题和本单元后面内容的学习。而“民事主体”这一概念的难理解之处不在定义，而在分类，尤其是“非法人组织”这一概念，这需要老师给予深入、透彻的讲解。二是民事主体的权利和义务关系是本框题教学的难点，也是本框题教学最主要的重点，需要老师给学生讲深讲透，学生要弄通悟透，切实理解掌握。

2. 案例分析法。运用案例分析法进行教学，这是由法律课的性质决定的。以案说法、案例析法是法治课的基本要求，也是增强法治教学实效的基本方法，易于帮助学生理解教材内容，也更容易被学生喜欢和接受。

3. 讨论教学法。选择讨论法，主要基于两点考虑：一是新课改的基本要求。新课改要求在发挥教师主导作用的同时要充分发挥学生的主体作用，引导学生主动学习、自主学习。选择讨论教学法，可以充分引导学生主动参与课堂教学，发挥学生学习的积极性和主动性，同时拓展学生思维能力，突破课堂教学难点。二是教材设置了讨论的内容和环节。教材第108页在阐释民事法律关系中的权利与义务的关系时，为帮助学生准确理解权利与义务的正确关系，特意设置了讨论的内容和环节：结合所学知识和生活经验，看看哪些民事法律关系双方当事人既享有权利又履行义务；哪些民事法律关系当事人一方只享有权利，一方只负有义务。

4. 多媒体教学法。选择多媒体教学法，完全是基于现代教育技术发展的需要。但多媒体只是辅助教学手段，不是教学的主要形式。因此，本框题教学并没有过多地使用多媒体，仅将其作为辅助教学手段。

【教学课时】1课时

【教学过程】

（一）导入新课

教学导入：同学们，上一节课我们学习了“民事法律活动的原则”的内容。请同学们回顾一下，民事主体从事民事活动应遵循哪些基本原则？

学生：（回答略）

老师：（归纳）民事主体从事民事活动应当遵循五个基本原则：一是保护民事主体合法民事权益原则，二是民事主体地位平等原则，三是自愿、公平、诚信原则，四是遵守法律、尊重公序良俗原则，五是节约资源、保护生态环境原则。这五个基本原则贯穿于民事立法和民法实践的全过程，对各项民事活动起着指导和统帅的作用。但在民事活动中，民事主体除必须遵守这五个基本原则外，还应了解民事主体的权利与义务。下面，我们就来学习今天的新课——民事权利和义务（板书）。

（导入设计说明：设计复习导入方式的原因主要是学生的学习基础、学习习惯、学习自觉性都较差，采用复习导入方式可以巩固旧知、导入新知，达到温故而知新的目的。）

（二）讲授新课

环节一：走进民事主体

老师：在以前的学习中我们知道，法律是规定权利和义务的特殊行为规范。而民法作为我国法律体系中的一个重要法律门类，它规定的是什么的权利和义务呢？

学生：民事主体的权利和义务。

老师：对，民法规定的是民事主体的权利与义务（指导学生做笔记，勾画教材）。那什么是民事主体呢？

学生：在民事活动中，享有权利、履行义务的主体叫民事主体。

老师：关于什么民事主体，教材对这个概念在两个不同地方均有表述。一是教材第105页第2行：所谓民事主体，就是在民事活动中享有权利、履行义务的主体。这是我们上节课学过的内容。二是教材第107页最后一个自然段第1行：在民事活动中，享有权利、履行义务的主体叫民事主体。这是我们这节课学习的内容。我们比较这两处的表述，虽有一些语句顺序的差异，但概念的内涵和外延完全一致，在法律界定上没有丝毫差别。因此，这两处的表述都是正确的，同学们可以任选一处表述作答。

在民事主体中，我们可以根据法律赋予权利和义务的不同，将民事主体划分为权利主体和义务主体。权利的享有者称为权利主体，义务的承担者称为义务主体。权利主体享有民事权利，民事法律赋予其实现某种利益。也就是说，对于民事权利主体所享有的合法权益，法律要给予保护。义务主体承担民事义务，民事法律要求其履行某种职责。也就是说，对于民事义务主体所应承担的民事义务，法律要强制其履行。下面，我们来分析一个案例，并回答材料后面的三个问题。

案例一：2018年8月15日，四川成都的三名游客在海南三亚某海滩游泳时，因泳区缺少必要标识而误入深海洋流区溺亡。死者家属认为海滩的管理方——某东海公司没有尽到安全管理责任，死者家属发起索赔诉讼，并得到了法院判决支持。

（1）案例中的权利主体和义务主体分别是什么？

答：案例中的三名游客是权利主体，三亚某东海公司是义务主体。

（2）案例中的权利主体和义务主体各自的法律权益有何不同？

答：权利主体享有民事权利，民事法律赋予其实现某种利益。因此，案例中的三名游客有依法向三亚某东海公司发起索赔诉讼并获得赔偿的权利；义务主体承担民事义务，民事法律要求其履行某种职责。因此，案例中的三亚某东海公司依法承担三名游客索赔的义务。

（3）案例中的民事主体在类别上有何差异？

答：案例中的三名游客和三亚某东海公司虽然都是民事主体，但三名游客是自然人，而三亚某东海公司是法人。

老师：这一案例为我们引出了自然人和法人这两大概念，那什么是自然人？什么又是法人呢？接下来，我们来了解民事主体的分类。在民事法律活动中，根据民事主体的不同，我们可以将民事主体分为哪几类呢？

学生：（回答略）

老师：根据民事主体的不同，我们可以将民事主体分为三类。

一是自然人，即生物学意义上的人，是基于出生而取得民事主体资格的人。其外延包括本国公民、外国公民和无国籍人。自然人是在自然状态之下而作为民事主体存在的人，代表着人格，代表其有权参加民事活动、享有权利并承担义务。自然人和公民不同，公民仅指具有一国国籍的人。民法中的“自然人”不仅包括本国公民，还包括外国公民和无国籍人，外延范围比“公民”要广。此外，根据一个人是否具有正常的认识及判断能力以及丧失这种能力的程度，可以把自然人分为完全民事行为能力人、无民事行为能力人和限制民事行为能力人三种。无民事行为能力人、限制民事行为能力人的监护人是其法定代理人。

二是法人，即具有民事权利能力和民事行为能力，依法独立享有民事权利和承担民事义务的组织。从“法人”的定义看，“法人”具有四个特征：第一，法人不是通常意义上的“人”，而是一种社会组织。这种社会组织是一种集合体，是由法律赋予法律人格的组织集合体。第二，法人具有民事权利能力和民事行为能力。第三，法人依法独立享受民事权利和承担民事义务。第四，法人独立承担民事责任。按中国《民法总则》的规定，法人又分为营利法人（以营利为目的法人单位或机构）、非营利法人（以公益为目的或者非营利为目的的法人单位或机构）和特别法人（《民法总则》规定的机关法人、农村集体经济组织法人、城镇农村的合作经济组织法人、基层群众性自治组织法人）。

三是非法人组织，即不具有法人资格但可以自己的名义进行民事活动的组织，亦称非法人团体，比如个人独资企业、合伙企业、联营企业、外资企业、合资企业、乡镇企业以及不具有法人资格的专业服务机构（如银行下设储蓄所、基层工会组织、社区救济组织、党政军设立的不具备法人资格的办事机构）等。可见，非法人组织不同于“自然人”，它必须依法成立，有自己的名称，有一定的组织机构和场所，是具有组织特性的组织体。它也不同于“法人”，它没有独立的财产和经费，不能独立承担民事责任。它是介于自然人和法人之间的一种社会组织。

环节二：明晰法律关系

通过刚才以上分析，我们知道民事主体分为自然人、法人、非法人组织。那么，在民事法律活动中，民事主体的权利与义务是什么关系呢？

学生：（回答略）

老师：第一，在民事法律活动中，民事法律关系的权利和义务相互依存，密不可分。这种相互依存、密不可分的关系体现在两个方面：

(1) 在一般民事法律关系中，当事人既是权利主体，也是义务主体。例如，自然人甲到乙商店购买一个书包，在这个买卖关系中，甲乙是双方当事人，甲享有取走一个书包的权利，负有支付一个书包价款的义务；乙享有收取一个书包价款的权利，负有交付一个书包的义务。甲乙双方的权利和义务是相互对应的，甲方的权利是乙方的义务，乙方的义务则是甲方的权利。可见，权利和义务相互对应，且权利主体权利的实现是以义务主体履行义务为前提的。

(2) 有一些民事法律关系，当事人一方只享有权利，另一方只负有义务。例如，赠予法律关系的双方当事人，一方只享有取得赠予物的权利，另一方则只负有交付赠予物的义务。

下面，请同学们结合所学知识和生活经验讨论一下，看看哪些民事法律关系中双方当事人既享有权利又履行义务；哪些民事法律关系中当事人一方只享有权利，一方只负有义务。

学生：(讨论略)

老师：在实际生活中，如买卖关系、合同关系、借贷关系、租赁关系等，双方当事人既享有权利又履行义务。比如，以租赁关系为例，租借一方享有使用租赁物的权利，负有支付租赁费的义务；出租一方享有收取租赁费的权利，负有转让租赁物使用权的义务。可见，一方的权利则是另一方的义务，一方的义务则是另一方的权利。权利和义务相互对应，权利主体权利的实现是以义务主体履行义务为前提的。而在立遗嘱、委托授权、放弃继承、赠予行为等民事法律关系中，当事人一方只享有权利，一方只负有义务。比如，以委托授权为例，委托一方只享有授权的权利，受托一方只负有代理授权的义务。

第二，在民事法律关系中，民事权利主体可以选择行使权利或放弃权利，民事义务主体必须在法律规定的范围内履行义务，没有选择履行或不履行义务的自由。下面，我们进入今天的第三个环节：履行法定义务。

环节三：履行法定义务

首先，我们来分析两个案例：

案例一：40 岁的王某决定放弃继承其父合法财产的继承权，并以此为由拒绝赡养其母，结果受到人民法院的判决和强制执行：每月付其母生活费 800 元。请问：法院做出这一判决的法理依据是什么？

学生：(回答略)

教师：在遗产继承关系中，民事主体可以选择放弃继承遗产的权利，但不能以放弃继承遗产为由，拒绝承担赡养父母的义务。因此，人民法院对王某做出了上述判决。

案例二：原告张某（男）与被告王某（女）在 2007 年月 1 月登记结婚，2008 年生育一子。后因性格不合，于 2010 年协议解除婚姻关系。双方达成了两条协议：由张某抚养孩子，抚养费自理；王某放弃对孩子的探视权。请问：张某和王某的协议是否有法律效力？

答：第一条，由张某抚养孩子且抚养费自理，若属双方真实意思表示，则法律可以予以确认，具有法律效力。

第二条，王某放弃对孩子的探视权，无论是否属于张某和王某的真实意思表示，都不具有法律效力。因为探视权既是权利又是义务，虽然权利主体可以选择放弃权利，但义务主体必须履行法定义务。因此，在本案中，当事人不能在调解协议中自愿放弃对未直接抚养的婚生孩子的探视权，对于自愿放弃探视权的调解协议，因违反《婚姻法》等有关法律规定，法院应不予确认。

通过以上两个案例，我们可以进一步明确在民事法律关系中，民事权利主体可以选择行使权利或放弃权利，民事义务主体必须在法律规定的范围内履行义务，没有选择履行或不履行义务的自由。

【课堂小结】同学们，通过本节课的学习，我们知道了民事主体的含义，了解了民事主体的权利和义务及其正确关系，懂得了民事权利主体可以选择行使或放弃权利，但民事义务主体必须在法律规定的范围内履行义务，没有选择履行或不履行义务的自由。

【板书设计】

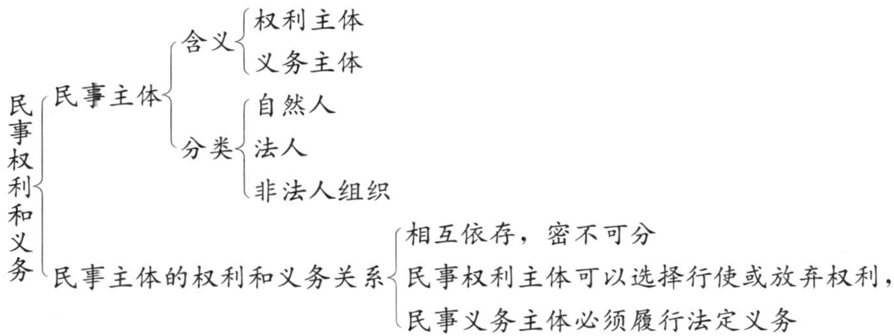

5. 坚持教学设计的“四化”理念

根据教学设计的特征、原则、方法和要求，结合思政课的课程性质和学科特点进行思政课教学设计，要坚持“四化”设计理念，使思政课教学能更好地体现立德树人导向下中学思政课教学改革的实践要求，切实增强立德树人效果。

（1）研读课标，揣摩教材，目标明确化。明确、具体、可行的教学目标，对教学活动的有序有效进行起着方向性、决定性作用。为了教学目标确定的准确性，首先应该研读课标，认真解读课程标准的内容和要求。其次，认真钻研教材。教材是教学目标确定的根本，要理清教材的精神实质和结构体系，为教学目标的确立打下坚实基础。只有明确教学目标，才能在教学设计与教学过程中有的放矢，使课程充满生命力。

（2）关注学生，精修教法，设计生本化。维果斯基指出，学生的发展水平是教学的出发点。在教学过程中，教师要把学生的“最近发展区”作为教学改革的基点。要利用当前的科技水平，在知识与现代媒介之间建立一定联系，合理运用“皮革马利翁效应”，开发学生探究学习能力，找出学生“最近发展区”，建构以生为本的发展平台。这必然考验教师的教学方法选择与应用。选择适当的教学方法，除了注重学生年龄和心理特征，还要注重学生经验，从学生生活实际出发，对教材内容进行整体构思与设计，提高课堂教学实效。

（3）精选素材，整合资源，程序科学化。教学素材的选取要根据教师对教材内容及相关资料的了解，结合学生实际生活，对学习资源进行整合、加工、设计。选取教学素材要围绕学生生活经验，选取学生关注的话题及思维困惑。选用教学素材要考虑是否符合学生认知特点，能否激发学生学习兴趣，能否提升学生思维。围绕学生身边实例创设情境、组织活动，模拟和再现学生生活，引导学生感悟新知、发展能力，从而提升学生学习主动性。

（4）声像俱佳，师生共享，手段现代化。随着科学技术的发展，教学手段由原来的一本教科书、一支粉笔、一块黑板、几幅挂图进化为幻灯片、投影仪、计算机及交互智能平板等。但是，现代教学手段在使用过程中也存在一些问题，过多视频与图片课件会给学生带来干扰，由传统的“人灌”变为现代的“机灌”。因此，在教学过程中，教师应根据教学需要，于身边取材，丰富教学资源，提高学生学习兴趣。

（二）目标设计

教学目标是依据课程目标设计的，具体可分为三个维度：知识与技能、过程与方法、情感态度和价值观。知识与技能目标是对学生学习结果的描述，又叫结果性目标。这种目标有三个层次的要求：学懂、学会、能应用。过程与方法目标是学生获取知识和技能的程序和具体做法，是过程中的目标，又叫程序性目标。这种目标强调三个过程：做中学、学中做、反思。情感态度和价值观目标是学生对过程或结果的体验后的倾向和感受，又叫体验性目标。这种目标也有三个层次：认同、体会、内化。知识与技能目标是过程与方法目标、情感态度和价值观目标的基础，过程与方法目标是实现知识与技能目标的载体，情感态度和价值观目标对其他两项目标有重要的促进和优化作用。随着“三维目标”向核心素养迭变与升华，思政课教学目标设计不仅要立足于“三维目标”的达成，而且要着眼于发展学生学科核心素养，即着力培育学生的必备知识、关键能力和价值观念。从“三维目标”走向核心素养，是学科教学在高度、深度和内涵上的提升，是学科教学对人的真正的回归。因此，中学思政课在进行教学目标设计时，要站在立德树人和发展学生核心素养的高度，充分思考和设计教材的必备知识、关键能力和价值观念。除此之外，教师还要充分思考和设计重点目标、难点目标和过关目标。在教学过程中突出重点目标、突破难点目标、掌握过关目标，使重点目标、难点目标、过关目标与“三维目标”和核心素养有机地融为一体，提高课堂教学质量，增强立德树人效果。

（三）内容设计

教学内容是为了实现教学目标，要求学生系统学习的知识、技能和行为经验的总和。教学内容设计是根据教学目标，解决“教什么”“学什么”“怎么教”“怎么学”的问题。进行教学内容设计，要把握两个基本要求。

1. 全面领会教材

首先，要通读教材。分析教材编写的特点，了解教材的编排体例，领会编者的意图。其次，要学习课程标准。弄清楚应该具有的教学理念，弄清楚具体的标准和要求。最后，要研究教材。不仅要研究每一个具体的教学内容，而且要研究每一个内容在本册、本年级、本学段、本学科中的作用；不仅要研究某一个知识在本版本的编排思想、编排顺序，还要研究其他版本教材的对此知识的编排思想、编排顺序，统观大局、理清主线，避免只见树木、不见森林。

2. 创新处理教材

首先，要全方位把握教材内容的内在特征。既要把握教学内容在整个教学体系中的地位和作用，以及这部分教学内容对后续学习的影响，也要分析知识结构和特征，弄清究竟属于陈述性知识、程序性知识还是策略性知识，学习该知识能达成哪些“三维目标”或核心素养。

其次，要正确把握教材中的重点、难点和关键点。重点是课程标准或教材中最基本、最重要的教学内容。难点是学生难以理解和掌握的内容，或是学生易错或混淆的内容。关键点是教材中起决定作用的内容。把握重点、难点和关键点，要求教师在教学策略和方法上突出重点、排除难点、抓住关键点。

再次，要灵活运用教材，依据教材但不拘泥于教材。要领会教材意图，敢于正视教材的不足，敢于调整教学内容和教学顺序，敢于重组教材内容。对于一些不切实际的教学内容应作调整、修改和补充，不必照搬教材。

除此之外，教师在进行教学内容设计时，还要充分思考和精心设计学年教学内容、学期教学内容、单元教学内容、一课教学内容、框题教学内容、课时教学内容等。其中，单元教学内容设计环节至关重要，在具体设计时要注重把握四个要求：一是确立核心概念，构建主题学习单元；二是聚焦核心素养，审视单元育人价值；三是理清单元脉络，分层设置教学目标；四是整合课程资源，创设多种体验情境。符合这样要求的教学设计，才能产生构思精巧、新颖独到、逻辑严谨、条理清晰、案例典型、层次分明、见人见事、有滋有味的立德树人效果。

（四）方法设计

教学是教师教、学生学的统一活动，一节课怎么教、怎么学，总得有个方法。因此，在教学设计中，方法设计不仅必不可少，而且至关重要。如果说教学内容是课堂教学的灵魂，那么教学方法则是课堂教学表达灵魂的艺术。从哲学的角度来讲，教学内容与教学方法可以理解为哲学上的内容与形式。内容决定形式，而形式必须为内容服务。教学内容决定了教学方法的选择，而选择恰当的教学方法又有助于增强课堂教学效果。而从推进立德树人导向下中学思政课教学改革的实践需要来看，全面落实立德树人根本任务，不仅要精心设计教学内容，还要巧妙构思教学方法，进行恰切的方法设计。教学设计中的方法设计，包括教法设计、学法指导和个别教学三个维度。

1. 教法设计

常用的教学方法分为五类：第一类方法是“以语言传递信息为主的方法”，如讲授法、谈话法、讨论法、读书指导法等；第二类方法是“以直接感知为主的方法”，如演示法、参观法等；第三类方法是“以实际训练为主的方法”，如练习法、实验法、实习作业法等；第四类方法是“以欣赏活动为主的教学方法”，如陶冶法；第五类方法是“以引导探究为主的方法”，如发现法、探究法等。以下列举最常见的几种方法，简要说明其具体设计与运用。

（1）讲授法。讲授法包括讲述法、讲解法、讲读法和讲演法。其优点是课堂信息量大，教学灵活性强，利于发挥教师的主导作用。其缺点是不利于发挥学生主体作用。运用讲授法包括熟悉教学内容、锤炼教学语言、注重启发教学、优化讲授技巧、利用辅助教学等最基本要求，尤其要注重讲授内容的科学性、思想性和教育性，抓住重点、难点和关键。

(2）讨论法。讨论法体现了现代学习方式的主动性、独立性、体验性、问题性等特征，其优点在于有利于培养学生的合作精神、独立思维能力、口头表达能力，其局限是需要学生具备一定的基础知识、一定的理解能力和独立思考能力。运用讨论法要求教师要善于提出具有吸引力的讨论问题，善于启发学生各抒己见，给出具有引导性的讨论结论，同时要求教师要具备选择好讨论的主题、把握好讨论的时机、分配好讨论的角色、安排好讨论的程序、使用好讨论的结果、训练好讨论的技能等基本技巧。

(3）案例法。案例法具有明确目的性、客观真实性、较强综合性、深刻启发性、突出实践性、学生主体性、过程动态性、结果多元化等鲜明特点。其明显的优势在于能够实现教学相长，能够调动学生学习主动性，能够集思广益，生动具体且直观易学。其明显的不足在于选准一个真实、典型的案例往往需要耗费教师较多的备课时间。运用案例教学要注意案例的真实性、科学性、典型性、针对性、深刻性、生动性等基本要求，服务于教学目标，服务于学生成长，服务于教育效果。

(4）多媒体教学法。多媒体教学法的优势在于直观性、生动性、动态性、交互性、情境性、可重复性、针对性、丰富性，但也存在“唯多媒体而多媒体”的诸多弊端。运用多媒体教学，需要突出教材重点、突破难点，正确把握上课的速度与课堂容量，重视传统教学与多媒体教学的结合，课件制作要以服务教学为目的。

思政课的教法设计，除了讲授法、讨论法、案例法、多媒体教学法等主要方法外，还有启发法、探究法、谈论法、比较法、图表法、练习法、演示法、小组合作法等常用方法，此处不再一一赘述。

2. 学法指导

思政课教学的方法设计中，不仅要考虑教法设计，还要考虑学法指导。

(1）学法指导的含义。学法指导是学习方法指导的简称，是指教育者在一定的条件下，通过一定的途径，采取一定的方式对学习者进行学习方法的传授、渗透、指导、训练，使学习者掌握科学的学习方法并能动地运用于自己的学习实践，进而形成自主学习能力的教学行为。其包含两个方面的含义：一是在具体的学习情境中引导学生掌握不同的学习方法；二是引导学生认识具体学习方法的适用范围，使学生能够针对具体的学习内容选择并运用恰当的学习方法。

（2）学法指导的意义。在思政课教学实践中，对学生进行学法指导，具有极其重要的意义：第一，从教学过程看，教学过程是师生情知互动的动态运作过程；第二，从教学任务看，学法指导是学科教学的重要任务；第三，从培养目标看，学习方法是学生学习能力结构的主要构成要素；第四，从学生素质的形成看，学法指导是加速学生内化的有效方式；第五，从社会发展的趋势看，学生只有具备学习新知识的能力，才能适应知识经济社会的需要。

（3）学法指导的原则。要使学法指导有效，还必须遵循以下基本原则：

①针对性原则。所谓针对性原则，是指要从思政课的学科内容与特点着眼，针对学生的年龄差异、心理特征、学习基础、学习能力、学习速度、思维特点、学习环境和条件等进行相应的指导。

②操作性原则。所谓操作性原则，是指要使学生掌握学习方法，就必须进行思政课的方法训练和相应的社会实践，使之完成学习方法的输入、储存、转化、输出的全过程，从而将学习方法内化为学生的能力构成要素。

③综合性原则。所谓综合性原则，是指在实施学法指导的过程中要坚持学习方法指导与学生学习心理、学习规律研究的结合，智力因素与非智力因素同步提高的结合，学法指导与教学方法同步改革的结合，学法的理论指导和学法实际训练的结合，以使学法指导取得最佳效果。

④系统性原则。所谓系统性原则，是指学法指导不仅要对学生进行学习规律、学习原则、学习过程、学习心理、学习修养、学习环境和学习方法等知识的传授，还需要全体教师密切配合，共同对学生学习的全过程进行全方位的指导。

⑤多样性原则。所谓多样性原则，是指在进行学法指导时应采取多样的方法：既可以开设专门的学法指导课，也可以结合思政课的学科特点渗透学法指导；既可以直接讲授学法知识，也可以由学生感悟总结。

⑥主体性原则。所谓主体性原则，是指在实施学法指导的过程中时刻把学生作为认识和发展的主体，充分尊重学生的主体地位，发挥其主观能动性，使其在掌握学习方法的过程中自我明确学习目标、自我激发学习动机、自我保持学习兴趣、自我反馈调节学习行为与策略，从而加速学生对学法的内化过程。

⑦诊断性原则。所谓诊断性原则，是指教师在实施学法指导前应对学生的学情进行诊断，以使学法指导更具针对性。一般来说，实施诊断性原则可以从学生的学习效果、学生的学习态度、学生的学习方法三个方面找到信号并发现

问题，进而对学生进行学情诊断。

（4）学法指导的方法。在思政课教学实践中对学生进行学法指导，具体的方法主要有以下十种：

①讲授式指导法。教师根据思政课知识的特点及其内在规律系统地向学生传授相应的学习原理和学习方法，并指导学生在学习过程中按照规定的基本程序进行实践，并在实践中理解、内化这种学习方法。这种指导方法多适用于起始年级和新类型知识。

②示范式指导法。教师以某一教学内容为媒介，以相应的学习方法为教法，并在点明学法的同时，按照学习方法所规定的基本程序进行教学，使学生在体验学法的同时学习知识。其基本特点是教师既教学生学习知识，又教学生学习，使学生在掌握知识的同时掌握学法。

③渗透式指导法。教师在指导学生学习的过程中，根据教学内容的特点把学习步骤和学习技巧渗透到学生学习过程的各个环节之中，让学生不断按教师的教学思路，在潜移默化的训练过程中领悟新的学习方法。这种指导方法的特点是反对注入式，强调相机诱导和让学生领悟，因而既能有效地兼容学科知识体系和学法指导知识体系，又能很好地把学习方法的理论和学习实践紧密地结合起来，起到良好的指导效果。

④归纳式指导法。教师利用适当时机，比如利用典型单元复习或结合期末复习的契机，将学生在学习实践中获得的零散学法或已经领悟但尚未明晰的学法进行归纳整理，揭示其规律，使学生获得系统、完整的学法，并逐步形成“学法链”“学法集”“学法树”“学法库”等整体的学法结构。这种指导要求教师既要对所教学科的知识有系统、深刻的理解，又要对学法有全面的研究。

⑤对比式指导法。教师在指导学生学习的过程中，分别运用两种不同的学法，使学生在对比学法过程和学法效果的同时，对不同的学法及其适用范围有更深刻的理解。这种指导方法要求学生在对比中做到优中析其劣、劣中辨其优，并理解其不同的适用性。

⑥矫正式指导法。教师在学习过程中，针对学生在学法运用中存在的问题或学法失当的情况，及时引导学生分析原因、辨析比较，使学生逐步掌握科学的学习方法。具体可以采用谈话式、讨论式、咨询式、答辩式等对学生进行矫正指导。

⑦迁移式指导法。教师引导学生把以前学习某一内容的学习方法或教师的教法，通过“操作、反思、迁移”转换为学习同类知识或相近知识的学法。它包括学法的拓展运用和教法向学法的转换两个部分。这种方法强调作为要迁移

的主要方法要具备可转化性和可操作性，并注重在转换过程中引导学生迁移深化。

⑧尝试式指导法。教师在教学过程中针对所学内容的特点暗示出某一类学习方法，再让学生自己选择、运用相应的学习方法，学生自行探究、归纳、发现，教师在关键处予以点拨，使学生在顿悟中理解应用学法。运用这种方法，教师要抓住最佳时机，点出学法指导的重点处、难点处、关键处。

⑨问题式指导法。教师或教师引导学生就学习内容提出问题，使学生在解决问题、探求答案的过程中，通过寻求一定的知识、分析知识间的联系和关系、建立已知和未知之间的逻辑体系、形成新的知识结构，获得新的学习方法。运用这种方法强调提出的问题要有明确的目的和一定的深度、难度，否则学法指导无法落实。

⑩结构式指导法。教师在指导学生学习的过程中，引导学生把握相关知识的来龙去脉和排列的逻辑顺序、平行或相关联系知识的彼此关系、不同类知识间的彼此联系、新旧知识之间的结构关系等，使学生深入理解知识的立体结构、完整体系和相应的认知结构，帮助学生培养良好的学习方法。

3. 个别教学

个别教学是对个别学生进行教学的组织形式，是根据学生的个别差异和因材施教的要求，对学生进行差异性的教学和辅导。

（1）个别教学对教师的要求。从思政课教学的具体实践来看，教师对学生进行个别教学和辅导，应遵循一些基本要求：

①教师要公正地对待每个学生。公正的态度是开展个别教学的前提。学生的学习基础和学习能力各不相同，学生之间客观上存在个体差异。因此，在具体教学过程中，教师要公正公平地对待每个学生，不要鄙视、歧视、忽视或刻意夸奖任何一个学生。

②教师要充分了解每个学生。任何教学组织形式的选择、教学的开展都需要以学生的个性特征和学习能力为基础。在个别教学中，这种基础性表现得更明显。个别教学是针对个别学生的学习基础和个性特征确定教学目标、选择教学内容和方法、安排教学进度的，因此在开展个别教学前，教师需要充分了解和掌握学生的基本情况，并注意观察其在个别教学期间发生的变化，并以此为基础适当地修改、增补教学内容，调整教学计划。

③教师要为每个学生制定合适的个别教学目标。在教学中，制定学生个别教学目标是进行个别教学的关键所在。个别教学的目标制定要合理，不宜过

高，也不宜过低。在制定个别教学目标时要注意三点：第一，遵循维果斯基的“最近发展区”理论，即目标的制定要适当，使学生“跳一跳就能摘到果子”。第二，处理好整体教学目标与个人教学目标的关系，即课堂教学要从整体出发，但要兼顾个人。第三，注重增强学生的学习信心和学习能力，让学生有收获感和成就感，体会到进步的快乐和喜悦。

（2）个别教学对学生的要求。进行个别教学和学法指导，不仅对教师有要求，对学生同样也有一些基本要求：

①学生要具有正确的学习动机。学习动机是学生学习的内部动力，反映着学生的需要、追求和目标。个别教学是针对学生的个别情况设计和开展的，学生的学习动机影响着学习活动的开展，因此需要学生具备正确的学习动机。正确的学习动机对学生的学习具有激发、定向、维持的功能，直接关系到学生的学习效果。

②学生要具有积极的学习态度。学习态度是指学习者对学习活动的基本看法及其在学习活动中的言行表现。学习态度不是与生俱来的，而是后天形成的，会随着周围环境的变化而不断变化，因此在教学活动中，教师对学生的引导显得尤为重要。学习态度对学习者的学习行为起着决定作用，它决定了学习者愿不愿意学习和完成某些任务的程度。

③学生要树立正确的能力观。能力是学习中的一个重要因素。学生所持的能力观会影响其学习行为及对努力的看法。当学生持有正确的能力观，也就是学生能正确认识和评价自己的能力时，就会影响其对自身努力的看法。在个别教学中，教师应引导学生形成正确的能力观，让学生认识到每个人的能力是不同的，在某个方面的能力也是有差异的。因此，教师在个别教学中，要善于激发学生对自己学习能力的信心。

④学生要选择适当的学习任务和目标。个别教学目标的选择，分三种情况：一是教师根据学生情况为学生制定学习任务和需要达到的目标；二是教师和学生共同选择学习任务，确定学习方式和需要达到的目标；三是学生自己选择学习任务并确定需要达到的目标。无论哪种形式，都离不开学生的主体作用和教师的指导。因此，在个别教学中，教师要根据自我价值理论，基于学生的“最近发展区”，引导学生正确选择学习任务，确定合理的学习目标，在培养学生计划性的同时，切实增强他们的学习动机。

（3）个别教学的具体操作要求。在个别教学实践中，教师还需要准确把握一些操作细节方面的具体要求：

①把握个别教学的学生分类，如生理上存在缺陷的学生、在学习或生活的

某方面存在问题的学生、因天赋特别优异而学校课程无法满足其需求的学生等。

②把握个别教学的时机，如在预习和复习时可以进行个别教学、在学习遇到困难时需要个别指导和教学、技能型知识教学可进行个别教学等。

③把握个别教学的作业类型，如知识巩固型、知识拓展型、知识提高与综合运用型等。

④把握个别教学的作业布置，如教师指定作业题目、教师向学生提供选做题目、学生自主选择题目等。

⑤把握个别教学的教学评价，如发展性评价、鼓励性评价、多元化评价等。

（五）过程设计

教学过程设计是教学设计的中心环节。就教学过程设计而言，要重点做好教学导入设计、教学互动设计和课堂结尾设计。

1. 教学导入设计

（1）现阶段教学导入存在的不足。教学导入具有组织教学、衔接课程内容的功能，教学导入是否恰到好处，关系到后续课堂教学能否有效开展。但在现实教学中，有些导入设计存在诸多问题：

①头重脚轻。导入设计往往是备课的开始，教师投入的时间和精力最多，甚至出现用力过猛导致导入设计相当复杂、实施占据太多时间的情况。导入精彩而接下来的环节由于时间紧又实施得匆匆忙忙、不够彻底，使得整个教学过程显得头重脚轻。

②哗众取宠。烦琐的情景表演、课外人士参与教学等高调导入设计，表面华丽且与常态相悖，其实是高耗低效。在数字化相当发达的今天，可以通过网络、自媒体等方式简洁呈现。

③实施不当。设计精当的导入要加上恰当的教学实施，才会让课堂趋于完美。但在实际教学中，有的导入设计过于理想化，缺乏基本的学情分析，不具备充分的可实施性。

④千篇一律。导入设计贵在得法，方法主要有歌曲、漫画、新旧知识联系、名言警句、视频、小品等。导入不能有固定的模式，长期单调重复的导入不仅不利于激发与培养学生兴趣，反而会让学生产生厌学情绪。因此，我们要尽量追求导入方法的灵活性、多样性，实现巧妙自然地教学导入的目的。

（2）教学导入设计应符合的标准。要避免出现上述问题，追求巧妙自然地导入新课的理想效果，就要力求达到或符合以下几个标准：

①精准。选择用于教学导入的教学素材一定要精准，紧扣教学内容，才能使导入成本最低化、导入效果精准化。

②思辨。以思辨问题导入是激发学生学习兴趣的重要法宝，是课堂富有深度探究的开始。

③溯源。传统文化渗透自然，文化资源选取接地气。思政课教学应渗透和传承中华民族优秀的道德文化、家庭文化、民俗文化和历史文化，真正找到课堂的文化之源、文化之根，使教学具有文化气息和品位，在传承的基础上更自然地被学生认同。

④共鸣。兴趣体验引发共鸣，找准兴趣点是学情研究的基本表现。教师要将教材使用与学生兴趣点相结合，将情感、行动和认知有机结合，用活动激发学生探究和学习的兴趣，调动学生全部感官。

⑤反哺。导入设计不能仅仅停留在导入的作用上，更重要的是要为整节课服务。“一导多用”最直接的作用就是降低教学成本，使整节课环环相扣、层层递进，给学生以荡气回肠的感觉。

2. 教学互动设计

（1）精心设计互动问题。教学互动设计的关键在于“互动”二字。“互”字包含着双方的意义，“动”字强调了“动”的要求。因此，“互动”必须存在“动”，而‘动”存在于“互”，即双方。不过，“问题”才是教学互动得以开展的条件和基础。要确保教学互动的实施，教师必须立足教学内容，精心设计互动问题。

①“动”在教学热点上。选择大部分学生熟悉的，最好是热点、关注度比较高的问题进行互动，有利于学生大胆提出自己的观点。如果学生不熟悉问题，互动可能就开展不起来。一些难度较大的问题、热点问题，还可以提前告诉学生，让学生做好准备。

②“动”在教学重点上。教学重难点关乎学生能力素质的生成。教师必须吃透教材和课标，把握重点、难点，使选择的互动问题具有重点价值，同时采用多种教学手段激发不同层次学生的兴趣，使学生在思维的碰撞中生成知识，培养分析和解决问题的能力。

③“动”在教学疑点上。“疑是思之始，学之端。”思维是从疑问和惊奇开始的。爱因斯坦指出：“提出一个问题，往往比解决一个问题更重要。”所以，教学中应抓住学生容易生疑的知识点设计互动问题。对于疑点，学生往往比较

敏感，围绕疑点问题开展互动，可以激发学生探索欲望，换来学生心态的开放和创造力的激活。

（2）选取恰当的互动教学方法。在精心设计互动问题的同时，还应考虑教学互动的方式或方法。从教学实践来看，互动式教学方法多种多样，也各有特点，教师需要根据教学内容、教学对象和自身特点灵活运用。

①精选案例式互动。运用多媒体等手法呈现精选个案，请学生利用已有知识尝试提出解决方案，勘校正误，设置悬念，然后抓住重点、热点作深入分析，最后上升为理论知识。一般程序为案例解说—尝试解决—设置悬念—理论学习—剖析方案。这种方法直观具体、生动形象、环环相扣。缺点是理论性学习不够系统深刻，典型个案选择难度较大，课堂知识容量较小。

②主题探讨式互动。主题是互动教学的“导火线”，围绕主题展开教学双方互动有利于达成教学目的。其方法一般为抛出主题—提出主题中的问题—思考讨论问题—寻找答案—归纳总结。这种方法主题明确，条理清楚，探讨深入，能充分调动学生的积极性、创造性。缺点是组织难度大，学生所提问题的深度和广度具有不可控制性，往往会影响教学进程。

③多维思辨式互动。把现有定论和解决问题的经验方法提供给学生，让学生指出优劣并加以完善，还可以有意设置正反两方，在争论中寻找最优答案。一般方法为解说原理—分析优劣—发展理论。这种方法的优点在于会使课堂气氛热烈，分析问题深刻，自由度较大，但要求教师必须充分掌握学生基础知识和理论水平，并对新情况、新问题、新思路具有较高的分析把握能力。

④归纳问题式互动。课前针对教学目的、教学重难点问题，归纳互动问题。教学开始，教师向学生一一抛出问题，学生广泛思辨、争论，最后达到解熟悉所学内容的目的，同时开阔思路。这种方法能充分调动学生的积极性、创造性，但要求教师必须充分备课。

（3）提出高质量问题。在思政课教学的具体实践中，许多教学互动往往只存在于表面，不是有效的，是课堂教学中的“假互动”。造成这一现象的根本原因是教师没有设置高质量的互动问题或教学互动中的问题质量不高。互动教学中的问题必须是师生互动的结果，问题不仅由教师提出，引起学生的思考，而且要求学生自己能够提出问题，并极力去解决问题。因此，在课堂互动教学中，教师要注重提问的水平，设置高质量的互动问题。要以自己的一两个问题，引出学生更多的问题，从而培养学生的问题意识，使学生养成勤于动脑的习惯。一般来说，高质量的问题包含以下几个方面的特点。

①问题要有价值。所谓有价值，就是所提的问题能够开启学生的思维，有

利于思维创新，必须是经过认真思考与反复的探讨才能解决的问题；而问题的解决对丰富学生的情感和充实学生的认知结构必然有一定的好处。课堂对话中，学生的答案可能不一样，只要能自圆其说、言之有理就可，教师不可搞所谓的“标准答案”，突现学生的个性特征是课改教学的目标之一，也是教学问题“有价值”的最好体现。

②提问要有针对性。所谓针对性，是指问题的提出要依据教学的目的，有一定的方向性。在课堂教学中，主要针对教材的实际程度不同和学生的发展水平来选择问题。一方面要利于教材精髓的挖掘，另一方面要有利于学生疑难问题的解决。提问既要指向教学的重点，又要有利于突破教学的难点，能调动学生思维的积极性和创造性。

③提问要有一定的梯度。所谓有一定的梯度，是指教师的问题是拾级而上的，由易到难，由浅到深，由简单到复杂，环环相扣，步步深入。学生在解决这些问题的过程中，对问题的理解和掌握就更加全面。

（4）做好教学互动的要求。针对思政课教学中存在的“假互动”现象，要切实追求教学互动中的灵动与精彩，充分体现实时互动、真实灵动的要求，至少需要做到以下两点：

①实时互动，有效参与。首先，要精挑细选生活情境，引导学生快速反应。根据不同年级学生发展特点和关注取向，从生活实例中寻找教育资源，挖掘学生生活中有教育意义的情境，挑选让学生有共鸣、有积极生活体验的情境。同时，鼓励学生迅速做出反应，参与课堂活动，回答课堂问题，及时向教师反馈“第一想法”。其次，要巧妙运用提示语言，引导学生学会互动。在课堂教学中，教师不必做过多引领，但应巧妙、灵活地以学习伙伴的口吻插入一些生动幽默的学习提示语，在关键处给予学生提示引导、点拨帮助。

②真实体验，灵动生成。首先，要直面真实，体验教学。思政课教学应鼓励学生说真话，尝试走进学生真实生活，让学生从已有的真实生活经验出发，体验教材情境，说出真实感受。例如，部编《道德与法治》教材的每一框都通过设置《运用你的经验》栏目，引导学生观察和反思生活中的相关现象，探究现象所蕴含的知识，使教学与学生现实生活贯通，真正切合学生内在需求，丰富学生情感体验。其次，要捕捉细节，灵动教学。思政课教学要善于捕捉教学细节，一个小动作，一个微表情，一声低语，一个眼神……都需要教师及时察觉，温馨反馈。实际上，课堂本身是动态的、千变万化的。只有开放的、生动的课堂，才能实现真正意义上的师生互动、教学相长。唯有如此，教学才会真实，课堂才能充满活力。

3. 课堂结尾设计

课堂结尾是很重要的课堂教学环节，是承上启下、贯通前后内容的桥梁和纽带。俗话说："编筐编篓，难在收口。"这说明了"收口"即结尾的重要性。一般而言，好的结尾具有三个显著特点：一是目标性。好的课堂结尾具有鲜明的目的性，即教学目标的实现。二是引导性。好的课堂结尾，可以引导学生巩固新知、探求欲知。三是针对性。好的课堂结尾具有鲜明的针对性，能为新课学习做好预设和铺垫。

心理学研究表明，好的结尾，既能起到画龙点睛的作用，又能达到余音缭绕的效果，让人印象特别深刻，给人以美的艺术享受。但是，绝不是单凭教师灵机一动就能达到效果的。因此，思政课教师应该增强对课堂结尾的设计意识，掌握课堂结尾的具体方法和技巧，不断提高课堂结尾的艺术水平。常见的课程结尾方法如下：

（1）轻松结尾法。这种方法是最常用的，常见表述如："同学们，今天的新课就讲完了，下面我们一起来小结一下今天学习的新课内容。"此种方法适合在一定的条件下运用：一是本节课的教学任务全部完成，顺利达到了教学目的；二是学生学习任务较重，需要休息以缓解大脑的紧张状况。

（2）章回小说法。常见表述如："同学们，今天我们学习了'一国两制'的相关内容，那么在当前'台独'势力日益嚣张的形势下，我们如何通过'一国两制'构想来实现对台湾的'和平统一'呢？这是我们下一节将要探讨的话题。"这种结尾方法就是根据教材和实际，把教学任务像章回小说那样分成"几章""几节"，并在的"节骨眼"上"刹车"，造成一种悬念。这种结尾方法，有利于促进学生探求新知。

（3）总结重点法。这也是老师们习惯使用的一种方法。每讲完一节课之后，都回过头来总结一下本节课所讲的主要内容，归结为几点或几条，反复强调重点，强化记忆。

（4）编顺口溜法。实际上这是总结重点法的一种特殊形式。讲完一课之后，如果只将本节所讲内容列出一、二、三……若干条的话，学生可能不易记住。如果老师稍微动动脑，根据教材内容编成几句顺口溜，可使学生们念起来朗朗上口，易背易记，条理系统。

（5）留有余味法。老师在讲课时，有些要重点讲，有些要略讲，有些则故意不讲，只做简单提示，留下让学生自己去做，培养学生动手、动脑、刻苦钻研的习惯。如一些案例分析往往有许多相似之处，在课堂上老师只讲其中典型的一两个案例，其余的类似的案例则留下不讲，让学生自己仿照去做。

（6）稳定兴趣法。假如一节课上得好，定能引起学生的学习兴趣，甚至这种兴趣表现得还非常强烈。“打破砂罐问到底”便是这种兴趣的表现形式。但如果缺乏引导，这种兴趣是极易变动、衰退的。这需要老师加以引导，把这种兴趣引向稳定，把学生对本节课的兴趣迁移到后续学习中。

（7）表扬鼓励法。喜欢表扬是人们共有的心理。一节课结束后，总结学生一节课收获和表现，并给予充分表扬鼓励，会使学生受到莫大的鼓舞。特别在某一章某一节即将结束的那节课的结尾或是在一次测验之后的评卷课的结尾运用此法，会得到意想不到的效果。

（8）布置作业法。这也是一种较常用的结尾方法。在一节课的结尾布置预习下节课或是完成课后作业和补充作业，目的都是巩固本节所讲内容。但要适量，让学生在兴趣盎然中就能完成。否则，作业布置太多，压得学生透不过气来，造成负担过重，会影响学生身心健康。

总之，一个耐人寻味的课堂结尾，对于帮助学生总结重点、理清脉络、加深记忆、巩固知识，是十分重要的。课堂收尾的技巧也是丰富多彩的，以上所述仅是一孔之见。值得注意的是，收尾的技巧不是唯一的，既能单独运用，又可融会贯通，总的原则是不落窠臼，方能收到良好的教学效果。

（六）情境设计

这里的情境是指教学情境，情境设计即教学情境设计。教学情境就其广义来说，是指作用于学习主体，产生一定的情感反应的客观环境；从狭义来说，则指在课堂教学环境中，作用于学生而引起积极学习情感反应的教学过程。情境设计是教学设计的重要内容和环节，情境设计的好坏直接关系到课堂教学的实际效果。

1. 情境设计的作用

情境设计对于增强课堂教学效果有着极其重要的作用，具体表现在四个方面：

（1）有利于学生循着知识产生的脉络去准确把握学习内容。思维起始于问题，而不是确定的结论。教学情境的核心是与知识相对应的问题，因此创设教学情境能够模拟地回溯知识产生的过程，从而帮助学生深刻理解教学内容，发展思维能力。

（2）有利于学生顺利实现知识的迁移和应用。通过具体情境中的学习，学生既可以清晰地感知所学知识能够解决什么类型的问题，又能从整体上把握问题依存的情境。这样，学生就能够牢固地掌握知识应用的条件及其变式，从而灵活地迁移和应用学到的知识。

(3) 有利于激发学生的学习兴趣。在教学情境缺失的教学活动中，学生常常缺乏对知识应有的兴趣。没有问题的教学不仅不能引起学生强烈的探索和求知欲望，反而会消减他们的学习热情。因此，创设教学情境对激发学生内在学习兴趣来说是不可缺少的。

(4) 有利于学生在学习中产生比较强烈的情感共鸣，增强他们的情感体验。学习情境把抽象的知识转变成有血有肉的生活事件，而生活事件中均包含或强烈或含蓄的情感因素。因此，创设、呈现教学情境，有利于克服纯粹认知活动的缺陷，使学习成为一种包括情感体验在内的综合性活动，对于提高学习效果具有重要的积极意义。

2. 情境设计的原则

贯彻新课程理念，着眼落实立德树人根本任务，立足于培育学生学科核心素养，创设教学情境必须遵循六大基本原则：

(1) 诱发性原则。在创设教学情境时，一定要保证新设情境能激起学生的认知冲突，激起学生的积极思考。

(2) 真实性原则。在创设情境时，一定要尽量使情境真实或接近真实，在现实生活中能找到。学生在“眼见为实”的丰富、生动、形象的客观事物面前，通过对情境相关问题的探究，完成对主题的意义建构。

(3) 接近性原则。在课堂教学中，教师创设的情境要符合“最近发展区”理论。创设问题的深度要稍高于学习者原有的知识经验水平，具有一定的思维容量和思维强度，需要学生经过努力思考、同化和顺应才能解决问题。

(4) 合作性原则。教师在创设情境时，要充分利用小组合作学习，让小组成员能通过交流、协作，共同克服学习中出现的困难。

(5) 冲突和谐统一原则。创设教学情境，不仅要考虑师生之间的交流与合作，而且要考虑师生之间的思维碰撞，让师生相互启发、诱导，达到融为一体、和谐共振的境界，使课堂“乱”起来，让课堂“活”起来。

(6) 层次性原则。学生的学习活动是一个从简单到复杂、由易到难、循序渐进的过程。因此在教学中创设教学情境应尽可能依据学生的实际经验和认知基础，架设好学习的框架，有层次、有梯度，考虑好问题的衔接与过渡。

3. 情境设计的方式

教学情境设计是课堂生活化的基本途径，是课堂模拟的社会生活，能使课堂教学更接近现实生活，使学生如临其境，如见其人，如闻其声，加强感知，突出体验。现代教学理论认为，创设教学情境的基本方式大致有以下四种：

（1）创设悬念情境。针对学生的年龄特征与心理特点等，在新课引入时，依据教学内容制造悬念来诱发学生的学习兴趣。

（2）创设信息情境。在课堂教学活动中，教师要提供一些开放性、生活性、现实性的信息，让学生根据这些信息提出、解决教学问题。可以对学生进行创新意识和实践能力的训练，从而使每个学生真正感受到学习的乐趣。

（3）创设生活情境。生活是教学赖以生存和发展的源泉。因此，教学必须从抽象、枯燥的形式中解放出来，走向生活，使教学生活化。

（4）创设求异情境。求异思维是不依常规、寻求变异，对给出的材料、信息从不同角度、向不同方向、用不同方式或途径去分析和解决问题的思维方式，是创造性思维的一种主要形式。教师要善于选择具体例题，创设问题情境，引导学生的求异意识。对于学生在思维过程中不时出现的求异因素及时给予肯定和热情表扬，对于学生在欲寻异解而不能时要细心点拨、耐心引导，帮助学生获得成功，让他们在对于问题的多解的艰苦追求并且获得成功中，享受创造性思维活动的乐趣。

4. 情境设计的方法

教学情境是课堂教学的基本要素，创设有价值的教学情境是教学改革的重要追求。思政课教学进行情境设计和优化，创设有价值的教学情境，需要把握一些具体的方法和技巧。

（1）利用已学旧知创设情境。在教学过程中，适时利用已学知识来引导和帮助学生学习、理解新的知识，便于学生消化和巩固新知内容，促进新旧知识的连接和迁移。如，在教学“坚持节约资源和保护环境的基本国策”时，可以引导学生思考，我国除了“节约资源和保护环境”这一基本国策外，还有哪些基本国策？这样创设情境既启发学生回忆并巩固了“计划生育”“对外开放”等基本国策内容，又促进了学生对“节约资源和保护环境”这一基本国策的学习和掌握。

（2）利用轶闻故事创设情境。在教学过程中，利用民间谚语、童谣民曲、历史典故、名人逸事等创设教学情境，引导学生在情境体验中理解和感悟相关知识和原理，以达成三维教学目标。如，在教学九年级“邓小平理论”时，就可以结合电视剧《历史转折中的邓小平》，适时将邓小平的“猫论”“摸着石头过河”“南行讲话”等剧情精心设计到教学情境中，增强学生对邓小平理论的深刻理解和历史感悟。

（3）利用经典案例创设情境。在教学过程中，运用经典案例创设教学情境，引导学生对经典案例的分析和解读，可达到对教材知识和教学内容的深度理解和准确把握。如，在教学七年级“多彩情绪”时，为了让学生准确理解情绪的四大基本类型，即喜、怒、哀、惧，教师分别精心设计了唐诗《闻官军收河南河北》的欣赏与解读、《史记》中“完璧归赵”的故事讲述、法国作家福楼拜创作长篇小说《包法利夫人》的趣闻故事和“风声鹤唳，草木皆兵”的历史典故，让学生在经典案例中深刻地感悟了情绪的基本类型。

（4）利用热点新闻创设情境。在教学过程中，利用国际国内的时政新闻或社会的热点、焦点问题来创设教学情境，引导学生通过对国际国内形势的分析和研判，对社会热点、焦点问题的剖析和解读，增强学生政治认同，厚植学生家国情怀，培育学生核心素养。如，在教学“习近平新时代中国特色社会主义思想”时，可以利用2020年新冠战“疫”中的经典案例和感人故事来创设教学情境，让学生从中深刻体会中国力量、中国精神和中国价值，从而切实增强“四个自信”、树牢“四个意识”、落实“两个维护”，努力为实现伟大复兴中国梦贡献积极力量。

（5）利用相关原理创设情境。在教学过程中，充分运用相关原理和规律来创设教学情境，引导学生对相关原理和规律的深刻理解与切身感悟，进而达成对学生必备知识、关键能力和价值观念等核心素养的培育，实现立德树人的根本任务。如，在教学九年级“财富中法与德”时，可以运用“破窗理论”来创设教学情境，引导学生分析偷税漏税行为中的“破窗效益”，从而使其正确认识到获得财富的手段有合法与非法之分，支配财富的方式有正确与错误之别，财富的获得与支配需要在法律的天平上检验、用道德标准去衡量等内容。这样，“三维目标”、核心素养和立德树人都得到了很好的体现。

（6）利用角色扮演创设情境。在教学过程中，组织小品表演、模拟法庭、游戏活动、小组竞赛等活动来创设教学情境，让学生在角色扮演活动中深刻体验和感悟教学的知识内容、行为要求与情感共鸣。如，在教学九年级“民事权利知多少”时，可以精心设计学生著作权被侵犯的案例，并让学生组织模拟法庭对案件进行审判。学生通过模拟法庭中的角色扮演，了解知识产权、著作权等相关法律知识及本案的判案依据，提高自己的知识产权意识和维权能力。

（7）利用小组讨论创设情境。在教学过程中，通过精心设计小组讨论活动来创设教学情境，让学生在参与小组讨论的过程中点燃思维碰撞的火花，厘清对相关知识的理解和认识，消除知识盲点和误区，形成创新思路和多元见解。

如，在教学九年级“继承和弘扬中华优秀传统文化”时，可以设计“中学生在日常生活中应该如何继承和弘扬中华优秀传统文化?”这一讨论话题，让学生在讨论中加深对继承和发扬中华优秀传统文化的理解认识与行动自觉，从而自觉践行社会主义核心价值观。

（8）利用实际问题创设情境。在教学过程中，提出教材中的重难点问题或社会热点、焦点问题来创设教学情境，引导学生探寻解决问题的答案，求得对知识的理解和问题的解决。如，在教学九年级“履行法定义务”时，创设这样一个案例情境：“40 岁的王某决定放弃继承其父合法财产继承权，以此为由，王某拒绝赡养其母，结果受到人民法院的判决和强制执行：每月付其母生活费800 元。请问：法院做出这一判决的法理依据是什么?”通过引导学生对这一实际问题和解决，学生能更好地明白在遗产继承关系中，民事主体可以选择放弃继承遗产的权利，但不能以放弃继承遗产为由拒绝承担赡养父母的义务，从而理解法院做出的正确判决。

（9）利用现代技术创设情境。在教学过程中，教师根据教学目标和教学对象的特点，合理选择和综合运用幻灯、投影、录音、录像、计算机等教学手段来创设教学情境，形成合理的教学过程结构，实现交互性、集成性、可控性、直观性、生动性的教学效果。随着现代信息技术的发展，多媒体教学已普遍进入了中小学课堂，思政课教学采取多媒体教学已成为普遍现象，这在提高教师媒介素养的同时极大地提高了课堂教学的生动性、互动性和实效性。

（10）利用社会实践创设情境。在教学过程中，精心设计学生参与的志愿活动、参观考察、探究学习和研学旅行等社会实践，让学生在参与社会实践活动中加深对书本知识的理解和感悟。如，教学九年级“历史的昭示”时，可以精心设计学生参观黄继光纪念馆、邛崃高河镇红军长征纪念馆等爱国主义教育基地，引导学生增强使命、承担责任、了解社会、服务社会，培养学生强烈的爱国主义精神，切实肩负振兴中华的历史重任。

（七）话题设计

这里的话题，是指在课堂教学中师生谈话的问题以及各自对问题的意见和看法。而话题设计，则是教师在教学过程中精心为学生所设计的相关话题，让学生积极投入课堂学习之中，并确保话题的内容及最终的结论都能够适当开启学生的思维及与人对话的能力。话题是对话课堂的灵魂，教师通过对不同的话题进行设计，对每个不同的话题设计相应的对话背景、对话内容以及对话要求等，能有效提高学生对对话课堂的学习兴趣。

1. 把握好话题设计的“度”

如何设计出具有定向、整合、导行、启发的话题呢？围绕落实立德树人根本任务，从推进立德树人导向下中学思政课教学改革实践来看，搞好话题设计，关键是要把握好几个“度”：

（1）选好角度。教师要独具慧眼，围绕教学目标，设计准确、新颖、独特的话题，激发学生的好奇心，激起学生的求知欲，激活学生的思维。一方面，话题设计要变直为曲，引人入胜；另一方面，话题设计要设置矛盾，激活思维。

（2）拓展广度。教师视野要宽阔、思维要广阔，要围绕教学目标设计视野宽、思维广、内涵丰的话题，以拓宽学生视野和思维的广度与深度。一方面，话题设计要覆盖面广，能“牵一发而动全身”；另一方面，话题设计要拓展广度，适度拓宽教学内容。

（3）挖掘深度。话题设计不仅要有一定的广度，而且应有一定的深度。一方面，话题设计不仅要让学生明确“获得了多少”，还要让学生明确“学到了什么程度”；另一方面，话题设计要引导学生进行自我对话，让学生实现自我潜能的激发、生命的唤醒与人格的塑造。

（4）把握坡度。话题设计应当具有一定的坡度，让不同层次的学生都能参与，并能学有所思、学有所获。一方面，话题设计要符合学生的思想水平和实际能力，让学生具有参与对话的基础和意愿；另一方面，话题设计要符合学生的认知规律，务求收到良好的对话效果。

2. 话题设计的常见问题及基本对策

在思政课教学实践中，若教师思考不周，在话题设计上存在一些令人尴尬的失误现象，会直接影响课堂教学的效度和信度。对此，教师要针对存在的具体问题和原因，认真思考纠偏，优化话题设计，提高课堂教学效果。当前，中学思政课话题设计主要存在以下问题：

（1）学情不明，话题失度。出现这种情况的重要原因是教师在“教教材”，而不是“用教材教”。具体表现为课前对学情分析不明不准，不了解学生的知识背景和能力水平。针对这一问题和原因，教师应采取的基本对策是：素材选择应贴近学生，体现近体性。具体来讲，就是教师在选择话题素材时，首先，要对学生的知识基础有较深的了解，获取学生的知识储备情况和发展目标愿景，掌握学生的经验基础和认知发展水平，在此基础上架构话题素材和与学生“最近发展区”之间的桥梁。其次，要尊重学生对话题素材的选择权，使教与学在时空、心理及情感方面的差距尽量缩小。再次，要避免话题素材过易过难，既要充分调动学生已有知识经验，又要引导学生探求未知，使问题解决符合学生认知规律。

(2) 活动不周，话题失灵。出现这种情况的重要原因，是教师缺乏激发学生深度对话的方式手段，甚至出现不应出现的“教师失语”或教学失误。针对这一问题和原因，教师应采取的基本对策是：活动预设灵活多样，注意统筹性。一般说来，以案说法类话题多采用阅读式、思辨式、参与式，能增强教材知识与现实生活的紧密结合；问题探究式类话题注重学生的实践参与、剧情表演、演讲辩论、价值辨析等方式，有助于提高课堂教学效果；经验分享类话题宜采用情景模拟、个人体验、角色扮演等方式，有利于提升内容鲜活度。同时，要预设学生交流出现障碍或意外时如何机智应对与调整把控的教学策略，避免缺少灵性的单纯说教。

(3) 偏离文本，话题失据。出现这种情况的重要原因，是教师设置的话题偏离了课程标准和教材，存在严重的知识错误或逻辑混乱，给学生造成知识或逻辑的误导。针对这一问题和原因，教师应采取的基本对策是：讨论内容尊重文本，遵循科学性。思政课教学要依据课程标准和教材文本，遵循中学生的身心发展和思想品德形成与发展的规律，使知识学习服务于学生思想道德发展需要。因此，教师在确定讨论话题时，首先，要下功夫研究课程标准，明确教学内容在课程目标上的三维定位与核心素养，以及在课程内容上的要求与活动建议。其次，要研究教材文本，把握教材编写意图和价值立意，构建课程标准和教学内容意融意通，将课程目标细化为综合性教学目标，将教学内容细化为具体能级要求。再次，要结合课程标准和教材内容，注重把从话题内容提炼出来的关键知识、思想精神、情感态度和价值观念转化为学生的学科核心素养。

(4) 拓展不力，话题失位。出现这种情况的重要原因，是教师选择的话题只满足了教学知识的传授，而没有充分挖掘话题中的人性内涵、情感态度和价值观念，社会主义核心价值观没有得到充分的渗透和体现，教育思想缺少了应有的境界与高度。针对这一问题和原因，教师应采取的基本对策是：拓展设计提升站位，突出思想性。思政课不能仅仅停留于知识教育层面，更要挖掘其内在所蕴含的育人价值。思想性是思政课的首要属性，思政课教学必须把握思政课的本质，提高政治站位，着力立德树人根本任务，以社会主义核心价值观为导向，以学科核心素养为育人主导目标，让思想的力量引领责任远航。

(八) 案例设计

案例设计是教学设计的重要组成部分。案例设计的优劣，不仅直接关系到课堂教学效果的好坏，而且间接影响到立德树人的效果。因此，思政课教学必须高度重视和优化案例设计，使之充分体现思政课的特征和优势，让问题富有层次性、讨论具有开放性、结论要有超越性。为此，思政课案例设计必须符合以下要求。

1. 案例具有思想性

思政课的教学案例与其他学科的教学案例相比，具有学科特殊性。这种特殊性体现为思政课具有鲜明的意识形态性，是对学生进行思想政治教育的主渠道和主阵地，承担着立德树人的根本任务。因此，思政课选取或设计教学案例，首先要坚持正确的政治导向，弘扬主旋律，传播正能量，以帮助学生树立正确的世界观、人生观、价值观。同时要坚持正确的价值导向，在案例甄选过程中，应着重选取能反映社会主义核心价值观的案例，把是非善恶美丑的界限划清楚，通过教学案例增强学生的政治认同、科学精神、法治意识和公共参与，着眼培养担当民族复兴大任的时代新人，着力培养德智体美劳全面发展的社会主义建设者和接班人。

2. 案例具有典型性

思政课本身具有很强的涵括性和包容性，其涉及的领域内容又十分广泛，与之关联的案例数不胜数。因此，在思政课选取或设计教学案例时，决不能采取简单、随意的“拿来主义”，而是要依据教学的重点难点内容，精挑细选，优中选优，力求选出最具典型性或代表性的案例，把深刻的概念、判断和基本原理等阐释清楚，达到举一反三、触类旁通的效果。同时应精心选取一些具有典型示范和警示意义的正、反两方面的经典案例，在案例比较中使教学的启示意义更加深刻，教学过程更具震撼性。因此，思政课的教学案例一定要有代表性，能经得起时间的检验，给予学生榜样力量或深刻启迪，为其今后走向社会、融入社会打下坚实的思想基础。

3. 案例具有时代性

思政课具有鲜明的时代性，选取案例一定要贴近学生、贴近生活、贴近实际，彰显时代气息。由于思政课具有马克思主义的实践性与开放性，因此思政课教学案例要有与时俱进的品格。一方面，对于年代比较久远的经典案例，一定要与现实热点有机联系起来，尽量挖掘其现实价值和意义。另一方面，要更多选取具有新闻性质的新鲜案例，引导学生在那些立足于当今社会背景、能反映时代特征的案例中，全面辩证地看待当今世界和中国，理性客观地审视自身，并由此树立正确的奋斗目标，明确前进方向。例如，讲“爱国主义”时，

“钱学森的中国情结”这一案例生动地诠释了“无私奉献的爱国情怀，拳拳的赤子之心”，能深深地激发学生的爱国之情、报国之志。

4. 案例具有深刻性

思政课是一门思想政治理论课，其教学魅力就在于它的说服力和感染力。因此，思政课所选案例要有一定的内涵和深度，能给学生以回味和思考的余地。通过教师对案例的分析和讲解，学生能理解其中所蕴含的理论知识和人生道理，开阔视野，拓宽知识，更能从思想上行为上反思、反省，活跃思维，引起共鸣。而教师对案例内容的准确概括、对情节的生动描述、对结果的深度追踪，能极大地激发学生学习兴趣和动力，帮助学生澄清理论热点、难点和盲点，排除学生思想中的困惑与迷茫，使学生在榜样力量的感召下时刻关注我国正在进行的中国特色社会主义事业，或在深刻的思想启迪和教育下自觉矫正价值观念和行为导向，从而提高思政课的吸引力和实用性。

5. 案例具有科学性

思政课是一门社会科学，具有人文性和科学性。因此，思政课教学所选取案例应当是符合科学常识和生活实际的，也应是符合学生的认知规律的。也就是说，所选案例既要与教材内容相符，具有思想性、典型性、时代性和深刻性，又要密切联系学生实际，反映学生普遍关心的疑难点、热点问题，能激发学生辩论、探究的兴趣，提高学生分析问题和解决问题的能力。实施案例剖析、辩论、探究时，教师要为学生提供生动、翔实的文字资料和鲜活的影音声像资料。在所提供的这些资料中，对文字、符号、图表的显示及概念的表述和配音、配乐的处理等，都应做到准确无误，杜绝出现知识性错误。同时思政课选取或设计案例，还要尊重学生的认知规律，以学生喜闻乐见的方式来呈现。

6. 案例具有真实性

思政课具有时政性很强的特点，因此思政课教学案例的客观真实性是其基本属性，它对保障思政课的教学效果具有重要作用。教师在选取教学案例时，一定要仔细审查案例中事件发生的时间、地点、人物、情节、结局等要素是否符合客观实际和生活逻辑，尽量选取那些可信度高的案例。不宜选取那些道听途说、根本无法考证的案例，也不宜在原有的案例基础上改头换面、添油加醋，更不能杜撰虚构各种故事案例。这些人为制造的案例，不仅起不到吸引学生、教育学生的目的，还会引起学生的强烈反感，降低教师的权威和教学的可信度。因此，思政课的教学案例一定要真实可信，力求原汁原味。

7. 案例具有哲理性

思政课是引导学生树立正确的世界观、人生观和价值观的一门课程，是一门关于世界观和方法论的课程。因此将富有哲理性的案例引入思政课教学，本身就是对思政课教学的升华。在思政课教学中，教师可充分发挥主观能动性，将充满趣味性和哲理性的教学案例与教材内容有机结合。

8. 案例具有针对性

思政课具有导向性和实践性，其案例必须具有明确的方向性和针对性，做到有的放矢。首先，要针对教学内容来选案例。那些需要重点阐释的核心内容和学理性很强的难点是实施案例教学的主要场域，案例选择也主要集中在这些地方。其次，要针对学生实际来选案例。选取教学案例一定要细致分析学生的认知水平，切实遵循学生的认知规律，针对其思想困惑和关注的社会热点问题来选匹配的案例。最后，要针对教师实际来选案例。选取案例一定要依据自身的专业背景、兴趣爱好、社会阅历等实际情况，充分考虑各种困难和挑战，尽量选取那些自己熟悉的，比较能把握的案例，不宜选取自身难以驾驭的案例。

9. 案例具有融合性

思政课强调学科协同和学段衔接，其案例不仅要有针对性，还应当具有融合性。选取案例，不仅要吃透本次课所讲的理论，还要吃透本门课程的所有内容，使本门课程的内容前后联系起来，从前后内容的联系上重新审视理论和理解教材，真正做到融会贯通。这样在寻找案例时才能够挑选出恰当的案例，使案例反映的内容不仅针对某一个知识，还能够针对所讲内容的前后联系。同时，要深度挖掘各门课程所蕴含的思想政治教育资源，解决好各类课程与思政课相互配合的问题，发挥所有课程育人功能，构建全面覆盖、类型丰富、层次递进、相互支撑的案例体系，使各类课程与思政课同向同行，形成协同效应。

10. 案例具有启发性

思政课具有育人功能和探究特性，其案例的选取必须具有启发性。由于思政课教学过程不只是教师传授知识的过程，也是学生探求知识、运用理论解决实际问题的过程，因此，在此过程中，案例一定要对学生的课堂讨论和探究学习具有启发功能，训练学生个体思维，提高自主探究能力，培养学生集体合作和联合攻关的能力，提升思政课教学效果。要围绕案例创设问题情境，提出问题，并通过形象生动的文字、声音、图像和影视，调动学生动眼、动耳、动脑、动口、动手的积极性，启发其去思考和探究，引导其分析和解决问题，克服其对教师的依赖性和思维的从众性，培养其求异思辨的能力，切忌由教师直接给出结论来代替学生的思考。

11. 案例具有现实性

思政课强调贴近学生、贴近生活、贴近实际，因而其案例选取必须具有现实性。好的案例不是凭空想象出来的，而是来源于实践、来源于生活的。人的认识是从感性认识开始的，这个感性认识就是实践，就是人们的实际生活。贴近实际的案例才能吸引学生。思政课教学既不是纸上谈兵，也不是空中楼阁，而要针对现实世界，针对社会生活，针对学生实际，使课堂生动起来，使理论的光芒照进学生的现实生活，使理论与实际相结合。一方面，教师要做有心人。留意身边的人和事，在日常生活中多看多想，细心地观察生活和感悟生活；另一方面，教师要扩展视野，多收集资料。

12. 案例具有生动性

思政课理论本身具有深刻性、抽象性的特点，其内在的逻辑结构和关系错综复杂，要把复杂抽象的理论课上得有声有色，是一个巨大的挑战。因此，思政课的案例选取十分关键。怎样才能把枯燥乏味、教条死板的思政课上得有滋有味、活灵活现呢？秘诀之一就是教师在选择案例时不宜选取那些理论性过强、枯燥晦涩的案例，而应选择那些生动形象、通俗易懂，带有很强趣味性、故事性的案例。只有这样的案例，才能吸引学生的眼球、符合学生的口味，使学生在生动形象的故事中、在高潮迭起的情节中，真正做到在快乐中学习，在学习中获得快乐。

13. 案例具有多样性

思政课要改变呆板、陈腐的旧形象，需要教师在选择案例时贯彻多样化原则。从案例的来源角度看，需要广开案源，既要从报纸、网络、电视、广播上找寻案例，也要从学生身上、从自身的生活经历中去探寻案例，做生活的有心人。从案例的性质来看，既要多选择正面典型案例，也要适量选择一些经典的反面代表性案例。从案例的形式来看，既要大量选择音频、视频、文字、图片等“死”案例，也要尽力选取一些实物、活人等“活”案例。从内容来看，既要选择故事性、新闻性案例，也要寻找挖掘生活类、学习类、现象类案例。

14. 案例具有适度性

思政课教学的时限性，决定了案例选取的适度性。首先，在选取案例的多少方面，并非越多越好，而是要突出一个“精”字，同类型案例选取一到两个最具代表性、最具启发意义的即可。其次，所选案例的大小、长短、难易等也要讲究一个度。案例过大、过长、过难会严重挤占教学时间，也会增加教师和学生理解研讨的难度；而过小、过短、过易则没有思考、讨论的空间，也会大大影响案例教学的效果。所以，对于案例的大小、长短、难易都需要仔细琢磨，把握好度。最后，对案例的具体使用也要把握好度。精要案例适宜用在引人入胜时，适宜用在阐释教学重点、难点的地方，这样才会详略得当、重点突出，教学效果才会好。

15. 案例具有本土性

思政课教学的“三贴近原则”决定了其案例选取应具有本土性。所谓本土性案例，即在学生接受视阈范围内的，与学生的生活、学习和阅历紧密相关的案例，富有吸引力和感染力，学生也有意愿去参与讨论。只有这样的案例，才能让学生产生思想和情感共鸣，从而进一步拉近教与学、理论与生活之间的距离，由此提升思政课教学的针对性和实效性、阐释力和说服力。

（九）作业设计

作业设计也是教学设计的重要组成部分。作业设计的优劣，直接关系到教学效果的好坏与教学质量的高低。通过作业设计和反馈，不仅可以检查教学效果，弥补教学不足，而且能让学生探索获得知识的方法，体验知识形成的过程，加深对所学知识的理解、记忆和运用，培养学生的思维能力、探究能力和创新能力，切实增强立德树人实效。

1. 作业设计的功能

一般而言，作业的设计和布置具有五大功能：

（1）认知功能。作业的认知功能，是指能巩固和加深学生对基本知识、基本技能、基本方法的掌握，帮助其形成正确的情感、态度和价值观念。作业的认知功能在作业的所有功能中处于基础地位，做作业可以促进学生对理论知识的理解、掌握和应用，促进基本技能的形成。

（2）育人功能。作业的育人功能，是指以学生的全面发展为本，培养学生终身的探索兴趣，形成科学态度，培养创新精神，厚植家国情怀，树立正确的世界观、人生观、价值观。作业的育人功能在作业的所有功能中处于核心地位。

（3）发展功能。作业的发展功能，是指学生获得初步的观察能力、提出问题能力、信息收集和处理能力、分析概括能力、信息交流能力、科学探究能力等。在作业设计的所有能力检测中，最核心的就是创新探究能力。

（4）评鉴功能。作业的评鉴功能，是指它能确定教与学的水平，可以对教学目标进行检测、实施，对教学效果进行反馈，改善与提高教学质量，检测学生独立学习能力，激励学生学习兴趣，促进学生发展等。作业的评鉴功能是同时针对师生双方的。

（5）心理学功能。作业的认知心理学功能，主要表现在三个方面：①唤起注意。因疑问、矛盾、问题而使学生的求知欲由潜伏状态转入活跃状态，有力调动学生思维的积极性和主动性。②引发认知性尝试。由问题引起认知失调来提高学生对问题的关注，从而激励学生的学习动机。③诱导功能。作业通过问题使学生在新的需要与原有水平之间产生冲突，激发其学习动机，不断接近其思维的“最近发展区”。

2. 作业设计的依据

一般而言，作业设计的理论依据主要有八个方面：

（1）建构主义理论。这一理论认为，学习是认知结构的获得和建构的过程，学习者并不是把知识从外部搬到记忆中，而是以已有的经验为基础，通过与外界的相互作用来建构新的认知结构。这就启示我们，作业设计不能忽视学生已有的经验，应把学生已有的知识经验作为新知识的生长点，引导学生从原有的知识经验中“生长”出新的知识经验。

（2）认知迁移理论。现代认知心理学把知识分为陈述性知识和程序性知识，程序性知识又包括认知技能和动作技能，认知技能又包括智慧技能和认知策略。这一理论强调问题情境、迁移和顿悟的重要性，强调智慧的参与作用。这就启示我们，对于陈述性知识的掌握，作业设计以重复训练为特征，题型偏向于填空、背诵、默写、选择之类。对于智慧技能和认知策略的学习，作业设计就必须灵活一些，需要学生运用概念、原理和规则。其实，学习目标决定了作业的类型和难度水平，作业设计应该和学习目标相适应。

（3）同化学习理论。同化学习理论认为，学习分为上位学习、下位学习和并列结合学习。上位学习会对下位学习产生干扰和影响，下位学习也会对上位学习产生干扰和影响，并列结合学习也会产生相互干扰和影响。这一理论启示我们，作业设计需通过先行组织者策略，强化学习中的同化效应，促进学生有效学习。

（4）多元智能理论。多元智能理论认为，每个人的智能是不同的，人的智能是多元的，分为言语——语言智能、音乐——节奏智能、逻辑——数理智能、视觉——空间智能、身体——动觉智能、自知——自省智能、交往——交流智能等。这就启示我们，作业设计要尊重学生的个体差异，尊重人对学习方式的选择，树立全面发展的作业观、个性化的作业观、多元评价的作业观。

（5）“最近发展区”理论。维果茨基的“最近发展区”，是指学生独立解决问题的实际发展水平与其潜在发展水平之间的差异。这一理论启示我们，优化作业设计要在充分了解学生身心发展特点和知识水平的基础上，把握其“最近发展区”。首先，应该对学生进行动态性评估，适时做出准确评价。其次，选择恰当的作业目标，使作业设置不至于过难或过易。再次，要提供一定的教学支持。教师既不能完全将学生的探索过程包办，也不能对学生遇到的困难置之不理。

（6）“做中学”理论。美国著名教育家杜威的“做中学”理论，主张从做中去学习，从经验中积累知识。教学中要让学生有活动的机会，使学生在自身的活动中去学习。这一理论启示我们，作业设计应从培养学生兴趣着手，发展学生的兴趣和特长。同时，加入实践性作业这种新型的作业形式，有助于培养学生的创新精神和实践能力。

（7）艾宾浩斯遗忘理论。艾宾浩斯遗忘曲线告诉我们，遗忘在学习之后立即开始，遗忘是先快后慢，以后逐渐变缓。这一理论对我们设计作业有两点启示：第一，从短期看，作业作为一种及时反馈和评价的方式，其目的就是让学生及时调整有关错误信息，同化和顺化正确信息，加强对信息的理解和记忆。第二，从长期看，如果每隔一段时间就针对已学内容设计一定的作业，能够收到很好的巩固效果，而且随着巩固次数的增加，每次设计的作业内容可以逐渐减少。

（8）立德树人理论。中学思政课是立德树人的关键课程，思政课的作业设计除要遵循上述的普遍理论外，还应切实遵循立德树人理论和特有的文件政策精神，围绕“培养什么人、怎样培养人、为谁培养人”这一根本问题，使作业的设计、布置、完成和评价真正有利于培养德智体美劳全面发展的社会主义建设者和接班人。

3. 作业设计的规律

一般而言，优化作业设计，必须遵循三大学习规律：

（1）遵循激发学生学习动机的规律。学习动机是直接推动学生进行学习的内部动力，即内驱力，包括学习自觉性和认识兴趣。其中，认识兴趣是学习动机中最现实、最活跃的成分。俗话说：“兴趣是最好的老师。”有了兴趣，再难的题学生都愿意去尝试。因此，作业设计应充分调动学生的学习动机，尽量设计灵活新颖、富有趣味的作业，增强学生的求知欲。需要注意的是，作业设计兴趣化，既要符合学生的心理特点和认知规律，又要符合学科特点和立德树人的根本要求。

（2）遵循学习迁移的规律。学习迁移就是一种学习对另一种学习的影响，我们常说的“举一反三”“触类旁通”就体现了学习的迁移作用。遵循学习的迁移规律，就要注重作业设计的示范性。叶圣陶说：“教材无非是例子。”学教材的目的，就是学重点、学典型、学方法。因此，作业就应设计这种“例子式”的示范性作业，让学生通过完成这类作业，掌握学习的关键点、重点、难点、热点、考点等，突出作业的代表性、典型性、精要性，减少机械性的重复作业，用“精”代替“多”。

（3）遵循记忆的规律。艾宾浩斯遗忘曲线告诉我们，遗忘在学习之后立即开始，而且遗忘的进程并不是均匀的。最初遗忘速度很快，以后逐渐缓慢。这一人类记忆规律告诉我们，适当的过度学习对增强记忆是有益的，这个度应维持在50%左右，当超过50%时，过度学习就会引起疲劳、注意力分散等负面影响，学生易产生厌倦情绪。因此，作业设计还应遵循循序渐进的规律、理论联系实际的规律等。

4．作业设计的原则

一般而言，优化作业设计，应遵循四个基本原则：一是准备原则，即作业设计要适合学生的年龄水平和经验背景；二是动机原则，即作业设计要与学生的兴趣需要有关；三是保持原则，即作业设计要能让学生保持持久的学习成果；四是迁移原则，即作业设计能广泛运用于各种特殊情境。这四个基本原则是从共性的角度来讲的，但思政课有其学科特殊性。思政课的作业设计应坚持以课程目标和课程内容为依据，体现思政课的学科特点，通过作业的设置与完成，客观地评价学生的学业成绩和思想道德状况，同时反思和改进教师教学行为，进而更好地实现课程目标。为此，思政课作业设计应在遵循四个共性原则的基础上，特别遵循三个特殊的学科要求：

（1）重视启发性。思政课作业设计不仅要围绕“是什么”“怎么样”来设置，而且要围绕“怎么想”“如何做”来设置，使作业的设置能唤起学生主体意识，引导和帮助学生树立自主学习理念，启发学生主动思考，拓宽思考的广度和深度，切实增强学生的学习效果。

（2）突出现实性。思政课作业设计应贴近实际、贴近生活、贴近学生，充分体现思想性和现实性。只有学生了解实际、深入生活、亲身感悟后完成的作业，才会引发学生从现实思考中由小题目悟出大道理，从而加深对党的基本路线和大政方针的理解与拥护，增强政治认同和家国情怀。

（3）注重实践性。思政课作业设计不能离开教材，也不宜拘泥于教材。教师要视野开阔，设置生动鲜活的课外作业，如调查报告、小论文、手抄报、读后感、观后感等，充分发掘第二课堂的教育教学功能，使作业质量更高、育人效果更好。

5. 作业设计的类型

一般而言，优化教学设计，可以将作业设计成几种不同类型：

（1）尊重学生个体差异，设置个性化作业。依据多元智能理论，教师在作业设计时，要尊重学生的个性差异，设置个性化作业，让每个学生都能从中获得收获、进步和感悟。

（2）增强学生实践能力，设置实践型作业。思政课可以设计志愿服务、参观访问、社会调查等社会实践作业，将作业放置在一个真实的情景中，让学生从所见、所闻、所悟中理解教材知识，体察社会生活，增强综合能力。

（3）促进学生多向交流，设置合作型作业。新课程改革强调教学的生成性、建构性，要求学生必须加强合作，学会与人合作。因此，思政课应尽可能设计一些让学生共同努力才能完成的作业，培养学生的团队意识和互助精神。

（4）培养学生探索能力，设置探究性作业。苏霍姆林斯基曾说：“在人的心灵深处都有一种根深蒂固的需求，就是希望感到自己是个发现者、研究者。”因此，作业设计可以让学生主动去探索、去发现，并从中找到正确或可靠的答案。

（5）给学生展示机会，设置创编型作业。要引导学生根据已有的知识，通过改、说、唱、演、编等形式，再现、拓展、延伸教材知识和内容；或加工、整理、采集、剪贴、展评与教材有关的图文资料，编辑手抄报等。这样既给予了学生展示的机会，又培养了学生动手动脑的实践能力。

6. 作业设计的难度

一般而言，优化教学设计，要充分考虑作业设计的难度。这里的“难度”，是指作业对于学生现有实际能力水平的难易程度。目标高度与达到的可能性是相互制约的。目标低了，学生就不感兴趣了；目标太高，达到的可能性就小了。同样数量和同等质量的作业，往往会造成后进生“吃不了”、优等生“吃不饱”的局面。因此，思政课作业设计的难度，既要符合学生的学习基础，又要符合学生的年龄特征和认知规律，还要易于学生学习潜能的充分发挥和深度挖掘。为此，思政课作业设计应按照因材施教的要求，至少设计三种难度的作业：①针对绝大多数学生设计的中等难度的作业；②针对后进生设计的作业；③针对优等生设计的作业，难度较大，能培养发散思维和应用已学知识解决高深问题的能力。通过设计不同难度的作业，所有学生都能做作业、能做好作业，都学有所获、练有所得。

7. 作业设计的层次

一般而言，优化教学设计，可以将思政课作业设计成难易不同的三个层次：

（1）基础性作业。所谓基础性作业，就是最基本的、来自书本的、易找易想易做的作业。对于后进生来讲，其理解和接受能力相对弱一些，要确保其能完成基础性作业，以激发其自信心和上进心，达到“满意自我”的状态。

（2）发展性作业。所谓发展性作业，就是源于书本知识，但需发表自己见解的作业。中等生的学习潜力很大，可塑性很强。因此，教师应精心为中等生设计一些发展性作业，使之充分挖掘自我发展潜能，进入“挑战自我”的状态。

（3）挑战性作业。所谓挑战性作业，就是源于课本知识之上的综合性和创造性较强的作业。由于优等生学习基础扎实，学习领悟能力强，因此教师布置作业时有必要引导他们多做一些挑战性作业，使之不断迈向“超越自我”的境界。

8. 作业设计容量

一般而言，优化教学设计，应合理控制作业的容量和限度。也就是说，作业的容量一定要适度、适当。一方面，我们要清楚地认识到，作业没有一定的数量，学习就没有一定的质量，保证一定的作业量是必要的。另一方面，我们也要深刻意识到，决不能盲目搞大运动量训练或“题海战术”，把学生陷在“题海”里不能自拔。就作业的质而言，前面所述的建构主义、认知迁移、同化学习、多元智能、“最近发展区”、“做中学”、艾宾浩斯遗忘曲线等理论，深刻地揭示了精选作业的重要性。就作业的量而言，学生认真多做作业，确有提高学习成绩之效，但只凭“题海”取胜，会导致事倍功半。而学习是一个循序渐进的过程，学生掌握知识不可能“毕其功于一役”。这就从两方面决定了作业不能过滥，更不能简单地以“熟”求“巧”，而必须精选，这是减负的重要手段。因此，作业的设计和布置，要有效把握时间限度。追求轻负担、高质量，权衡时间、练习量等因素，提高作业的针对性和实效性，切实通过提高效率来达到提高质量的目的。此外，思政课作业设计还要根据学科和学生特点，提倡少、精、活、新，充分发挥学生利用作业对新旧知识的整理作用，通过科学合理地布置作业，合理地安排休息和学习时间，做到劳逸结合，充分调动学生学习的积极性和主动性。

9. 作业设计的评价

作业的评价功能重在帮助学生发现与发展潜能，让学生更好地认识自我、发展自我、展示自我。因此，作业评价的指导思想是用“发展的眼光看待孩子”。具体来讲，应努力做到四点：

（1）分层评价，鼓励为主。对于分层布置的作业，采用分层评价。只要学生完成了相应层次的作业，便可以得到肯定。同时，教师在学生作业上要多写肯定性和鼓励性的评语、符号，使学生产生进步感和成就感。评语应坚持正向性，发现每位学生的闪光点，语气上春风化雨、真诚真实，让评语成为关心、爱护、引导、鼓舞每一位学生健康成长成才的疏导语、提示语、引导语、鼓励语，成为更具针对性的又一次教育教学过程。

（2）亮点评价，激励当先。要改“区分性评价”为“激励性评价”，尽量捕捉学生作业中的亮点。如有的学生字写得特别好，就表扬其字写得漂亮；有的学生答案与众不同、富有创新，就表扬其答案有独到见解；有的学生作业质量高，就可以在其作业本上写一个大大“优”或“很棒”，帮助学生树立自尊自强自信自律意识，真正使教师批阅作业的过程成为解答学生困惑、化解学生情绪、培养学生情感、强化学生意志、规范学生行为的教育教学过程。

（3）多向评价，共同参与。优化作业设计和评价，就要改过去单一的评价形式为多项评价，让学生也参与到作业评价中。采取学生自评、小组互评、教师总评等多元多向评价，让学生通过这样的评价，及时纠正自己的错误，指出别人的错误，正确评价自己与他人，真正培养学生主动探索的主体意识。同时，也可以让家长参与到评价系统中，请家长对孩子在家中、在社会上的表现做出客观公正的评价。

（4）多次评价，体验成功。学生做完作业，可经过自评、互评、师评后再进行修改，然后教师再次评价。若学生修改正确、完美，照样可以得到老师的较高评价。这种采取一次作业多次评价的方式，不仅利于学生养成改错的好习惯，还会让更多的学生获得成功的体验，从而可增强其学习的自主性和自信心。由此可见，主体评价与客体评价的有机结合，可实现评价多元化、民主化、多层次化，让学生在一个充满自信生长环境中得到可持续发展。

（十）板书设计

板书设计是教学设计中的一个重要环节。板书设计的好坏，不仅直接关系到整节课的教学脉络，也在客观上间接地影响着课堂教学的效果。随着新课程改革的不断深化和现代教学媒体的大量涌现，板书不仅没有退出课堂教学的舞台，反而彰显出其不可替代的优势和作用。因此，围绕落实立德树人根本任务，推进立德树人导向下中学思政课教学改革，必须优化板书设计，以提高课堂教学效果，增强立德树人实效。

1. 板书的含义

从动态的角度来理解，板书是教师上课时通过在黑板上书写文字、符号以传递教学信息、教书育人的一种言语活动方式，又称教学书面语言；从静态的角度来理解，板书是教师在教学过程中为帮助学生理解掌握知识而利用黑板以凝练、简洁的文字、符号、图表等呈现的教学信息的总称。

2. 板书的作用

在课堂教学中，精心设计的板书，能使学生赏心悦目，兴趣盎然，给学生以美的享受。其重要作用至少体现在四个方面：

（1）板书有长时间地向学生传递信息的作用。课堂教学中，教师的口头讲解语言很快消失，但板书的书面语言可以长久留存，供学生笔记和记忆，便于其理解和巩固课堂教学新知。

（2）板书具有与实物不同的直观作用。实物教学对学生来讲非常直观，但思政课教学内容极为丰富，不可能每一教学内容都采用实物教学，借助于板书，可以将学生的思维与实物间接地联系起来，同样可以起到直观教学的作用。

（3）板书具有较大的灵活性。教师可以根据讲解的内容和节奏，适时、灵活地进行教学板书，以提醒和帮助学生掌握教学内容的内在逻辑结构、教学的重难点、教师补充讲解的知识及其强调的关键信息，切实增强课堂教学效果。

（4）板书有示范和审美作用。课堂教学的艺术离不开直观形象的优秀板书，教师的板书可以直接影响到学生的书写能力。如果教师的板书示范不到位，学生的书写也可能学得不到位。因此，教师的板书更应具有示范和引导作用，并给学生以美的享受。

总的来说，教师精心设计板书，有利于知识传授，有利于学生智力开发，有利于学生能力培养，有利于学生情操陶冶，有利于活跃课堂气氛，有利于学生记忆知识，是提高学生非智力因素的重要手段。

3. 板书的类型

从思政课教学实践来看，板书主要有以下几种类型：

（1）提纲式板书。它是教师根据教学重点内容的内在联系和教学设计程序，用大小括号和编号编排成的一个系统。这种板书的优点在于条理清楚，重点突出，字句简洁，教学思路清晰，是思政课教学常用的板书形式。

（2）对比式板书。它是根据教学内容和学生已有的相关知识，运用对比方法显示出知识的异同的一种板书。这种板书对比强烈，有利于指导学生分清知识的共性与个性，有利于学生求异思维能力训练。

（3）词语式板书。它是根据对教学内容的分析研究，从中提炼出关键性的重点字、词组成提纲的一种板书。这种板书能帮助学生分析理解重点知识，进一步明确教学的主要内容和关键信息。

（4）线索式板书。它是根据教学内容的某种联系，按照一定顺序，反映教学主要内容的一种板书。这种板书的特征是能够显示出事情发生、发展的过程，能够突出知识形成的过程，有利于学生学会学习。

（5）图画式板书。它是根据教学内容显现出的特征，采用图中夹文或文中夹图的办法形象地勾画出事物间的内在联系的板书。这种板书生动、形象、直观，事物的内在关系显现得淋漓尽致，能有效激发学生的学习兴趣，促进抽象思维能力的发展。

（6）分析综合式板书。它是运用分析、综合等思维方式，揭示教学内容，展示思维过程的一种板书。它的基本特征是思路清晰，逻辑严密，启发性强，是思政课教学常用的板书方式。

需要注意的是，无论采取何种类型的板书，教师都要清楚地明白：板书是为教学服务的，要始终做到简洁扼要、完备美观，具有启发性和合理性。为此，在思政课教学中，教师需要对板书进行内容设计、结构设计和美观设计。

4. 板书的设计

在思政课教学中，优化板书设计，应着力从以下三个维度入手：

（1）内容设计。可从三个方面来用心思考和精心设计板书内容：①精简内容构成。板书分为主板书和副板书。主板书是对教学内容的高度概括，如讲课提纲、基本内容、重要结论等；副板书是将一些重要概念、名词术语或重要的时间、地点及其他需强调的内容，简要地写在黑板一侧。②掌握设计方法。主板书的常用方法有四种：内容再现法、逻辑追踪法、逻辑推论法、思路展开法。③注意细节问题。板书内容设计要关注六个细节：深挖教材，把握重点；掌握情况，有的放矢；讲写结合，相得益彰；主辅相随，紧密结合；语言准确，启发性强；内容完整，条理系统。

（2）结构设计。板书结构设计，就是精心思考和设计板书的造型。常见的板书造型主要有三种：①对称型。其包括单轴对称、双轴对称、综合对称、字数对称、字距对称、外框对称。②偏正型。其包括张翼型、雁行型、阶梯型、折线型。③自由型。自由型是指板书造型不受条条框框的限制，自由活泼。常见的有辐射型和波浪型两种。

（3）美观设计。进行板书美观设计，可从三个方面着力：①合理安排板位。需要注意三点：充分利用、布局合理、主次分明。②写直板书行列。造成行列不直的原因大体有三：意识的错位、习惯动作的偏差、视区的狭小。纠正行列不直的矫正措施有三：让自主意识参与调节，养成正确的书写习惯，不断调整和正确使用最佳书写区。③掌握书写技法。教师要力求做到三点：书写姿势正确，字体大小适中，板书字迹美观。

七、立德树人的教法改革

教法改革一直是现代教学关注度极高的一个热门话题。教学的成功与否，同教法的选择和使用有着直接的关系。从当前推进中学思政课教学改革的实践情况来看，教法改革已呈现出新的趋势和特点：一是互动方式的多边性，二是目标达成的全面性，三是学习情境的合作性，四是教法使用的综合性，五是教学方式的现代性，六是教学活动的生命性。围绕中学思政课落实立德树人根本任务，着眼发展学生核心素养，中学思政课教学改革必须在教学理念、教学方法、教学[illegible]略、教学艺术等方面进行创新（见图 8—12）。

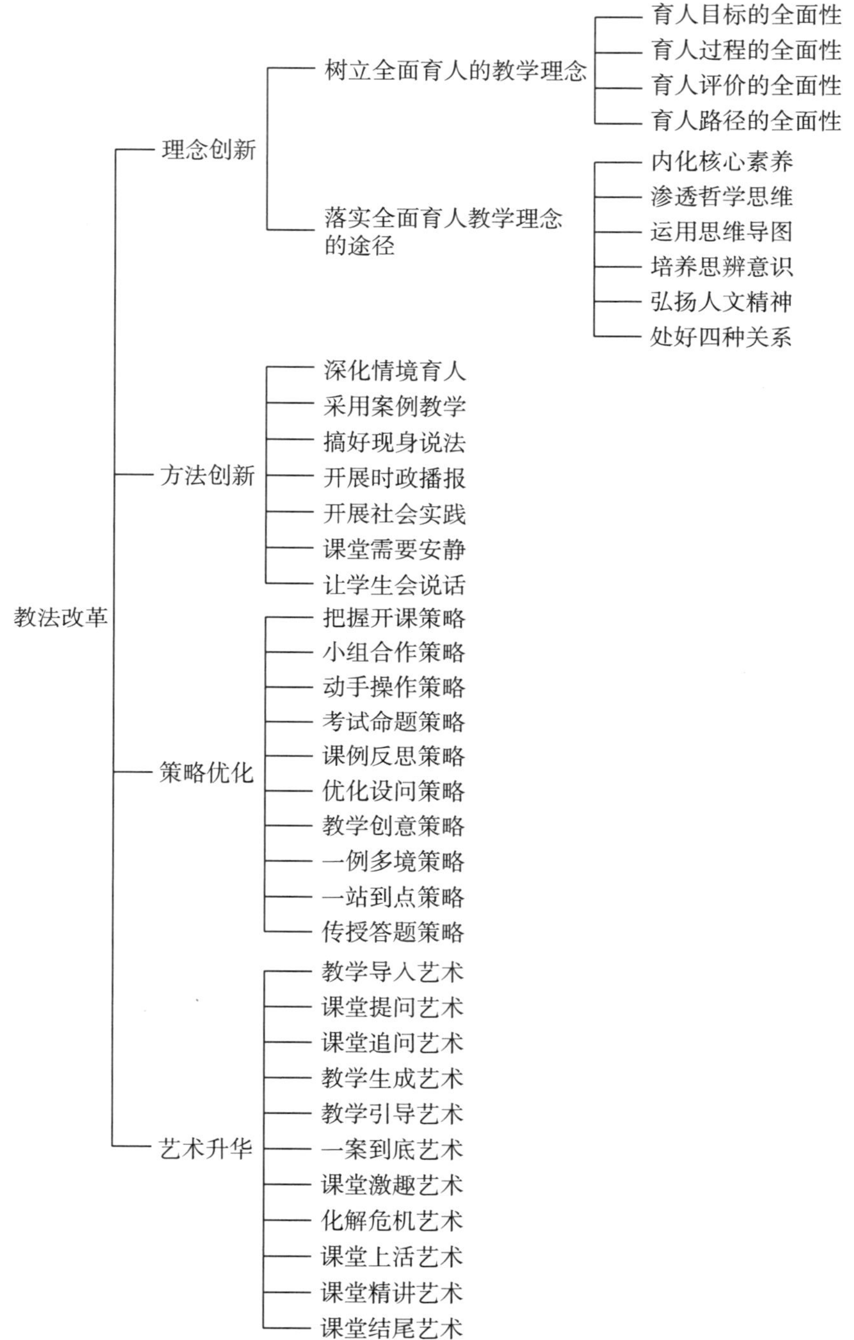

图 8—12　立德树人导向下中学思政课的教法改革

（一）理念创新

推进立德树人导向下中学思政课教法改革，首先需要进行理念创新。就思政课的课程性质和学科特点而言，思政课肩负着落实立德树人的根本任务和培养担当民族复兴大任的时代新人、培养德智体美劳全面发展的社会主义建设者和接班人的历史重任，其教法改革必须树立全面育人的教学理念。

1. 树立全面育人的教学理念

俗话说："十年之计，莫如树木；终身之计，莫如树人。"思政课落实立德树人根本任务，必须遵循教育规律和学生成长规律，在教育教学各个方面、各个环节做到因材施教、教学相长，将立德树人根本任务落实、落小、落细。《关于深化教育教学改革全面提高义务教育质量的意见》明确指出："坚持'五育'并举，全面发展素质教育。"因此，思政课教师要解决好"培养什么人、怎样培养人"的问题，就必须在教育教学的全过程遵循全面育人、育全面人的理念，坚持育人目标的全面性、育人过程的全面性、育人评价的全面性、育人路径的全面性，以德立身、以德立学、以德施教、以德育德，按照"教书与育人相统一、言传与身教相统一、潜心问道与关注社会相统一、学术自由与学术规范相统一"的要求，真正把教书育人和自我修养结合起来，将师德大爱书写在每一天平凡而有价值的教育活动上，在维护提振师道尊严、提升教师职业形象的同时，全面贯彻铸魂育人根本要求和落实立德树人根本任务。

（1）坚持育人目标的全面性。促进学生德智体美劳全面发展，是落实素质教育的重要目标和要求。对此，所有教育环节与教学行为都要坚持育人目标的全面性。每一堂课都应贯彻德智体美劳融合的教育理念，都要坚持面向现代化、面向世界、面向未来，培养为国家和社会能够做出自己应有贡献的社会主义事业的建设者和接班人；思政课应通过问题设计、活动过程、体验探究，增强学生综合素质，渗透科学教育、品德教育、能力教育，全面加强和改进各学科审美性、德育性与表现形式多样性。在各科教育教学中，要弘扬劳动精神，强化实践动手能力、合作能力、创新能力培养意识。教师应树立"健康第一"的教育理念，共同呵护学生的坐姿、写字规范，切实减负增效，因地制宜开展营养健康指导和服务。

（2）坚持育人过程的全面性。过程育人是实现立德树人目标的关键环节，必须把立德树人贯穿教育工作各个领域、各环节，使素质教育具体化。思政课教师应充分利用好课上课下、作业批改、沟通交流等各种机会，渗透教育目标，实现全程育人。要通过我们对课程教学、观念内容、教学方法的改革与实践，着力提高学生的学习能力、实践能力、创新能力，渗透学科核心素养和思维方法，促进德育、智育、体育、美育、劳育在过程育人中的有机结合，在各学科的活动设计、体验、评价中吸引学生，发展他们的民主品格与创新思维，实现学生基本素养全面发展。要通过有计划的教学活动安排，着力提高学生服务国家、服务人民的社会责任感，引导学生形成正确的世界观、人生观、价值观，坚定学生的政治信仰、情感认同、价值取向，增强思政课育人活动的过程性、体验性、系统性、实效性。落实育人过程的全面性，必须坚持系统构建，对学生成长的核心要素进行顶层设计、全面规划部署、分步有序推进，对学生综合素质评价与成长记录要系统规划、重点突破、精心设计、精细管理。要制订好学生每一学年、每一学期甚至每个月的培养计划，对每一位学生的教育过程有总结、有预案且计划和预案要基于学生的过去、现在和未来来制定。要根据学生的年龄和学段设定实施方案，促进学生各种良好习惯的养成。

（3）坚持育人评价的全面性。坚持立德树人，着力培养担当民族复兴大任的时代新人，就要努力建设以核心素养为主线的课程教学体系，追求适合学生成长需要的质量，为学生的终身发展和一生幸福奠基，让学生更能适应社会发展的趋势。倡导并践行富有时代性和先进性的主流价值观，在学生学业评价与综合素质评价中，让教育为促进学生和谐发展做出独创性贡献。具体来看，首先，要坚持评价标准的全面性。教师应树立课标意识、政策意识、法治意识，全面、准确、系统地制定所负责学生德智体美劳等各项标准。在教学中，应根据标准对学生在学习过程中的知识、能力、价值实现度进行界定，对学生的态度与行动执行力进行评价，对学生德智体美劳目标进行评价。其次，要坚持评价方式的全面性。课堂评价要强化对学生关键能力的关注，提高学生的写作力、阅读力、创新力、表达力、思辨力、概括力等六种关键能力。生活评价要及时点评、记录、规范学生文明礼仪、理性消费、仪容仪表、人际交往、时间管控等生存素养。活动评价要在系统培训、推敲演练、民生决策的基础上，促进学生集体主义、公民意识、国家观念、合作意识、政治认同、科学精神、文化认同、法治意识、公共参与、道德品质等的形成与发展。评价应在观察、分析、体验、互动、讨论、点评、计分等的基础上，探索出符合实际的教育方式。

（4）坚持育人路径的全面性。在思政课教学实践中，必须坚持课上课下、课内课外、线上线下等形式，促进优质教育资源共同发力，发挥教育价值；必须通过各学科、各项活动，全面准确渗透核心素养各项目标、传统文化各项目标要求；必须将思政教育贯穿学科体系、教学体系、教材体系、管理体系，深入构建一体化育人体系。同时，将课程教学、校内劳动、校外劳动、家务劳动结合在一起，构建学科和校园文化相融合、家庭和社会相衔接的综合实践育人机制，将感悟、体验、观察目标与效果科学融合起来，实现教育的系统化、立体化。在教育教学实践中，应协调好家庭、学校、社会的关系，实现立体育人、全员育人。

2. 落实全面育人教学理念的要求

思政课树立全面育人的教学理念，是适应新课程改革和落实立德树人根本任务的客观要求。思政课在落实全面育人教学理念的具体实践中，还需注意一些细节性的操作要求：

（1）主动转变观念。教师要树立“由治到防”的观念转变，通过连续的工作、高超的艺术、辛勤的付出、缜密的计划来发现问题、解决问题，端正态度、引领成长。为此，教师要主动发现问题，寻找教育契机，积极奉献爱心，构建具有针对性、长效性与实效性的矫正方案，为学生一生的成长奠定良好的基础。

（2）主动走进学生。助力学生成长，全方位了解学生，就要求教师必须走进学生。教师必须树立内涵工作的品质、立体施治的理念，通过抓早抓小、抓常抓长，对每位学生进行全程培养，力求做到勤转、勤看、勤导，观察、搜集、捕捉教育细节，从肯定亮点与发现不足两方面对学生进行理性分析与行为疏导。

（3）主动关注细节。教育是带有责任与感情、温度与深度的工作。在思政课教学实践中，教师要通过对学生思想、生活、学习、纪律、交往等的点滴关注，通过对学生学习生活各个细节问题的解析与应对，帮助学生健康成长。教师要像显微镜一样，关注学生身上的每一个细节；要像雷达一样，全面收集学生的成长信息；要像计算机一样，对信息进行精确处理。只有这样，才能更好地将立德树人根本任务落在实处。

（4）主动反思不足。教师工作应有一种境界，那就是“知足、知不足、不知足”。教师只有勤于钻研、严谨治学，力戒浮躁、潜心问道，勇于探索、善于反思，用理论指导实践，才能有效落实素质教育和立德树人的任务。因此，面对学生学习出现的各种问题，教师要勤于反思，工作不实要反思、考不好要反思、管不好要反思、教不好要反思。

（5）主动争当榜样。教书育人是教师的天职。教师只有以身作则、举止文明、作风正派，以自身的言传身教真切地培养、塑造学生，才能有效践行新时代教师职业的行为准则。教师的素养和品格对学生成长起着引领和示范作用。教师理应做学生生活的榜样、生长的榜样、生存的榜样、文明的榜样，成为一名有理想追求、品德追求、知识追求、贡献追求的人。

3. 落实全面育人教学理念的途径

树立全面育人的教学理念，已成为推进新课程改革和落实立德树人根本任务的基本共识，但要将全面育人的教学理念落到实处，还需要寻求合适的载体和有效的途径。为此，可探索出以下实施途径：

（1）内化核心素养。在思政课教学过程中，学生在教师的引导下，自觉地将政治认同、科学精神、法治意识和公共参与等学科核心素养，内化为自身成长的需要，强化核心素养培育。具体来看，思政课内化学科核心素养，需要注意以下五点要求：

①基于生活经验，找准内化切入点。学生认同与接受是内化的根本前提，而完成内化是外化的基础。中学生正处于身心发展、思维发展的重要阶段及思想品德塑造的关键期，自我意识和独立性逐步增强，思想认识和行为习惯开始从他律走向自律。这些特点决定了思政课教学必须以学生生活经验为出发点，使知识学习在学生认知结构或道德情感中具有可同化的基础，并将外在要求转化为内在需要，实现从外显到内化的转变，内化于心，外化于行。

②整合三维目标，捕捉内化着陆点。教学目标是一切教学活动的出发点和归宿，是教学的依据和灵魂。教学目标是否正确并得到落实，将直接影响课堂整体教学策略及教学过程各个环节的实施。为此，思政课教学要依据课程标准、学科核心素养、教材内容和学生实际，合理地确定教学目标，并以知识为载体、以能力为重点、以情感态度价值观为核心，为学生创设“激发—内化—升华—外显”的学习过程，将三维目标和学科核心素养融为一体，以实现思政课的价值追求。

③挖掘德育元素，融合内化切合点。知识点是基础，德育点是灵魂。德育元素是指教材中能陶冶学生心灵、涵养学生品格、促进学生正确思想观念和良好道德品质形成与发展的教育元素，包括认知元素、情感元素、激励元素、评价元素。教学要将德育元素充分挖掘出来，与知识点融为一体，自然渗透。

A. 认知元素。教材中生活气息浓郁的插图、鲜活的典型案例、思想深邃的格言警句等教育资源所提供的道德信息、道德榜样和道德力量，都是进行道德内化的重要元素，教师要挖掘内涵、准确解读，启发学生理解和体悟蕴含其中的道德要求和道德精神，实现自我教育、自我提升。

B. 情感元素。教材中的模范人物、扣人心弦的故事及塑造学生精神世界和生命底色的情境等，本身蕴含着许多情感元素，教师要将课程目标与学生真实的情感、态度和价值观相结合，引领学生的思想认识向纵深方向发展。

C. 激励元素。教材中的经典励志名言，革命领袖、感动中国人物和道德模范的事迹，社会主义建设成就等内容是显性的教育因素，教师要充分发挥其对学生自我激励、自我塑造的功能。这些素材内涵隽永、意蕴高远，既关注对学生精神人格的引领，又让学生感受中华优秀传统文化的魅力，我们要善于将其融入课堂，让学生体会和认同其精神内涵。

D. 评价元素。通过道德认知与道德评价，学生能以正确的价值观为导向，对现实生活问题作出理性的价值判断和价值选择，对事物的认识和把握走向全面、深刻，做到扬善抑恶、爱美憎丑、去伪存真。此外，教师要树立融合、开放、发展的课程资源观，对教材作必要的拓展，拉近教材与学生的距离，融乡土性、时代性、教育性于一体，增强人文教育的功效。

④关注情感体验，诱发内化升华点。“感人心者，莫先乎情。”情感是人的思想品德形成与发展的催化剂。在教学中，教师要发挥情感教育的功能，突出情感体验在思政课教学中的特殊价值，创设各种教学情境，让学生入境体验，把外在的“知识”化为内在的“见识”，拨动学生情感之弦，引发其情感共鸣和思想冲突，进而促进其道德认同与道德内化。在这个教学过程中，学生展开思维、表达情感的过程，就是道德知识获得、道德品质形成的过程。可见，情感是德育内化的驱动力，只有将空泛的说教化为情感的熏陶、无痕的渗透，才能让正确的价值观念根植于心。

⑤注重道德实践，拓展内化延伸点。美德是一种行为。德行是一种技艺，技艺的进步需要实践。实践是学生良好品德形成最根本、最直接、最有效的方法。思政课教学离不开学生的独立思考与积极实践，国家和社会的要求只有通过学生的独立思考与积极实践才能真正为学生接受。因此，思政课教学倡导实践性，鼓励学生在实践中进行积极探究和体验，通过道德践行，达到品德内化的目的。教师要创设学生参与活动与实践的平台，让学生在实践中去感受、去体验、去探索，提高他们的道德践行能力，使思政课教学实效延伸至课外。

（2）渗透哲学思维。决定课堂深度、高度的，是蕴含于知识、情感中的思维引导和基于方法的思想启悟。围绕落实立德树人根本任务，着眼培育和发展学生核心素养，思政课教学必须渗透哲学思维，启迪学生成长智慧，实现教书与育人的统一。

①思政课教学渗透哲学思维的意义。众所周知，哲学是智慧之学，是世界

观与方法论的统一，是思想和思维的统一。在思政课教学中渗透哲学思维，对促进中学生成长大有裨益。具体来讲，思政课教学渗透哲学思维的意义在于：

A. 培养核心素养，崇尚科学精神。《中国学生发展核心素养》指出："科学精神，具体包括理性思维、批判质疑、勇于探究等基本要点。"因此，教师要将科学精神培养，即思维方式、思想方法的优化作为重要教学目标。哲学是智慧，是世界观、方法论，可以指导学生运用科学思维方式认识事物、分析问题、解决问题。中学思政课渗透哲学思维，是学科教学的应然要求。

B. 引导理智行事，化解成长烦恼。中学生进入青春期，生活范围逐渐扩展，需处理的关系日益增多，所以青春期烦恼、矛盾也在增加。化解中学生的成长烦恼，除了需要学习道德、法律、心理等知识，也需要渗透哲学思维。哲学的辩证性、质疑性和实践性，为中学生解决问题提供了具体的指导方法，引导学生用全面、发展、联系的观点看问题，学会透过现象认识本质，化解矛盾与烦恼。

C. 开发思想潜能，认清世间纷扰。一个人如果没有系统学习哲学知识，思想潜能就难以开发，容易迷失于纷繁的社会现象和主观偏见，而哲学具有较强的批判性、实践性、思辨性，能帮助人们正确认识社会现象、指导实践活动。因此，思政课对中学生适时、适当、适切地进行哲学启蒙教育，有助于学生培养理性精神，学会辩证地看待问题，在纷繁复杂的社会中明辨是非，追求真、善、美，树立正确的世界观、人生观、价值观。

D. 衔接后续学习，做好思维储备。初中阶段的学习会影响高中学习，高中阶段的学习会影响以后的后续学习。在初中阶段对学生进行哲学启蒙教育，能为高中阶段学习哲学打下良好基础，而高中阶段的哲学学习会直接影响学生今后的学习、工作和生活实践。因此，在中学阶段搞好哲学渗透，有利于学生提高综合素养、涵养科学精神，以更好更快地适应今后的学习、工作和生活。

②思政课教学渗透哲学思维的策略。基于思政课渗透哲学思维的重要意义，中学思政课教学必须强化哲学思维的渗透。由于思维方式培养与知识学习是同一过程，思维方式的优化源于课堂教学积累和有效的学科教学策略。教师只有深入课堂教学，哲学思维方式的形成才会有着力点。因此，教师应勤于实践，积极探寻哲学思维培养的有效策略。

A. 挖掘教材精髓，延展思维品质。对思维方法和思维方式的掌握是思政课教学的重要目标，也是培养学科核心素养的重要内容。教材是重要的教学资源，也是进行思维方法教育的普适性课程资源。在教学中，教师要引导学生掌握教材基本内容、基本观点，但这还不够。其实，教材中隐藏着宝贵的思维方式及方法论意义。以部编《道德与法治》七年级上册为例，教材中分析了“生活难免有挫折，挫折对人有双重影响；精神发展需要物质的支持，而过度的物质追求容易使人丧失对真、善、美的体验”等具体实例，渗透着“全面地看问题”“一分为二地看问题”“联系地看问题”“规律是客观的”等辩证唯物主义观点。在授课过程中，可向世界观、思维品质、方法论方向适度拓展，进行有效渗透。

B. 引用文化经典，品味国学思想。中华优秀传统文化是中华民族独特的精神标识和丰厚滋养。部编《道德与法治》将中华优秀传统文化精髓融入教材，彰显了教材的思想性和人文性。以七年级上册为例，正文、导言、各栏目引经据典，如“不积跬步，无以至千里”蕴含的哲学道理是量变是质变的前提和必要准备，质变是量变的必然结果，矛盾双方在一定条件下可以相互转化。又如，“工欲善其事，必先利其器”告诉我们，主观能动性的发挥受客观条件的制约。再如“学而不思则罔，思而不学则殆”体现的哲学原理是因果联系具有普遍性、客观性。可见，部编教材大量引用国学经典，意蕴悠长，深刻隽永，文质兼美，蕴含丰富的人文智慧、哲理、思想，闪烁着辩证思维的光辉，是渗透哲学思维的极佳教学资源。

C. 聆听中国故事，领会深刻道理。习近平总书记是善讲故事的大家，他善于用故事启示人、引导人。这些故事充满感性之美，且富理性之光辉，洋溢着哲学的思想和智慧。在教学中引用习近平总书记讲的故事，可以深入浅出地帮助学生理解党和国家的治理理念，对学生成长也有哲学方法论指导。如习近平总书记引用经济学中的“木桶理论”，说明要把补足短板、协调发展融入改革发展实践中的道理。木桶理论体现了哲学中整体与部分的辩证关系原理，对现实生活有重要指导意义。此外，习近平总书记学养深厚，平“语”近人，善用民谚传递治国理念，接地气而又妙趣横生，用朴素的语言表达了具体问题具体分析、一切从实际出发、实事求是等深刻的哲学观点。这些哲学思想对学生人生成长很有启发。

D. 选取新潮段子，赏析生活哲理。莎士比亚曾说：幽默和风趣是智慧的闪光。用网络段子让学生在笑声中醒脑、明理，是渗透哲学思想的好方法。如讲“做更好的自己”可以用“矮是什么感觉？就是所有人见了我都要低下头”这一段子，睿智、幽默、精辟、有哲理，让学生在笑声中懂得要自信，要学会接纳、欣赏自己。毕竟意识具有能动性，正确的意识促进客观事物的发展，自信、乐观的心态有利于自身健康成长。此外，在思政课教学中，要教育学生学会透过现象认识本质，如网上交友要理性辨别、慎重选择，虚拟世界的交往带有很多不确定性因素，我们要有自我保护意识。

E. 指导学以致用，感受方法魅力。在当今自媒体时代，中学生虽然生理和心理、知识和阅历等方面存在一定不足之处，但接触和了解的新鲜事物比较多，可谓“见多识广”。思政课教学的任务在于帮助学生增强明辨是非的能力，以正确立场看待生活，以批判眼光透视生活。这要靠美德净化心灵、靠法律规范行为，也需要哲学方法的指导。引导学生应用教材中蕴含的方法论智慧，渗透哲学思维，培养学生善于思考、敢于质疑的哲学精神以增强思政课的思想魅力、实践价值。

（3）运用思维导图。思维导图又叫心智导图，是表达发散性思维的有效图形思维工具，简单却很有效，是一种实用性的思维工具。具体来看，思维导图运用图文并重的技巧，将人类思维模式通过图形、线条、颜色等外显化的思维工具有机串联起来，把各级主题的关系用相互隶属与相关的层级图表现出来，把主题关键词与图像、颜色等建立记忆链接。思维导图充分运用左右脑的机能，利用记忆、阅读、思维的规律，协助人们在科学与艺术、逻辑与想象之间平衡发展，从而开启人类大脑的无限潜能，因而具有人类思维的强大功能。

①思政课运用思维导图的积极意义。思维导图最早出现于 20 世纪 60 年代，目前已经在全球范围得到广泛应用。中学思政课教学运用思维导图的积极意义主要体现在三个方面：

A. 组织思想。在教学的过程中，如果教师在组织思路、分析问题、思考对策等方面有自己的中心思想，并希望体系化地丰满该思想，就需要围绕该中心，通过发散思维提供各种维度分支的联想、推理和描述，这些维度包括定义、性质、特点、分类、结构、功能、过程、评估性等。为了大脑记忆的有效性，维度分支最好在 10 个之内，过少则不成体系，过多则使大脑有记忆瓶颈。运用思维导图，中心主题一定要明确，不能含糊不清，否则组织的思想很难有针对性、层次性和创造性。从思政课教学实践来看，构建思维导图的关键点在于通过多维度的分支，建立思维的整体性和体系化，再通过充分的推理和过程丰富这些维度分支，并建立知识点的连接，形成思维导图的整体结构，充分发挥思维导图的教学功能和作用。

B. 强化记忆。在课堂教学中运用思维导图，有助于强化学生的记忆功能。运用思维导图强化记忆的运用场景，主要是制订计划、学习记忆、工具掌握、记录笔记等。思维导图在记忆方面的运用来源于大脑的多维联想记忆方法。当我们学习新知识，需要记忆的时候，通常会采用联想和多维记忆来加深对这个知识在大脑皮层的反射刺激。采用多维度联想记忆法，不光可以记忆一个中心概念或事物，而且可以记住一片与之相关的概念或事物。能记住这些概念或事物，恰恰是大脑皮层最活跃的存储区域。思维导图的发散、多维的特征可以帮助学生实现对事物的关联自然记忆。用好思维导图就是把对外界的陌生信号放入记忆最活跃的区域里，以便随时提取。

C. 创新思维。思维导图从来就不是一个标准化的思维结构，它有太多的个性化特征，代表着个性化的思考方式。每个人的思维方式不同，其构思和运用的思维导图也就可能不同。由于思维导图具有发散性的特点，因而体现出创新思维的特性。但创新思维最为困难的不是思维发散，而是观点汇聚，这就是为什么很多人都用头脑风暴思考问题，但用完后发现是一盘散沙，观点很难被沉淀和利用。因此，思政课教学运用思维导图，就要通过观点的相关性连接，将剩下那些最具关联性的观点有机地串联起来，以保障思考的是可体系化的创新思维，而不是空中楼阁。

②思政课运用思维导图的具体情况。思政课教学运用思维导图的过程，就是帮助学生理解和诠释教学内容的过程。思政课教学运用思维导图的具体情况，主要分为以下几种：

A. 阅读教材，即通读教材内容，整理教材重点知识和主要内容。

B. 构建框架，即将教学内容的框架结构，清晰地反映在思维导图中。

C. 录入重点，即将教学内容的重点知识，分层次地录入思维导图。

D. 调整方式，即摈弃不关注的知识内容，选择关注的知识内容。

E. 论证引入，即将内容和论证放入相应分枝中，完成整体框架的构建。

F. 细化语言，即细化每个分支的逻辑性和语言，形成逻辑清晰的思维导图。

H. 处理杂项，即保存有用的杂项，消除与整体框架无关的东西。

G. 内容归档，即将教学内容分门别类地归入思维导图，完善框架构架和内容体系。

例如，《道德与法治》九年级教材第一单元“富强与创新”，内容包括“富强”和“创新”两个方面。在“富强”这一内容当中，我们要充分认识改革开放所取得的伟大成就，深刻理解改革开放是决定当代中国命运的关键抉择和当代中国最鲜明的特色，重点掌握党的基本路线、社会主义的本质、我国社会主要矛盾的转化、改革只有进行时的原因和实现共享发展成果的措施。在“创新”这一内容当中，我们要深刻认识创新改变生活，深入理解创新的重要性，客观看待我国科技创新的现状，重点掌握创新精神的表现、建设创新型国家的要求和倡导万众创新的原因。因此，我们就可以运用思维导图对“富强与创新”这一单元的知识结构加以归纳和概括（见图 8−13）。

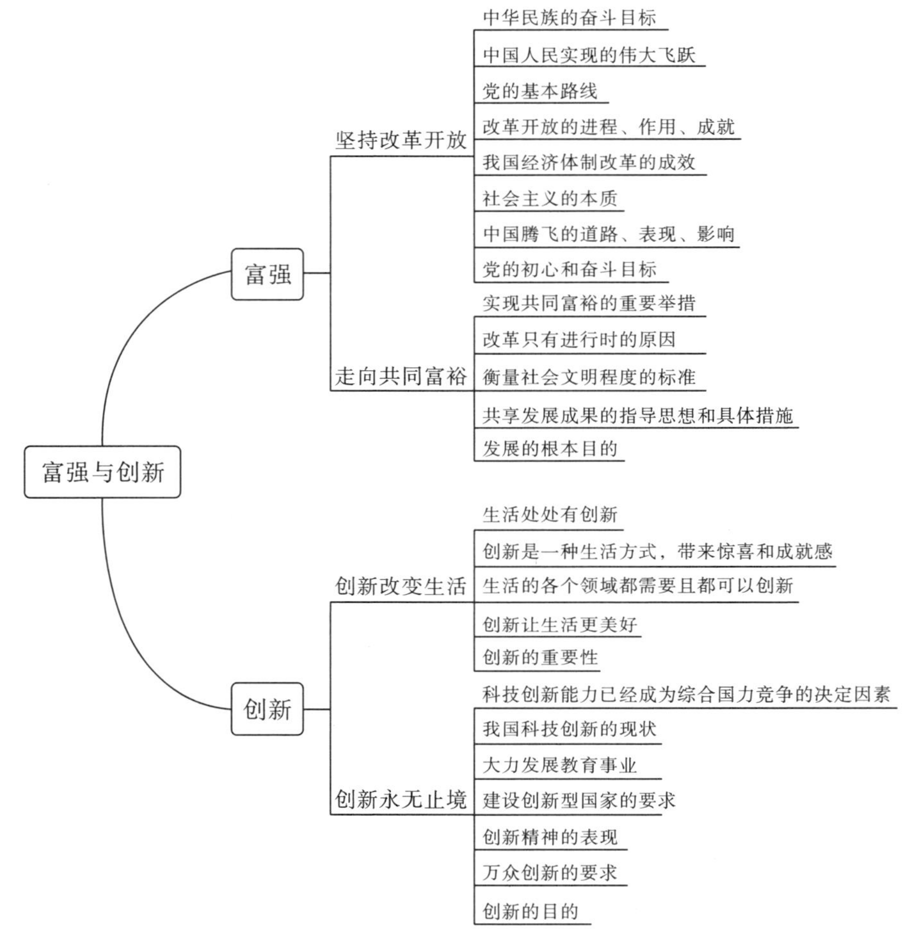

图 8－13　部编教材九年级第一单元知识结构思维导图

（4）培养思辨意识。所谓“思辨意识”，更多的时候是指一种独立思考的意识。有无这种独立思考的意识，往往决定了人的思维品质。人缺少了这种独立思考的意识，也就失去了思辨意识。围绕落实立德树人根本任务，着眼培育和发展学生核心素养，中学思政课教学要善于培养学生的思辨意识。因为思辨既是一种思考方式，也是一种问题引导；既是一种教学支架，也是一种思维发展。中学思政课培养学生的思辨意识，可从两个方面着手：

①在理论认识上，需要优化培养学生思辨意识的策略。具体来讲，在教学中，要明确以下几点内容：

A. 完善学生思维体系。根据学生的年龄特征和认知特点，丰富和完善学生的思维体系，着力培养学生的批判性思维、逻辑思维、系统思维等良好思维品质。

B. 培养学生追问习惯。倡导学生要“知其然”，更要“知其所以然”，鼓励学生从现象表层找背后原理、规律等，养成“打破砂锅问到底”的好奇心与探究习惯。

C. 允许学生保持怀疑。“学起于思，思源于疑。”要培养学生的质疑精神，鼓励学生养成乐于思考和善于推理的习惯，以议解疑、议中求理，敢于对现有结论提出质疑。

D. 闭环学生思维链条。培养学生的思辨意识，思维的链条一定要闭环。也就说，知识—核心理论—思维—心智持有的信念要闭环，不能只强调某一部分。

E. 加强学生元认知训练。针对学生思维存在的短板和弱项，有意识地引导学生对自己的认知过程及结果进行有效反馈和调控，强化学生对思辨意识的元认知训练。

F. 鼓励学生寻找事实。人的思考最基本的只有两种，一种是自动化思考，一种是有意识思考。培养学生的思辨意识，要鼓励学生养成有序思考的意识，并能寻找事实验证。

②在实践操作上，需要优化培养学生思辨意识的路径。具体来讲，在教学中，需要做好以下几点：

A. 以社会践行为先导，夯实学生思辨意识根基。培养学生思辨意识的根基是生活体悟与社会践行。思政课教学应引领学生以社会践行为先导，通过社会生活融入与人际交往参与，获得广泛而真实的感悟。这既是养成学生思辨意识的必经阶段，也是夯实学生思辨意识根基的磨砺过程。

B. 以教材主题为引领，延展学生思辨意识空间。教材有严谨有序的知识框架体系，能带给学生理性思考的学习空间，但这并不意味着教材主题学习就必然能帮助学生养成思辨习惯。因此，师生互动需要从课内延伸到课外，借助教材主题进行生活化分解，拓展学生思辨意识的培养空间。

C. 以个性解读为抓手，鼓励学生思辨意识自由。鼓励学生在解读教材观点时，善于将个人见解融于课程知识理解，面对不正确或需要完善的观点，勇于表达否定态度并以自己的思考予以修正或补充，从而把自身观点、教材观点和他人观点有机结合，使学生对教材的个性化解读与创新思考要求保持一致。

D. 以合作探究为路径，营造学生思辨意识氛围。培养学生的思辨意识，以感性学习带动和促进理性学习，需要更多的思辨行为和实践机会。学生个体探究往往存在个体局限性，需要引导学生开展合作探究，营造资源互助、思维碰撞、成功共享的学习氛围。这种提供学生更多思辨行为和实践机会的互动氛围能有效刺激学生的思辨意识生根发芽。

E. 以社会热点为契机，释放学生思辨意识潜力。关注时事尤其是热点新闻或焦点事件，是思政课的时政性特点。思政课教学应让学生有意识地将课内教材知识和课外热点事件关注有机衔接起来，借助对热点事件背景、经过、结果的了解，在纷繁复杂的社会现象或问题面前增强理性思考的能力，使学生的思辨意识更具创造性。

F. 以考试资源为载体，破除学生思辨意识藩篱。作为立德树人的关键课程，思政课教学要打破教学与考试之间的屏障和藩篱，让学生感受教学与考试是培养思辨意识的“一体两面”，帮助学生实现在道德学习、道德思辨和道德践行一体化上的生命成长。

（5）弘扬人文精神。中学思政课是一门人文性极强的学科，对于发展学生核心素养、培养学生人文精神、厚植学生家国情怀、增强学生责任担当等都发挥着极为重要的作用。

在当前，思政课的人文精神并未得到充分弘扬和发挥。针对思政课存在人文精神缺失及其缺失的具体原因，推进立德树人导向下中学思政课教学改革，应着力采取以下四个对应措施：

①明晰生活逻辑关系，以自爱作为人生起点。要培养人文精神，我们首先得明白什么是人，然后再想办法培养人。无论是“修身、齐家、治国、平天下”，还是“穷则独善其身，达则兼济天下”，都启示我们教育首先要做的是教育孩子自爱，在懂得自爱的道理之后再推己爱人，并将自爱与自私严格区分开来，实现自爱与爱人、自己与外界的完美统一。

②摈弃功利思想，以美育培养爱的精神。当我们眼中只有功利时，万事万物在我们看来只可能分为两种，即有用或无用。这尽管可能让我们快速达成目标，但也让我们失去了生活的趣味、探究的热情。在思政课教学中，如果我们只是说生命的价值，而不引导学生探究美、发现美，那我们最终并不能让学生真正认识它的意义。

③丰富教学形式，以活动生发学习激情。教学应以优美的诗歌拨动学生心弦，以丰富的想象拓宽学生视界，以生活的实例让学生感受真善美。在一部分人眼中，思政课就应当是严肃认真的说教，需要摆出一副老学究的面孔，说出一番大道理，才是学科应有的态度。其实不然，空头说教只会让人反感甚至反抗，达不到应有的教育目的和效果。

④打破学科壁垒，以跨界获得整体美感。知识只有作为一个整体，才会给人带来美感。如果将我们现在所有的学科整合成一门学科，显然是行不通的。因此，打破学科壁垒的唯一方法就是教师多读书，扩大自己的信息量和知识储备量，以自身的渊博知识和深厚学养赢得学生的钦佩和尊重，这样才能引领学生热爱学习和生活，实现生命的价值和成长。

（6）处好四种关系。根据推进新课程教法改革出现的新趋势和新特点，围绕落实立德树人根本任务，着眼培育和发展学生核心素养，着力于推进立德树人导向下的中学思政课教学改革，思政课教学要善于处理好四种关系：

①教学目标规划中的三维目标与核心素养的关系。从三维目标到核心素养，是新时期我国课程改革的标志。知识目标是基础，能力目标是主导，情感态度价值观目标是灵魂，三者紧密联系、相互渗透、相互促进。在教学过程中要努力处理好知识、能力与情感态度价值观三者之间的关系，找准平衡点，既关注知识传授、培养学生能力，又发展学生情感态度价值观、落实核心素养，培养全面发展的人。

②课程设计优化中的教材体系和教学体系的关系。教材体系主要是指课程标准、课程目标和教材内容，是为了达到课程目标而构建的表达体系，核心是采用什么样的教学方法与手段以完成课程目标，以服务于学生成长和发展需要。很明显，教材体系是构建教学体系的基础，教学体系是教师为了实现课程目标而对教材体系进行的加工和改造。思政课教学必须立足教材、研读教材，根据形势变化和学生实际联系生活用好用活教材，使课堂教学更具科学性、逻辑化，更符合学生成长的实际需要。

③思维和谐共振中的教师主导与学生主体的关系。以教师为主导，就是要求教师逐渐摆脱在课堂上的权威地位，走入学生，通过与学生沟通、合作、对话，发挥指导者、组织者、激励者的作用。以学生为主体，要充分认识到教学的着眼点和落脚点应是学生的“学”，教师主导与学生主体生动地构成了师生之间相互依存、相互制约、相互吸引和合作共进的关系。好的课堂应让学生的思维深度、宽度和高度得以有效提升，教师主导作用和学生主体作用得以充分发挥。

④教学流程操作中的课前预设与动态生成的关系。在课堂教学中，教材和教案只是剧本，教学如同实际演出，若要把戏演得精彩，需要导演独具匠心地诠释剧本，需要演员各尽其能地演绎角色。教师既要忠实于“原作”，又要根据具体情境进行必要的调整、修正，甚至大胆创造。因此，预设是生成的重要前提，生成是预设的超越和发展。没有充分的预设，就不可能有精彩的生成。

预设越充分、越科学，生成就越有效、越自然。向未知方向挺进的课堂旅程，随时都有可能发现意外的通道和美丽的风景，这需要教师要提高驾驭课堂教学的能力，机智、迅速、灵活处理教学生成资源，从容面对学生，真诚对话，才能收获未曾预约的精彩。

（二）方法创新

围绕落实立德树人根本任务，着眼培育学生核心素养，推进立德树人导向下中学思政课教学改革，必须进行教学方法改革和创新。中学思政课教学进行方法改革和创新，可以探索以下有效途径。

1. 深化情境育人

（1）情境育人的含义。所谓“情境育人”，就是通过设计既有意思又有意义的育人情境，引发学生热烈而丰富的情感体验，引导学生进行深度探究。情境育人作为思政课最常见的理想育人方式，深受广大中学思政课教师的推崇。但从当前中学思政课教法改革的实践情况来看，情境育人发生了四大转向：一是主题情境涵养学生核心素养，二是主题情境培养学生探究能力，三是主题情境提升学生语言表意，四是主题情境发展学生思维能力。

（2）情境育人的要求。根据中学思政课情境育人发生的四大转向，推进立德树人导向下中学思政课教学改革实践，深化情境育人，需要着力从三个方面下功夫：

①情境设计：从有意思转向有意义。思政课教学需要设计生动活泼的育人情境，帮助学生积极主动构建道德认知、涵养道德情感、锤炼道德意志，最终形成良好道德行为。思政课育人情境的“有意思”在于激发学生兴趣。兴趣是最好的老师，要让学生学会学习、学会思考，就必须激发学生学习兴趣，以乐学实现善学。因此，教师在设计育人情境时，必须关注学生兴趣，让情境设计富有意思。然而，情境设计的理想境界不在于“有意思”，而在于“有意义”。杜威指出：“如果没有思维，那就不可能产生有意义的经验。因此，学校必须提供可以引起思维的经验情境。”“有意义”的育人情境设计，应基于生活、基于问题、基于经验。教师要让情境设计从“有意思”转向“有意义”，让学生从关注情境本身转向关注情境背后的潜在价值。

②情境体验：从知识灌输转向情感互动。教师和学生是课堂教学的两大主体，厘清并处理好他们之间的关系，对于促进教学质量提升有着极其深远的影响。因此，强化学生的情境体验意识，注重师生双向情感互动，成为思政课情境育人理念的又一转变。思政课情境育人的实施，应高度关注师生情感互动，

帮助学生在情境体验中引发情感体验，在情感体验中入情入境，促使教师的教与学生的学有机结合起来，实现从知识灌输向情感互动的转变。简单来说，情感互动既要有学生的情感流露与情感表达，也要有教师的情感投入与情感回应。在情境体验的基础上，学生发自内心地流露思想感情、表达独特体验、体会学习快乐；对学生的真情流露与表达，教师应给予关注并做出有效回应。

③情境探究：从浅层学习转向深度学习。探究性是思政课情境育人最主要的特征。情境探究作为一种教学方法，需要引领学生从浅层学习转向深度学习。浅层学习与深度学习的区别主要体现在三个方面：第一，浅层学习是一种被动接受，而深度学习是一种主动建构；第二，浅层学习只关注结果，深度学习关心结果，更关注过程；第三，浅层学习意味着记忆与复述，深度学习则意味着理解与建构。情境探究过程要求学生学会运用深度学习，主动构建情境与教材、情境与知识之间的关系，不仅要探寻情境所蕴含的育人知识，更应主动思考如何将育人知识内化并迁移到自己的一言一行中，切实做到内化于心、外化于行。因此，在思政课教学中，教师设计情境探究，要充分挖掘和实现情境探究的育人功能，切实培养学生的政治认同、科学精神、法治意识和公共参与能力，真正实现从浅层学习到深度学习的转变。

（3）夯实主题情境探究学习的着力点。为切实扭转当前中学思政课教学中存在的情境育人不够充分的问题，思政课教学还需要有效夯实主题情境探究学习的着力点，以培育学生学科核心素养和落实立德树人根本任务。所谓“主题情境探究学习”，是指师生在思政课教学中，根据课程标准、学科特点和学生认知规律，选择由某一个主题贯穿课堂学习始终的主题情境，并将主题情境一以贯之。师生在主题情境的引领下，以问题为纽带，随情境的逐步发生、发展、变化，相应生成问题、即时解决问题，从而让学生在自主学习、合作学习和探究学习中，在不断解决问题中主动分析教材、学得知识，学会探究、发展能力，提升品质、长智明理。具体来看，夯实主题情境探究学习的着力点，需要着力从五个方面出发。

①课堂学习探究化——注重主体参与。思政课主题情境学习，要求变传统直接划要点、讲观点、教原理、给结论的教学方式为学生自主学习、探究学习的教学方式。教师要转变学生“伸手要答案”的固有思维，引导学生带着问题，以主人翁精神开展自主学习、深度学习。在自主学习中尝试独立解决问题，并带着疑惑与同学开展小组合作学习，在合作中相互启发、相互借鉴、共同成长，在合作中共同探究未知、明辨是非、碰撞智慧。

②探究学习问题化——面向问题解决。探究学习不是茶馆式的闲聊和无稽

之谈，不是吵吵闹闹的起哄和虚张声势，更不是简单的“图热闹”。思政课教学深化情境育人以问题解决为核心，在不断解决问题中，收获知识、收获能力、收获品德。当然，教师创设的问题必须有较高质量，需要精准把握好度，特别要考虑问题与学生认知能力和水平的匹配程度，让学生在不断解决问题中生成新问题，进而展开更深入的探究，提高学生发现问题、提出问题和解决问题的能力。

③问题学习情境化——关注情境创设。思政课如果没有鲜活的案例和情境，仅仅是空洞的说教，就会显得相对枯燥。如果将问题穿插于情境，让学生置身于具体情境，他们就不会有枯燥乏味的感觉。因此，激发学生探索思政课的观点和原理的兴趣，靠说教不行，靠死记硬背更不妥，而采用情境探究学习是一条重要的途径和方法。教师要不露声色，巧妙依托教学情境，将问题引入情境之中，引导学生在情境、问题、教材的结合中探索真知、明白道理，使课堂生动活泼。

④情境学习主题化——着意统整优化。情境学习的优势显而易见，不少思政课教师习惯性地将身边案例引进课堂，激发学生学习兴趣。但没有经过统整的案例或情境会让课堂变得非常散乱，学生会听得一头雾水。因此，有经验的教师往往会精心思考和设计主题情境，把所有教学内容贯穿于一个情境之中，以主题情境为核心，串联、统整教学。学生就会在主题情境的引导下步步探究，解决教学探究的重点问题或难题。这样的教学十分有理、有据、有力。

⑤主题学习生活化——强调经验迁移。生活即学习，理论联系实际是思政课教学必须遵循的基本原则。如果主题情境离学生生活实际较远，就难以引发学生共鸣。面对陌生情境，学生无话可说、无趣探究。唯有来源于学生身边实际和已有生活经验，特别是学生在日常学习、生活中感同身受、耳闻目睹，摸得着、看得见、想得到的情境，才能拉近学生情感距离、缩短学生认知距离，学生的认知才能真真切切，考虑问题才能明明白白。

2. 采用案例教学

案例教学是思政课常见的教学形式。围绕落实立德树人根本任务，着眼发展学生核心素养，推进立德树人导向下中学思政课教学改革，案例教学务必要注重案例的思想性、典型性、时代性、深刻性、科学性、真实性、针对性、哲理性、启发性、现实性、生动性、适度性、融合性、多样性、本土性等特征和要求，使案例教学的问题富有层次性、讨论具有开放性、结论具有超越性，既完成教学重点，又突破教学难点，达到教育人和启迪人的教学目的。例如，在教学九年级《民事权利和义务》一课时，为了给学生讲清“履行法定义务”这一教学难点，老师可给学生列举以下两个案例，通过引导学生分析案例，切实弄清权利与义务的正确关系。

案例一：40 岁的王某决定放弃继承其父合法财产继承权，以此为由，王某拒绝赡养其母，结果受到人民法院的判决和强制执行：每月付其母生活费 800 元。请问：法院做出这一判决的法理依据是什么？

案例二：原告张某（男）与被告王某（女）在 2007 年月 1 月登记结婚，2008 年生育一子。后因性格不合，于 2010 年协议解除婚姻关系。双方达成协议如下：1. 由张某抚养孩子，抚养费自理。2. 王某放弃对孩子的探视权。请问：张某和王某的协议是否有法律效力？请说明理由。

通过分析案例一，学生可以明白，在遗产继承关系中，民事主体可以选择放弃继承遗产的权利，但不能以放弃继承遗产为由，拒绝承担赡养父母的义务。因此，人民法院对王某做出了上述判决。简单来说，在民事法律关系中，权利可以放弃，但义务必须履行。

通过分析案例二，学生可以明白，张某和王某的协议不具法律效力。其理由有二：第一，协议第一条，由张某抚养孩子，且抚养费自理，若属双方真实意思表示，则法律可以予以确认。第二，协议第二条，王某放弃对孩子的探视权，无论是否属于张某和王某的真实意思表示，都不具有法律效力。因为探视权既是权利又是义务，虽然权利主体可以选择放弃权利，但义务主体必须履行法定义务。因此，在本案中，当事人不能在调解协议中自愿放弃对未直接抚养的婚生孩子的探视权，对于自愿放弃探视权的调解协议，因违反《婚姻法》等有关法律规定，法院应不予确认。其法理依据在于：第一，探视权是一种身份权，只要父母与子女的身份关系存在，探视权就应该是非抚养子女方的法定权利。第二，我国《婚姻法》规定父母与子女间的关系，不因父母离婚而消除。离婚后，子女无论由父或母直接抚养，仍是父母双方的子女。第三，设立探视权的立法目的在于保证非抚养一方能够定期与子女团聚，弥合因家庭解体给父（母）子（女）造成的感情伤害，保障未成年子女的身心健康和成长进步。从子女的身心健康出发，不与子女同居住的父（母）亲既有权利又有义务看望子女，子女也有与不同居住的父（母）亲交流的渴望，因此探视权不仅是父母的权利，也是子女的权利。因此，本案中张某和王某虽协议解除了婚姻关系，但双方仍是子女的父母，这种身份关系仍然存在。探视权作为一种身份性的权利，王某既无权放弃，张某也无权剥夺。

这样，通过两个典型、深刻的教学案例，既完成了教学重点，又突破了教学难点，达到了教育人和启迪人的教学目的。

3. 搞好现身说法

现身说法是思政课教学的一种特有教学方法。所谓现身说法，是指将教师或学生的自身特点、生活经历、兴趣爱好、人际交往等作为教学素材，适时融入课堂教学，活化教材，突出学生主体地位，构建学生感兴趣的生活化课堂，建构开放的、动态的高效化课堂。中学思政课根据教材内容和师生实际，采用现身说法的教学方法，是极好的生活性、真实性教学素材，能打动人心、深入人心，唤醒主体意识，发挥主体作用，可以收到良好的教学效果。在具体教学实践中，可以采取以下有效策略：

(1) 巧用教师姓名资源，扣动学生心弦。思政课教师不仅要向学生教授知识，更应该传递思想、情感等。学生对教师生活充满崇敬和好奇，而真实的东西最具生命力和说服力，更易激发学生思维。在思政课教学中，教师可抓住学生对教师姓名的好奇心，现身说法，扣动学生心弦，增强他们的参与热情和学习欲望，从而将深奥的教材内容浅显化、生活化。

(2) 用好教师个人经历，走进学生心灵。个人经历是个人生活的浓缩。针对教学内容，教师将个人经历以视频、故事、图片展播等方式呈现在学生面前，提升课堂教学的亲和力。其实，无论是教师的生活缩影，还是特殊生活经历，都饱含着深刻的情感体验，这种情感的传递就是情感、态度、价值观的实现，它更容易为学生所认可和接受从而影响和感染学生，更容易启发学生品味人生、正确对待人生，起到润物无声的效果，达到教与学水乳交融的境界。

(3) 重视同伴资源运用，分享学生生活。《义务教育思想品德课程标准(2011 年版)》强调：教师要善于利用并创设丰富的教育情境，引导和帮助学生通过亲身经历与感受，在获得情感体验的同时，深化思想认识。生活是教育的源泉，学生根据自己的兴趣爱好和生活经验去感知、体验。所以，以同伴真实生活经历为例，把生活素材引入课堂，能让学生在体验生活的过程中掌握知识、发展能力、获得道德品格，实现教材文本与生活的完美对话。

4. 开展时政播报

“风声、雨声、读书声，声声入耳；家事、国事、天下事，事事关心。”由于思政课具有时政性和实践性，因此开展时政播报，既是推进立德树人导向下中学思政课教学改革的内在要求，也是提高教育教学质量的客观需要。中学思政课开展时政播报，常见的形式有以下几种：

(1) 共同约定的播报。时政播报是一种极好的思政课教学形式，深受师生喜爱。为使时政播报有良好的教学效果，教师需要对时政播报的流程、内容和评价做出明确规范和共同约定，如时政播报的内容主要是国内外重大时政热点；材料主要以图片、短视频为主，视频长度一般为3～5分钟，图片要配简要文字；播报结束后，其他同学可以补充、提问、质疑，最后教师做点评补充。播报过程中要重点突出、思路清晰、声音洪亮、仪态大方，能够对播报内容进行有效解说。作为学习过程性评价，时政播报应记入学生学科综合性评价。因此，共同约定的播报实质上体现的是时政播报的规范化要求。

（2）兴趣贯穿的播报。中学生进行时政播报，需要有一个引导和培育的过程。其中，最重要的是让学生从中获得探索的乐趣、思考的乐趣。只有这样，时政播报才是鲜活的、富有生命力的。为解决这个问题，时政播报的内容必须实现多样化。播报的内容既可以是国内外重大时政新闻，也可以是身边发生的社会热点问题；既可以是政治、经济、文化、科技、军事、体育等时事大事，也可以是城市建设、环境保护、民生、社会公德等社会热点问题。播报内容多样化，可给予学生更多的关注自由，拓宽学生视野，真正把时政播报打造成学生放眼世界的舞台。因此，兴趣贯穿的播报实质上体现的是时政播报的多样化要求。

（3）深入思考的播报。对于中学生来讲，重大时政新闻理解起来还是有一定难度的。如果浮于事件表层播报，不过是走马观花罢了，学生很难有收获，更谈不上提高学科核心素养。学生要关注国家和社会，就须先具备相关的基本知识和习得方法。为此，我们提倡对时政新闻进行纵向或者横向挖掘式报道，不仅要报道事件本身的发生过程，还要报道相关事件背景、影响和主流媒体评论。这样，让学生由点到面，循序渐进地培养“知其然，知其所以然”的思维习惯和自主学习能力，培养他们通过已知推测和判断未知的能力，既尝试理性、全面地思考问题，又学会用积极的态度展望未来。因此，深入思考的播报实质上体现的是时政播报的纵深化要求。

（4）百家争鸣的播报。时政播报的意义远不止播报，更在于播报在学生心中引发的触动，激发学生补充、质疑和思辨的力量。为了引导和帮助学生，使播报向完整、全面和深刻的方向发展，可以设置补充、提问、质疑环节。这样，在学生播报完成后，还可以给其他学生补充和发表不同见解的机会，允许和鼓励提出不同观点。这样的环节设置，可让学生产生观点碰撞和思想交锋，在碰撞和交锋中产生智慧火花，进而促进学生成长。在这一过程中，学生展现的思维深度和视野广度会令人感到惊喜。广泛参与的环节可很好地激发学生关注时政要闻的兴趣，学生亦可找到可以绽放精彩的舞台。因此，百家争鸣的播报实质上体现的是时政播报的全员化要求。

（5）专题综合的播报。专题时政播报是以一个核心事件为中心，辐射相关事件或问题，或者就某一核心事件的不同角度进行深入分析和思考。内容可以由事件的背景材料、发展过程、事件影响、与其他事件的相关性分析、多样的主流评论和播报人的感悟认识等组成。这样的时政播报可打破学科界限，由点及面，融合其他多个学科知识和思维方式，又通过这种融合回归生活，指导学生成长。这种播报形式还能契合新课改学科融合、发展核心素养和落实立德树人的新理念。在这一活动过程中，学生可逐渐养成看《新闻联播》《世界周刊》《焦点访谈》等新闻节目的习惯并进行讨论，可有效提高学科学习能力，发展学科核心素养，增强立德树人实效。因此，专题综合的播报实质上体现的是时政播报的专题化要求。

5. 开展社会实践

深化课程改革，发展学生学科核心素养，落实立德树人根本任务，要求思政课教学必须联系社会生活，开展社会实践。下面以初中思政课为例，具体分析思政课开展社会实践的实施依据、实施要求和实施途径。

（1）思政课开展社会实践的实施依据。从实施依据来看，初中思政课开展社会实践的课程依据主要有四点：

①课程性质决定了思政课必须开展社会实践。思政课的课程性质主要体现为思想性、人文性、实践性、综合性。就实践性而言，要求思政课教学从学生实际出发并将初中学生逐步扩展的生活作为课程建设与实施的基础；注重与社会实践的联系，引导学生自主参与丰富多样的活动，在认识、体验与践行中促进正确思想观念和良好道德品质的形成和发展。就综合性而言，初中思政课有机整合了道德、心理健康、法律和国情等多方面的学习内容；与初中学生的家庭生活、学校生活和社会生活紧密联系；将情感态度价值观的培养、知识的学习、能力的提高与思想方法、思维方式的掌握融为一体。因此，无论是思政课的实践性，还是思政课的综合性，思政课的课程性质决定了思政课教学必须联系社会生活开展社会实践。

②课程理念决定了思政课必须开展社会实践。《义务教育思想品德课程标准（2011年版）》在“课程基本理念”的第（二）部分“初中生逐步扩展的生活是课程的基础”中明确指出：思想品德是人在对生活的认识、体验和实践过程中逐步形成的。同时，第（三）部分“坚持正确价值观念的引导与学生独立思考、积极实践相统一是课程的基本原则”又明确提出：思想品德的形成与发

展，离不开学生的独立思考和积极实践，国家和社会的要求只有通过学生的独立思考与实践才能为学生真正接受。思想品德课程将正确的价值引导蕴涵在鲜活的生活主题之中，注重课内课外相结合，鼓励学生在实践中进行积极探究和体验，通过道德践行促进思想品德的健康发展。因此，思政课的课程理念决定了思政课教学必须联系社会生活，开展社会实践。

③课程设计决定了思政课必须开展社会实践。《义务教育思想品德课程标准（2011年版）》在“课程设计思路”中明确提出：思想品德课程以初中学生逐步扩展的生活为基础，以学生成长过程中需要处理的关系为线索，有机整合道德、心理健康、法律、国情等方面的内容，进行科学设计。初中学生逐步扩展的生活，尤其是处在青春期的初中学生的身心发展特点是思想品德课程设计的基础，课程从学生的生活实际出发，直面他们成长中遇到的问题，满足他们发展的需要。初中阶段的学生需要进一步学习正确处理与自我、与他人和集体以及与国家和社会的关系。这三组重要关系依次构成了本课程的三大内容板块。每一内容板块中均涉及道德、心理健康、法律和国情等方面的具体内容。因此，思政课的课程设计思路决定了思政课必须联系社会生活，开展社会实践。

④课程目标决定了思政课必须开展社会实践。《义务教育思想品德课程标准（2011年版）》在“课程目标”中明确提出：思想品德课程以社会主义核心价值体系为导向，旨在促进初中学生正确思想观念和良好道德品质的形成与发展，为使学生成为有理想、有道德、有文化、有纪律的社会主义合格公民奠定基础。就思政课的课程目标而言，无论是让学生学会正确处理与自我、与他人和集体以及与国家和社会这三组重要关系，还是让学生正确理解道德、心理健康、法律和国情等四大板块的具体内容，要达成知识目标、能力目标和情感态度价值观目标，都要求思政课教学要密切联系社会生活，组织学生开展社会实践，让学生在具体的情境体验中加深认识，深化感悟，丰富情感，提升能力。因此，思政课的课程目标决定了思政课必须联系社会生活，开展社会实践。

（2）思政课开展社会实践的实施要求。从实施要求来看，初中思政课开展社会实践必须把握以下五点根本要求：

①准确把握课程性质，全面落实课程目标。思政课教学应准确把握思想品德课程的综合性，以学生健康成长需要处理的主要关系为线索，将道德、心理健康、法律、国情等内容进行有机整合、科学设计、避免将这些内容割裂开来，分块进行教学。同时，应准确把握思想品德课程的德育性，避免概念化、孤立化地传授和记诵知识，努力使知识的学习及学生服务于学生思想道德发展

的需要。

②强调与生活实际以及与其他课程的联系。教师要深入了解学生的学习需求，面向丰富多彩的社会生活，开发和利用初中生已有的生活经验，选取学生关注的话题组织教学，为学生的思想道德成长服务。思想品德课程实施者应增强课程的开放性，积极开发各门学科中的相关资源，加强与其他课程的有机联系和融通，形成教育合力。

③创造性地使用教材，优化教学过程。教材是学生学习的基础性资源，教师要了解研究教材的整体布局，把握教材具体内容在单元和整套教材中的地位、任务，根据课程标准，设定鲜明而集中的教学目标。在合理使用教材的基础上，教师应创造性地组织教学内容，设计合理的教学结构，灵活采用多种教学方法和手段，优化教学过程，提高课堂教学水平。

④注重学生的情感体验和道德实践。情感体验和道德实践是最重要的道德学习方式。教师要善于利用并创设丰富的教育情境，引导和帮助学生通过亲身体验与感悟，在获得情感体验的同时深化思想认识。教师还要为学生提供直接参与实践的机会，提高他们道德践行的能力。

⑤引导学生学会学习。在教学中，教师要激发学生的学习积极性，引导学生通过调查、参观、讨论、访谈、项目研究、情景分析等方式，主动探索社会现实与自我成长的问题，在合作和分享中扩展自己的经验，在自主探究和独立思考的过程中增强道德学习能力。

（3）思政课开展社会实践的实施途径。从实施途径来看，初中思政课开展社会实践的形式主要有以下几种：

①开展志愿服务。思政课教学要结合教材内容、学校实际和师生状况，积极开展以社会主义核心价值观为引领、以公益活动为导向、以志愿服务为载体的社会实践活动，引导和帮助学生理论联系实际，真正让学生做到知行合一。志愿服务可以是慰问老人、关爱儿童、保护环境、服务社会、温暖校园等，教育和引导学生在参与志愿服务活动中将课堂上的道德观与价值观实实在在地落实到日常生活中，以发扬“奉献、友爱、互助、进步”的志愿服务精神，进一步激发学生服务社会、关爱他人、奉献自己的家国情怀和强烈的社会责任感。

②组织参观访问。按照理论联系实际的教学要求，思政课教学要坚持贴近实际、贴近生活、贴近学生的教学原则，大胆探索和创新课堂教学改革，促进思政小课堂与社会大课堂的有机融合，积极组织学生开展参观访问活动。通过组织学生实地参观、考察各类纪念馆、博物馆、科技馆、展览馆等爱国主义教育基地或素质教育实践基地，拓宽学生视野，增加学生见闻，丰富学生体验，

切实增强学生思政课的针对性与实效性、说服力和感染力，引导学生矢志不渝听党话、跟党走，真正把爱国情、强国志、报国行自觉融入实现中华民族伟大复兴的奋斗之中。

③实施探究学习。围绕落实立德树人根本任务和发展学生学科核心素养的要求，思政课教学要根据教学目标和认知规律，坚持“以学生为主体”的教学理念，遵循“以学生发展为本”的教学原则，从学科领域和现实生活中确立探究课题，并使之具有实践性、开放性、主动性、过程性和探究性。教师要综合运用创设情境、提出问题、探究学习、成果展示、总结评价、课后延伸等教学环节，引导学生通过观察、动手、探究、合作、交流等活动，深刻体验获得知识、技能和态度的学习方式与学习过程，培养学生的创新精神和实践能力，为学生持续学习和终身发展打下坚实基础。

④开展社会调查。推进立德树人导向下中学思政课教学改革，思政课教学要切实坚持理论与实践并重的原则，积极组织学生广泛开展社会调查活动。社会调查既是思政课教学的重要方法，也是思政课教育的重要内容。教师要善于引导学生结合经济社会发展的重要问题开展调查研究，并切实加强对调研选题、调研途径、调研过程的管理和指导，培养学生用发展的眼光、求是的态度、科学的方法正确看待社会现象和问题，提高分析和解决问题的实际能力，并撰写高质量的社会调查报告，向相关部门提出合理化的意见或建议，切实增强服务社会意识，强化社会责任担当。

⑤推进研学旅行。推进立德树人导向下中学思政课教学改革，要有针对性地开发多种类型的研学课程，将研学旅行作为对学生进行理想信念教育、爱国主义教育、革命传统教育、国情教育的重要载体。要以爱国教育、人文历史、科学探索、生涯规划等特色研学课程，促进学生培育和践行社会主义核心价值观，感受中华优秀传统文化和革命光荣历史，传承优秀民族文化；要以“体验式学习”的方式让学生走进真实的自然和社会，触摸真实的历史与文化，培养科学的研究方法；要将活动和学科交叉融合、科学素养与人文精神并重，提高学生综合运用知识解决问题的能力和创新能力；要注重引导学生实施生涯发展规划，自主建构完善的自我成长体系，最终实现研学旅行和校本课程的有机融合。

6. 课堂需要安静

大多数老师会认为，热闹的课堂才有课堂气氛，才有课堂教学效果，才能培育学生核心素养。而实际上，课堂的核心是学生有效学习，学生的积极思考才是课堂的灵魂。因此，思政课教学在追求课堂气氛、鼓励学生积极参与的同时，也应当重视保持课堂安静的特殊作用。只有让“安静”回归思政课堂，才能实现课堂因思维活动而深刻、学生因思考反省而成长。具体来讲，在思政课教学中，有四种情况特别需要发挥“安静”的特殊作用：

（1）阅读学习材料需要安静理解。思政课学习离不开教材、案例等各种阅读材料，指导学生阅读学习材料、培养学生阅读分析能力是教师的教学任务之一，也是学生提高学习质量、培养思维能力的前提条件。学生在阅读学习材料时，需要一个安静的环境和过程。如果教师留给学生安静阅读的时间与空间，在安静的氛围中学生就有耐心和细心仔细阅读、审视材料内容，经过分析、对比、判断等思维过程，理解和把握学习材料的背景、目的、内容和意义等。如果教师组织学生阅读学习材料时仓促、急躁或忙乱，学生心神不安宁、感知不通透、思考不周全，学习就会陷入被动，很难做到明晰学习目标、明确学习内容、积极动脑思考，就不能有效实现对材料的客观分析和深度理解。这样，势必导致学习材料不能发挥应有的作用，学生的学习是低效甚至无效的，无益于对学生思维品质的培养。

（2）交流讨论前需要安静分析。回答问题应该有的放矢，正确回答的前提是对问题进行有效思考。如果教师提出问题后，立刻让学生回答，没有经过冷静思考，学生的回答往往是浅显而不得要领的。教师在提出问题后，必须留给学生安静思考的时间。课堂似乎“冷场”了，但学生思维在跃动、内心在“争斗”。只有经过周密思考，学生的回答才能反映其真实的想法和认知，才能让教师明白学生内心的真实状态，掌握学生真实的认知情况。此外，小组合作探究是思政课常用的教学方式。小组合作探究交流必须建立在学生个人探究的基础上，不能剥夺学生思考的时间、思考的权利。在合作交流中，学生应该把心沉下来，这样的思维才有深度、才有广度，才能提出有价值的观点和见解。只有每个学生都有了自己的思考，小组合作才会体现出集体智慧的力量，讨论才能更深入，从而触及问题本质、引发师生共鸣，这样的交流和讨论才真实而富有意义。

（3）同伴讲解分析需要安静聆听。安静聆听是学生核心素养的重要内容，也是思政课有效教学的前提条件。在课堂上，无论是教师讲解，还是学生回答问题交流，都需要安静聆听。唯有静心聆听，才能听得清楚、听得仔细、听得入心，从而感知他人、明晰内容、体会想法、正确判断和科学选择。唯有听得明白，才能激发学习兴趣，调动学习积极性。反之，如果课堂上噪音此起、杂音彼伏，师生交流被打断，有效信息被掩盖，学生听到的都是没有意义的“声响”，这无疑会破坏课堂良好氛围，干扰师生正常交流，导致师生思维“断片”。因此，教师要引导学生以平和的心态，专心、耐心与细心聆听教师的点拨、同伴的想法，在充分理解他人观点的基础上，及时调整自己的想法和思路，发表自己的意见和观点。

（4）实践体验感悟需要安静反省。思政课的出发点和归宿是引导学生过积极健康的生活。因此，生活体验是学生学习的重要环节。经过理论层面的学习，学生在进行实践体验时需要静心思考体验的目的，细心梳理实践或体验的要求与内容，有计划、有步骤地进行实践活动。此时，学生内心应该是平静的，所要进行的体验活动要力求真实有效，必须鼓励学生真体验、真实践，真正达到明辨是非、明理践行的目的。学生在学习和实践后，要及时总结和反思，唯有安静地回忆实践体验的过程，分析每个实践环节，总结实践成果，反省存在的问题，才能更好地成长。在安静的氛围中，学生才敢真实地审视自己、剖析问题，诚实地面对自己，从而明晰得失，促进政治认同、科学精神、法治意识和公共参与的践行。

7. 让学生会说话

在课堂上，让学生想说话，这是动机问题；让学生能说话、有话说，这是教师设问问题；让学生会说话，这是学生学科能力问题。在思政课教学中，教师提出问题，常有学生“随便说”“翻书找”“问同学”等现象产生，师生互动无法产生应有的效益。因此，教师在教学互动中，应积极引导学生回答问题，让学生在回答问题中学会说话，培养学生学科口头表达能力。为此，在思政课教学中，需要特别注意四点：

（1）说话有依据，即引导学生回答问题能够在教材或案例文本中找到相应的证据以支撑自己的答案。尤其要指导学生抓住教材文本或案例材料中的关键信息和核心字词句来回答问题，以学科语言和专业术语来回答相关问题，提高答题的准确度和专业性。

（2）说话分角度，即指导学生回答问题能按照思政课的学科逻辑，分角度组织答案。就中学思政课而言，指导学生回答问题，一般要抓住“是什么”“为什么”“怎么做”三个关键问题，从认识、认同、践行三个层次，按思政课的学科逻辑分角度答题。这样的答案会比较聚焦，不会泛化而显得无的放矢。

（3）说话能完整，即鼓励学生回答问题能够完整陈述事件，尽可能从设问出发，并最终落脚到设问上。在学生回答过程中，教师不可因已经意会学生想要表达的内容而放松对学生完整表达的要求，让学生把话说完整、说清楚，逐渐培养学生陈述的习惯，并迁移至书面表达。

(4) 说话用术语，即规范学生回答问题，能用本学科语言准确回答问题。在学生回答问题过程中，教师要及时引导学生把口语化表达转化为学科术语表达，使其回答更加规范、更加严谨、更加专业化，这也是思政课学科核心素养的熏陶和立德树人的要求。

(三) 策略优化

根据新课程教法改革出现的新趋势和新特点，围绕落实立德树人根本任务，着眼发展学生核心素养，推进立德树人导向下中学思政课教学改革，按照习近平总书记提出的“八个相统一”的要求，必须创新优化教学策略，提高教学质量和育人实效。

1. 把握开课策略

所谓开课，就是新学期的第一堂“先导课”。受央视《开学第一课》的启发，每学期新授课开始之前讲好“先导课”，对学生学好新学期的教学内容具有重要的意义和作用。一般而言，讲好“先导课”，要遵循五个基本的开课策略：

(1) 聚焦核心素养，立德树人为本。教师要从梳理核心素养要点出发，创设真实问题情境，融合教材知识，变革学习方式，运用对话式、质疑式等教学方式，实现核心素养落地，落实立德树人根本任务。

(2) 把握教材结构，知识体系为要。教师要宏观把握教材内容与结构，构建系统、完整的知识体系，采用不同的方式研读教材，经历粗读、细读、连读三个步骤和取舍、整合、重构三个环节，追求广大与精微的统一。

(3) 关注社会热点，真实情境为体。教师要关注社会热点，选取素材，创设真实问题情境，实现教材知识与问题情境的有效融合。

(4) 开放问题设计，逻辑自洽为径。教师既要遵循情境内在逻辑做好预设，又要遵循学生思维逻辑关注生成，做好开放性问题设计。同时，教师要注重自由、民主氛围的营造，注重交流、对话方式的应用，不断将讨论引向深层。

(5) 渗透方法态度，价值引领为上。教师要关注知识点背后的学习方法、学习态度渗透及人生价值引领，站在培养“全面发展的人”的高度推进思政课教学改革实践。

2. 小组合作策略

小组合作是实施新课程改革的重要教学策略，也是课堂教学落实立德树人的重要途径。根据现代教学理论，小组合作人员搭配应遵循组内异质、组建平等原则：组间水平、能力相近，具有同质性；组内成员兴趣、偏好和能力各有差异、相互补充，产生“1+1>2”的效果。在分组时，应兼顾差异与公平，将每个学生作为一个异于他人的主体，关注显隐差异，组间起点要相对公平。为切实增强小组合作实效，需把握优化小组合作策略的四个核心要义或要求：自主学习是前提，任务驱动是关键，扩大参与是保证，设计问题是灵魂。此外，在小组合作学习中，还要关注过程与发展，并从两个方面切实优化小组合作学习评价：一是创设生活化情境，关注成果展示；二是及时点评，彰显评价魅力。

3. 动手操作策略

中学思政课教学优化动手操作策略，务必把握五个“有”字：

(1) 经验运用有生长。思政课需依托学生经验、着力动手操作，让学生教学过程中真正“动”起来，使得学生的经验运用有生长。

(2) 知识拓展有升华。思政课开展综合实践活动，不仅能让学生知识拓展有升华，而且能提高学生的动手实践能力。

(3) 能力提升有方法。教师需抓住有利时机、利用有效手段、贴近学生天性，在能力的提升处让学生动手实践操作，借以培养思维能力、提升方法技能、解决实际问题。

(4) 思维延展有深度。淡化理论知识说教，丰富学生实践操作，促进学生思维延展，教材内容有效整合，拓展思维的广度和深度。

(5) 情感培育有历练。指导学生动手操作，既可以深化学生对教材知识的理解，也可以增强学生对书本知识的运用，提高学生分析问题、解决问题的创新精神和实践能力，使之成为学生可贵的心路历练和宝贵的人生财富。

4. 考试命题策略

优化考试命题策略，是推进立德树人导向下中学思政课教学改革的重要组成部分。围绕落实立德树人根本任务，着眼发展学生学科核心素养，中高考命题测试指标体系已发生三大根本性变革：一是在命题立意上正在发生根本转变——由知识立意、能力立意向素养立意转变；二是在命题思路上正呈现出全新思路——构建以学科任务为导向的测评体系，形成以任务情境活动为核心的测评新思路；三是在命题要求上正在形成新的测评体系——把真实性评价由“情境真实、任务真实”推向“情境真实、任务真实、行为真实”的新阶段。适应中、高考命题的价值导向发生的三大根本性变革，优化中学思政课教学要务求达成三个基本目标：一是要培养学生对学科知识的整合能力，二是培养学生的学科专业语言表达能力，三是培养学生的学科思维方式与运用能力。

根据中高考呈现出的“一核四层四翼”的命题思路，中学思政课教学改革要解决四个具体问题：一是思政课教学要适应中高考命题测评指标体系中对立德树人根本任务的价值导向，二是思政课教学要适应中高考命题中出现的新视角与新取向给师生带来的新挑战，三是思政课教学要适应中高考命题构建基于学科核心素养的测评指标体系要求，四是思政课教学要适应中高考命题中“四个要素”与学科核心素养的联结。“一核”是指中高考的核心功能，包括立德树人、服务选拔、导向教学，它回答了“为什么考”的问题。“四层”是指必备知识、关键能力、学科素养、核心价值，它回答了“考什么”的问题。“四翼”是指基础性、综合性、应用性、创新性，它回答了“怎么考”的问题。“四个要素”，即立意、情境、设问、答案。具体来说，针对中高考命题呈现的新思路、新变化、新特点，中学思政课教学优化日常考命题策略，需要准确把握中高考命题的两大基本趋势：

（1）命题要体现素养立意。这要求从两个方面下功夫：一是创设试题真实生活情境。首先，情境设置结构化。其次，情境设置真实化。再次，防止情境知识化。二是精心创设整合性试题。首先，从题型角度讲，需要命制任务型试题。其次，从学科内容角度讲，减少命制只考查单一内容的试题。再次，从答题思维角度讲，增加运用发散思维的试题。

（2）命题要体现综合要求。综合性试题具有题干呈现形式综合、考查知识层次综合、考查学习能力综合、知识与思想综合等四个特点。命制综合性试题要把握三个基本要求：第一，从灵动角度选取材料，即材料呈现形式灵动、材料内容指向热点、材料凸显立意。第二，从逻辑和方法角度理清问题，即要明晰考查问题的难易程度和掌握不同类型问题的作答方法。第三，从多元能力角度关注训练，即培养提取有效信息能力、提升知识理解能力和强化灵活运用知识能力。

5. 课例反思策略

课例反思是思政课教学的重要组成部分。推进立德树人导向下中学思政课教学改革，需要教师切实优化课例反思策略。具体来讲，优化课例反思策略需要把握三个基本要求：

（1）基于对话，激发学生思考。在思政课教学中，教师与学生平等而生活化的对话，可给学生创造连贯思考、自由表达的平台，加深学生对教学内容的理解和认识。具体来看，对话应由点到面，对话的语言、语气、语调要优美而又幽默，对话内容要有趣、有料、有味，对话话题要贴近学生实际、符合学生最近发展区。

（2）板书借力，搭建思维导图。板书是反映教学内容的“镜子”，是教学引人入胜的“导游图”，是学生掌握知识真谛的“显微镜”，是开启学生思路的“钥匙”，是每堂课的“眼睛”。教学中，正确运用正板书和副板书，将会帮助学生建构清晰、准确的知识逻辑体系。

（3）机智生成，涵养学科素养。注重课堂生成，实质是注重学生成长。注重课堂生成，需要真正的情感驱动、深度思辨、有意创生。在思政课教学中，教师或通过深度对话，让学生在对话中生成观点，在批判中纠正观点，在活动中明确观点；或通过连贯的教学活动，层层推进、步步深入、演绎归纳。

6. 优化设问策略

设问既是思政课教学中常见的教学方法，也是教学设计需要特别考虑的重要内容，确实很讲究方法和技巧。具体来看，推进立德树人导向下中学思政课教学改革，优化设问策略需要掌握四个技巧：

（1）在知识关节点设问，拓展教学深度。知识的“关节点”，即学科知识的重点、难点和内在的连接点，是知识与生活的融合点。但受主客观条件的制约，并不是所有知识“关节点”都是课堂教学的关注点。

（2）在情感生长点设问，增加教学温度。教学实践证明，情感对学习具有驱动、强化和调节作用。激发情感要找到生长点：首先是情境本身所具有的情感特征，其次是学生自身的情感特征和需求。通过精心的问题设计，将两者结合起来。

（3）在思维跃升点设问，提升思维高度。中学生的思维正经历着从形象思维向抽象思维转变的过程，思维往往会出现片面化和表面化的特点，不能全面辩证地认识问题。而教学的任务之一，就是提升学生理性思维核心素养，引领学生突破旧有思维定式，从肤浅片面走向全面深刻。

（4）在生活融合点设问，增强智慧见识。课程的理念之一是让教育回归生活。因此，教学必须与生活深度融合，且这种融合必须是真实的、深刻的、多元的，而不是虚假的、肤浅的、单一的。

7. 教学创意策略

教学既是一门科学，也是一门艺术。推进立德树人导向下中学思政课教学改革，真正做到“以真理的力量征服人、以科学的方法指导人、以丰富的事实说服人、以真挚的情感打动人、以生动的形式吸引人”，需要增强教学创意。由于教学创意是教师在教学设计和实施过程中提出的具有创造性的教学构思或独具匠心的教学举措，因而教学创意可以让教学更有效、课堂更精彩。

（1）优化教学创意的基本途径。从课改的角度来讲，教学创意是针对课程改革“用教材教”的要求而提出的一种概念。怎样用教材才能做到与书不同、与众不同，这需要教师有自己独特、新颖的见解，独到、别致的方法。那么，思政课教学如何增强教学创意呢？其实，教学创意可以是备课时的预设，也可以是讲课时的机智，还可以是听课时的顿悟，更多的是课后反思时的生成。由此，优化教学创意可采取以下有效途径：

①把生活引入课堂，教学才会生动。老师们都有这样的体会，好课一定是有创意的课。创意源自对教材的把握和解读，源自对学情的了解和引导，源自对生活的观察和热爱。教学创意聚焦于启发学生思考，着力于改善学法指导。启发学生思考，要把握学生认知的三个起点，即知识的逻辑起点、生活的经验起点、教材的拓展起点。只有把知识和生活相联系、把知识与教材相联系，立足于现有发展区，着眼最近发展区，学习才会循序渐进、步步深入，探究才会由浅入深、由表及里。学生的生活由校园生活、家庭生活、社会生活和网络虚拟生活等构成，这些都隐含着丰富的教学素材，需要教师用一双慧眼去发现它、提炼它。同时，生活即教育。从课改三维目标和发展学生核心素养入手，选择知识的逻辑起点，便于深化理解、提高能力；选择生活的经验起点，便于感受经历、掌握方法；选择教材的拓展起点，便于体验情感、检校态度。

②把联系引入生活，教材才会鲜活。教材对于知识、事实的陈述，一般都使用标准的教科书语言，规范、严谨，但不够生动、活泼，可读性稍差一点。教学创意强调把教学语言转化成生活语言，只有把对生活的理解和联系引入课堂，理解才会深刻，教材才会鲜活。一般来说，教学中的“联系”有六种形态：人物联系，形象鲜活；理论联系，现实鲜活；生活联系，语言鲜活；社会联系，思想鲜活；网络联系，观点鲜活；材料联系，情境鲜活。教学中的联系，既强调学生与知识的生活联系、情感联系，又关注事物本身的相互联系、内在联系。

③把观点引入课堂，思想才会碰撞。小组讨论已成为课改的一道风景线。要提高讨论的有效性，除了教学组织与教学管理外，最重要的环节就是教师要有选择地提供背景材料、学术观点、前沿动态，让学生在比较中思考、在讨论中选择，真正经历一场头脑风暴。浅阅读、浅思考、浅理解、浅回答等，都是低效教学的原因所在。如何激发学生的思维？第一，设计有价值的问题，联系

社会现实，引导学生深度思考；第二，引进学术观点，进行学术争鸣，诱导学生参与对话；第三，质疑教材观点，提出创新见解，激励学生大胆发表意见。教材体现了国家意志，反映了主流意识观念。在此范围之内，适当选择讨论话题，引导学生适度研讨，适时给予适切指导，有效教学就有了基本保证。

④把比较引入课堂，理解才会深刻。比较就是将两种或者两种以上同类的事物辨别异同或高下。比较强调同类事物，注重条件环境，关注情境变化，探究内在规律。常言道，有比较才有区分和鉴别，单一的观点介绍，一味地灌输说教，学生学习起来自然会觉得乏味，理解也会肤浅。激活思维莫过于创设情境、选择比较。教师要善于把比较引入课堂，通过比较，促进学生深度思考；通过比较，促进学生深刻理解。善于观察、善于联系，学生才会关注世界、关注社会、关注人生、关注自我。

⑤把体验引入课堂，情感才会共鸣。情感因素在促进有效学习过程中的作用已受到广泛重视，学习感受的愉悦度成为评价有效教学的重要指标。我们的教学行为习惯于告知、告诉，缺乏“为什么教”的思考，缺失教学创意的灵性，缺少给学生亲自探究的机会。把体验引入课堂，就要设计活动让学生有机会体验；留出空隙，让学生有时间体验；提出要求，让学生说出自己的体验。把学生的体验作为学习过程中一个不可分割的部分，学生能从体验中感受学习乐趣，从体验寻找情感共鸣，从体验中感悟探索发现。体验成功，产生学习动力；体验快乐，产生学习乐趣；体验自由，感受自主学习；体验合作，提高学习效率；体验对话，感受互动思维；体验探究，享受发现奥秘；体验欣赏，交流审美情趣；体验反思，感悟学习真谛……体验既然有这么多用途，教师当然应把它作为教学重要环节来处理。

⑥把方法引入课堂，能力才会落实。新课程倡导自主、合作、探究的学习方法，但课堂上我们见到不少走样的、变味的学习方法，如把自主误以为是自由、把合作等同于分组、把探究简化为讨论。这些都是教学方法上的误解、误导，其实质是淡化了对学生能力的培养。其实，能力是最有价值的学习。能力的培养需要老师采取“跟进学习、跟进培训、跟进研究、跟进反思”的“四跟”策略，才能取得实效与长效。能力需要激励，激励出自创意，创意体现方法，方法保障能力。将教师的解读与学生的理解相比较，在师生互动中促进学习，这叫交往学习。由阅读教材的文本理解到上课听讲的比较理解再到课后反思的感悟理解，这叫深度理解。现代学习理论具有十分丰富的内涵，新课改倡导的自主、合作、探究学习只是基本方法。实践中我们需要跟进学习、跟进提高。

⑦把用心引进课堂，领悟才会生成。学习在领悟，领悟要用心。尽心只能把事做对，用心才能把事做好。“悟”有四个层次：领悟、渐悟、觉悟和顿悟。“悟”有三个要素：用心、反思、开窍。“悟”有三个指向：悟能、悟道、悟理。“悟”有两个环节：想了做，做了想。教学低效的现象，是学生“只知不懂”或“只懂不会”。教学的任务就是要让学生用心思考、用心探究，让学生学有所悟、悟有所获，这需要教师用智慧设计问题、用智慧引导学习。学生把学习当作自己的事，学习才会用心。因此，教师要为学生提供“悟”的机会，不要把话讲得太明白，要懂得留白的艺术；不能把话讲得太绝对，要懂得辩证的原理。用心不是冥思苦想，而是质疑、提问、比较、论证的思维过程，这种过程包括领悟的释惑、顿悟的开朗、渐悟的升华、觉悟的自觉。

⑧把自由引入课堂，学习才会自觉。课程改革倡导素质教育，主张最大限度地减轻学生课业负担。其实，学生课业负担重不重，在某种意义上是个感觉判断问题。如果学生有趣于学、有志于学，就不觉得是负担；如果学生被逼迫学习，坐在教室如同坐牢一样的感觉，当然会觉得是负担。学生应该享受两大自由：自由选择的权力与自由发展的空间。当学生真正享有自由权力的时候，真正认识自由与权利、义务与责任的时候，学习才会有积极性、主动性和自觉性。我们扪心自问，人生成功的关键是什么？是勤奋、机遇、环境，还是心态？其实，用优势做事，才最可能成功。发现优势，保持优势，提升优势，把优势转化为竞争力，只需要教育提供自由。

（2）思政课优化教学创意的学科特色。教学创意是教师构思教学的思想和智慧的结晶，是教学机智的集中显现，是体现教师教学水平的重要标志。创意的形成，重在生活积累，贵在文本解读，难在创新思维，功在有效教学。中学思政课优化教学创意，除了应遵循普遍的教育规律外，还要根据思政课的课程性质和学科特点，切合学科要求，贴近社会生活，凸显育人功能，这样才能彰显思政课的学科特色，取得立德树人的良好效果。

①切合学科要求。思政课是一门思想政治理论课，优化思政课的教学创意，切合学科特点和要求，要把握三个“有效原则”：

A. 教学目标要有效。首先，教学目标要正确。这要求教师在进行目标设计时，一定要熟悉教材，深度挖掘其内在的学科价值和育人功能，正确把握思政课的思想性、人文性、实践性和综合性。其次，目标设置要恰当。不仅对教材有一个整体的把握，还要对学生的学情也有一个精准的把握，设置的目标不仅要难易适中，还要切实可行可操作。

B. 教学策略要有效。首先，教学环节要有效。课堂上环节很多，每一个环节都应有明确的目的性和切入点，并由这个切入点展开具体的学习。这样既能使课堂简洁，也能使课堂更有效。其次，问题设置要有效。一方面，问题的设置既要有挑战性，要能够起到发展学生的思维、想象的目的，但也要难易适中。另一方面，问题的设置要灵活。有些问题换一种问法，其目的虽是一样的，但学生的接受度就不一样了。

C. 教师语言要有效。首先，语言要准确。教学中，教师无论是解说，是引导，是总结，还是下指令，语言都一定要精准。其次，语言要有效。教师的语言要简洁流畅、生动形象、幽默风趣，节奏感要强，声音抑扬顿挫、跌宕起伏。

②贴近社会生活。思政课具有思想性、人文性、实践性和综合性，优化思政课的教学创意，要贴近社会生活。

第一，要源于生活。在课堂教学中，教师应当根据学生的认知特点，找准教材内容与学生生活实际的联系，引导他们依托教材、结合生活实践经验，通过获取教材中生活的理性知识，并与自己的生活实际、生活经验相联系、相印证，进一步加深对生活的感受、认知、体验和感悟，从而进一步深化道德认知和情感，激发学习本门课程的兴趣和意向。

第二，要回归生活。思政课教学不仅应与学生的实际生活紧密联系，而且应让学生在实际生活中学习知识、学习道德，形成既有共性品德又有独特个性的意志品质。学生思想品德的形成，不能依靠单纯地学习教材知识或概念，而应在具体的生活实践中体验和训练，即将通过课堂模拟的“准生活”场景体验生活，内化为学生的道德素养和自觉行为。

第三，要感悟生活。课堂教学就是要对学生放心、放手、放权，真正让学生成为课堂教学活动和生活实践的主人，激发学生求知的欲望，调动学生学习的兴趣，使其充分享受生活学习和实践体验的乐趣，尽情享受生活的快乐。因此，教师要以生活为基础，结合学生生活实际，利用多种多样的活动调动学生的学习积极性，让学生自觉、主动地认识生活、体验生活、发现生活、感悟生活，让课程真正成为沟通学生生活与学习活动的桥梁。

③凸显育人功能。思政课是立德树人的关键课程，优化思政课的教学创意，要凸显思政课的育人要求。

第一，要走心。思政课只有走心，才能打动人心、凝聚人心。这就要求思政课教师要带着真情实意工作。青少年阶段是人生的“拔节孕穗期”。思政课是学生成长成才的“关键课程”，思政课教师的细心、耐心至关重要。思政课教师要拿出对学生的充分尊重和真挚情感，充分了解学生的兴趣、爱好、习惯、思维方式和思想观念等各方面情况，准确掌握学生的所思所想、困惑所在、期待所在，找准学生的“心结”，有针对性地把科学理论讲深讲透，把知识从书本上搬到学生的脑海里，以真诚和耐心，把真善美的种子埋在学生心里，引导和帮助学生扣好人生的第一粒扣子。

第二，要用脑。教学既是科学，更是艺术。这就要求思政课教师要“用脑”，严格遵循教育规律。“用脑”要做到讲方法、有温度。如何才能增强思政课的吸引力和感染力，提高学生对思政课的点头率和认同度？这就需要贴近学生的学习、生活和思想实际，聚焦并及时回答学生普遍关心关注的理论和现实问题，采用案例教学、互动教学、情景教学、网络教学、实践教学等方法，丰富课堂教学内容、改进教学方法、创新教学载体。既重视以理服人，也注重以情感人，善于把“大道理”转化为“小故事”，以小见大，借事说理，以理说事，让有意义的内容有意思，让有深度的理论有温度。

第三，要创新。思政课除了要走心、用脑，还需要不断创新。针对时代特点，思政课要创新载体，充分利用互联网、大数据、人工智能、虚拟现实等现代信息技术，打造校内校外、课内课外、线上线下紧密结合的育人体系，推动“互联网+思想政治教育”模式创新，使思想政治教育从平面走向立体，从静态走向动态。同时，要推动思政课的开放融合，把思政课教学、社会实践、党建团建、校园文化等有机结合起来，发挥思政课与社区教育、红色基地等校外教育资源的协同育人作用，形成育人强大合力，助推学生健康成长和全面发展，培养担当民族复兴大任的时代新人。

8. 一例多境策略

所谓“一例多境”，是根据学生认知结构，把握知识点间的内在联系，形成简练的知识主线，激发学生思维的连贯性、探索性、思辨性，逐步形成新型教学方式，打造思政课智慧课堂。这一策略改变了课堂运用结构存在的自发性、随意性、无序性，使学生的思维活动层次性推进，使每个问题既相对独立又融会贯通。推进立德树人导向下中学思政课教学改革，需要优化“一例多境”教学策略。在具体教学中，需要把握四个基本策略：

（1）生活化一例多境，突破思政课教学瓶颈的契机点。思政课的题材来源于生活，更应该高于生活。在选取案例时，要充分考虑学生的成长背景、认知规律，选择他们身边的事例，使学生对教学内容产生浓厚兴趣，使教学活动更接地气。同时，将原本碎片化的教学内容融入真实问题中加以讨论，有利于学生掌握相关知识、提高技能，也有利于教师水到渠成地开展教学。因此，在思政课教学中，教师精心创设生活化一例多境，能让学生感到亲切、自然、真实、可信，激发出心底的社会责任感和道德要求，在真实生活中学会生存和发展，启迪学生思考如何过健康而有意义的生活，达到思政课的育人目的。

（2）科学化一例多境，挖掘思政课教学的逻辑点。科学设置一例多境，追求知识间的内在联系，有助于培养学生分析问题和解决问题的能力，是理论知识学习的过程，是“实践—理论—实践”的过程。在组织课堂教学过程中，充分发挥教师主导作用和学生主体地位，有利于学生在理解知识的基础上抓住事物的本质，对问题展开讨论，做到与科学化问题设置思想相连、知识相通、灵感相触。因此，在思政课教学中，问题设置应由浅入深、由点到面，能充分发挥学生的主观能动性，使其相互启发，从多角度考虑问题、从具体事例出发，经过讨论、总结，加上教师必要的引导、讲授，去粗取精、去伪存真，最后白学生自主总结，挖掘知识逻辑，激发创新思维。

（3）探究式一例多境，引发思政课教学的思辨点。巴尔扎克曾说：打开一切科学大门的钥匙都毫无疑义是问号。开发学生潜能，必须鼓励学生从质疑开始。有了质疑，才能有所发现、有所创造。在课堂教学中，教师首先要做到精心设问、巧于提问，尽量让学生多思考探究。因此，在思政课教学中，要激发学生对问题的自发质疑和求知欲望，使整个课堂充盈思想碰撞、心灵交融和彼此启发，激发学生认识结构矛盾，最终通过讨论交流达成思辨共识。

（4）启发性一例多境，形成思政课教学的行动点。启发式教学是指在教学过程中遵循教学规律，激发学生学习主动性，引导学生积极思维，有效发展学生认识问题能力，提升思政课教学的感染力与说服力，促使学生知、情、意、行相统一。因此，在思政课教学中，教师要从“是什么、为什么、怎么做”这三个维度，通过情境化、生活化、探究化课堂教学，为学生提供大量基本事实，让学生体验知识产生过程，获取和掌握知识，加强自我反思，将对传统文化的认同感内化于心、外化于行。

9. 一站到点策略

“一站到点”的教学策略，是思政课教学改革出现的一种新的教学理念，是将优秀电视栏目经验运用到思政课教学而出现的一种新的教学方法。江苏卫视有一个励志电视节目《一站到底》，很受观众喜欢。观众之所以喜欢，就在于节目组“能者上，弱者下”的激烈竞争淘汰机制，更在于“站”在高位的选手们。他们来自世界名校，具有超强的综合素养，他们在现场信手拈来、旁征博引的表现令人叹为观止。如果我们的课堂也像这个节目那样，站位高、落点准，定能充满刺激和期待，教学也一定能达到“一站到点”的惊喜和效果。不过，思政课教学在运用“一站到点”教学策略时，尤其需要注意以下四点：

（1）“站”在信息技术边际，扫除融合教育盲点。当前，信息技术日新月异，课堂教学步入智能时代，“互联网+课堂”信息融合教育的春天已经来临。在课堂教学转型进程中，时代在变，技术在变，信息技术和智能技术成为不断推动课堂变革和教学演进的新力量。《基础教育课程改革纲要（试行）》明确指出：改变课程实施过于强调接受学习、死记硬背、机械训练的现状，倡导学生主动参与、乐于探究、勤于动手，培养学生搜集和处理信息的能力、获取新知识的能力、分析和解决问题的能力以及交流与合作的能力。《义务教育思想品德课程标准（2011 年版）》在第二部分“课程目标”中提出学习搜集、处理、运用信息的方法，提高媒介素养，培养能顺应时代潮流的未来国家建设者。在中学生“三观”形成的关键时期，教师在学科教学活动中要帮助学生提高认识水平和辨别能力，善于用自己的慧眼，在良莠不齐的信息中及时扫除垃圾，做到不“盲”不“邪”。一方面，互联网知识库内容丰富，且大多是免费开放，这不仅成为很多智能系统的知识来源，也成为课堂教学获取资源的重要渠道。有效搜索和使用这些知识库资源，已经成为互联网时代师生须具备的基本信息素养。另一方面，融合教育还存在教师如何借助信息技术辅导、监督学生学习，如何增强与学生的情感交流等问题，这需要我们在课堂实践中加以探索和解决，使信息技术真正成为学生学习的良师益友。

（2）“站”在资源整合边缘，网罗新闻材料热点。课堂教学离不开课程资源。课程资源不会自动跑进课堂，而是需要教师借助教材文本、教师教学用书、信息媒介、社会实践等途径加以有效开发和整合。作为中学思政课教师，更需要有眼观四面、耳闻八方的敏锐洞察力和准确无误的信息捕捉力。否则，课堂教学就可能进入照本宣科、依葫芦画瓢的死胡同，很难实现以学定教、教学相长的良好课堂生态。因此，在平常工作和生活中，教师可通过微信、QQ、百度、今日头条等途径了解时政要点、社会焦点、生活热点，遇到较好的课程资源就主动收藏并分类储存，以备教学设计和课堂教学时随时取用，避免“课到用时方恨少”的现象出现。例如，笔者在讲授《道德与法治》八年级下册第四课“公民义务”第二框题“依法履行义务”时，由于教学资源开发整合及时到位，贴近学生生活实际，课堂教学和课程活动得心应手，最终达到了增强学生法治意识、培养学生法治精神、服务于学生终身发展、强化社会主义核心价值观教育目的。当然，教材是贯彻课标要求、推进教学的最有效载体，是凝结专家智慧的重要课程资源。对此，教师既不能舍本逐末，也不能墨守成规，因为有些教材资源因时效性的错位会影响育人价值的实现。我们应该站在资源整合边缘，网罗新闻热点，充分发掘各种显性和隐性课程资源并进行有机整合，开发出适合的并能击中学生痛点、泪点、空白点、成长点的生活化、情境化、活动化课程资源，为学生健康成长筑起一道坚固的“防火墙”。

（3）“站”在学段衔接边沿，寻求学科素养焦点。初中《道德与法治》课程与高中思想政治课程相比，有诸多相同又有较大区别。但在现实教学工作中，初中思政课教师很少精心研读高中思想政治新课标，很少关注高考改革风向标，而高中思政课教师也很少有时间和精力去关注初中阶段的课程内容和课程标准，导致初高中学段之间的课堂教学缺少有机的整合和衔接。就学生学习的实际现状来看，学生在初中学习《道德与法治》课程学得好的，到了高中学习思想政治学科不一定学得好，有的还很不适应。这是因为教材内容连续性、考试组织形式、考试结果要求、学习方法选择等诸多方面都存在不关联性。因此，初高中教师在日常教学过程中，必须高度关注初高中阶段的课程设置，充分了解初高中新教材、新课标以及新中考、新高考的变化。尽管初高中学段不同，但落实立德树人根本任务和发展学生学科素养的目标和方向是一致的，初高中必须求同存异，实现有效衔接和过渡。正如朱明光教授所指出的那样：学段之间，同类学科核心素养的命名纵然有所不同，但有关基本教育元素的融入却一脉相承。由此可见，做好学段衔接，聚焦学科核心素养，关键在于具备学科核心素养的教师，用具有个性化、创造性的课程解读和课堂实施方式，达成学科核心素养培育要求，形成校本化课程改革特色。

（4）“站”在课程类型边界，突破主题活动难点。现行的部编初高中教材不再局限于情境探究，而是基于学生生活实际，紧紧围绕单元主题，贯穿活动探究主线。以初中道德与法治教材为例，每一课、每一框内容的展开都以《运用你的经验》栏目开始，以学生的个体生活经验作为学习起点。《阅读感悟》《探究与分享》《相关链接》《方法与技能》等活动栏目的设计，旨在多层面、多形式地指导学生个体生活经验得以顺畅表达、快乐分享和理性交流，进一步引领学生对自身生活经验的总结与反思，促使学生个体经验的矫正、扩展，形成正确的舆论导向、价值导向。每一课最后均以《拓展空间》结束，将课内教学活动及时引申到更为广阔的家庭生活和社会生活。这样的编排体系遵循了学生的认知发展规律和身心特点，注重行为导向，提倡行为践履，强调行为改善，激发学生用实际行动改变认识、改变现状、改变遭遇的良好愿景。尤其是在每一单元、每一课的开始，采用引言导入方式激发学生参与课堂学习的热情，引言精要优美，或诗意切入，或精准概括，或发人深思……认真研究教材活动体例，可以为我们突破主题活动难点提供思路和方法。

10. 传授答题策略

答题能力是学生核心素养中的关键能力之一。推进立德树人导向下的中学思政课教学改革，要根据中考或高考说明，指导学生掌握“读材料、抓关键、审题意、用所学、扣题意、规范答”“18字”审题秘诀和相应的答题策略，以切实提高学生的解答能力。

（1）读材料——仔细审题干题肢。读是审题、做题的第一步，包括读文字材料、图片、数据、漫画、图表等。逐字、逐句、逐段阅读题干或材料，了解题目信息。

（2）抓关键——把握材料、题干题肢中的关键字词句。“抓”这一步很重要，因为材料、题干、题肢中的关键字、词、句等往往会告知或暗示答题的切入口。只有抓住关键字、词、句，才能为下一步的“审”做好铺垫。

（3）审题意——弄清楚题目问的是什么、考什么。认真审题是正确答题的关键。很多学生在答题时，审题能力欠缺，连题目意思都没弄懂，答起题来要么无从下手，要么简单地把自己背过的相关条目照搬照抄，答非所问。要克服这一点，平时就必须重视审题能力训练。首先，审材料。找出材料的关键字、词、句，同时想一想材料所表达的主旨与教材哪些知识点相联系。其次，审设问。明确设问具体要求，设问中的关键词是什么，设问与题干、材料的内在联系是什么，设问中要求回答的问题是什么等。最后，寻求“事”与“理”的结合点。设问一般包括唯一性、自由性和创新性要求等多种形式。唯一性要求一般体现在简答题、辨析题中，难度系数小，注重对基础知识的考查。学生只要能准确把握有效信息，利用限制语或设问中的暗示语来挖掘教材中的隐含条件，就能得出答案。自由性要求对学生要求更高。它要求学生答题时紧扣材料，注重对知识的理解运用，考查学生综合能力；要求学生仔细审题，弄清题意要求，找准答题方向，联系自身实际和现实生活，多角度、全方位地作答。如启示类、认识类、做法类题目就属于这种类型。创新性要求充分体现了课标知识、能力、情感态度价值观的培养，更能展示学生个性特点，培养创新能力。如探究类题目、设计主题活动、参与社会调查等都属于这一类型。

（4）用所学——结合课本知识，回归教材。发展学生核心素养，中高考都重在考查学生对教材知识的理解和运用能力，以及学生学科素养。在审题时，要注意材料和知识点的结合，回归教材，对照材料所提供的相关信息提炼观点，不能总是想着在某本书上找到原题和现成答案。所以，前面的“审”和后面的“答”一定要结合课本知识，用教材观点去分析和解决问题，千万不能脱离教材而随心所欲地胡乱答题。同时，因为试题答案比较灵活，允许答案多元化，所以答题既要结合课本，又要联系生活实际，发散思维，使答案既紧密结合教材，又有所创新。

（5）扣题意——答题要紧扣材料。在日常学习中，一定要养成“做题看材料，答题扣材料”的习惯。虽然现在的试题鼓励学生全面分析问题、多角度回答问题，但在回答时还是要注意材料、设问中的限制性条件，审清题意，紧扣题意，准确作答。

（6）规范答——将自己整合的答案规范地答出来。规范写答案看似简单，实则容易丢分。规范写答案能反映出学生各方面的素养，能体现学生多方面的素质，如审美能力、逻辑思维能力、语言组织能力等学科素养。其具体要求如下：

①答题格式要规范。如主观试题答题要写“答”，答案布局合理、字迹工整、卷面整洁、无错别字等。这些细微之处往往是学生不注意的地方，无形之中让阅卷教师的印象分大打折扣，导致同样的答案得分却不一样。

②答案书写要规范。思政课主观试题的答题文字量较大，书写之前要估计一下书写量，以便合理安排空间。切忌在书写时随意删减、增加，从而导致卷面脏、乱、差，甚至出现标准、箭头等，这样会存在失分的危险，甚至沦为“问题”试卷被作废。同时，注意答案要条理化，尽可能分段书写。这样不仅清晰、工整，而且方便阅卷教师迅速找到得分点。

③答案表述要规范。作答一定要使用学科术语，体现学科素养。考生联系学习和生活实际，组织答案的顺序也要尽可能地规范，如按“总—分—总”顺序或“分—分—总”顺序进行，使答案段落化、段落层次化、层次条理化、条理序号化，答案具有逻辑性。如今，中高考开放性试题的设置提倡学生发散思维，从多角度入手，这就要求考生答题时能标上序号，使阅卷教师能在较短时间内抓住得分点，这也是得分技巧。

（四）艺术升华

教学艺术是教师在课堂上遵照教学法则和美学尺度，灵活运用语言、表情、动作、心理等教学手段，充分发挥教学情感的功能，为取得最佳教学效果而施行的一套独具风格的创造性教学活动。教学既是科学，也是艺术。教学是科学，科学的价值在于求真。教学是艺术，艺术的生命在于创新。对于教师而言，修养是教学的载体，境界是教学的起点，人格是教学的风范，升华教学艺术需要教师有深厚的专业修养、高尚的教育境界、完善的教师人格。围绕落实立德树人根本任务，发展学生学科核心素养，推进立德树人导向下中学思政课教学改革，确实需要教师掌握诸多教学艺术，以尽展课堂之美、教学之韵、育人之魂。

1. 教学导入艺术

教学导入是一门艺术，既要讲方法技巧、灵活运用，又要讲形式多样、巧妙自然。俗话说："教学有法，教无定法。"只有精心设计和精湛运用教学导入艺术，才能使教学导入与整个课堂教学艺术和谐统一，从而取得良好的教学效果。由于前面部分已对新课导入的有关内容作了比较详细的论述，这里仅就教学导入的具体方法再做适当补充。

（1）故事导入。讲传说、听故事是中学生大都喜闻乐道的。上课伊始，一个动人的故事、一则美丽的传说，会使他们很快安静下来。教师就可以把握住这一有利时机，把学生的无意注意及时转换到有意注意上来，达到导入新课的目的。但是故事传说的内容必须能自然地和讲课内容联系起来。

（2）质疑导入。教师提出耐人寻味的问题，吸引学生的注意力，造成悬念，促使他们动脑筋，认真思考，能使学生的求知欲由潜伏状态转入活跃状态，有力地调动学生思维的积极性和主动性，教师则顺势引导，步入新课。

（3）复习导入。古语说："温故而知新。"《教学论》中也说："复习不是为了修补倒塌的建筑物，而是添建一层新的楼房。"由复习旧课导入新课是最常用的方法，有利于知识间的衔接。提问复习和新课内容密切相关的已经学过的知识，几个问题就可以引起学生的积极思考，过渡到新课也十分自然。

（4）联系导入。横向联系是指联系运用学生已学过的其他学科的知识，有效地利用心理学的知识迁移原理，使学生原有的知识对所学的新课产生积极的影响，较快地转移学生注意力，激发其对新知识的兴趣。

（5）悬念导入。教师通过提出疑问，制造矛盾，在教学中设置悬念，是导入新课的有效方法。"不愤不启、不悱不发"，悬念能够引起学生的好奇心和求知欲，进而启动思维积极投入学习活动之中，当学生处于这种心求通而未解，口欲言而不能的"愤""悱"状态时，教学过程将顺利高效地得以进行。教师设计的问题要集趣味性和教育性于一体，要从教材和学生力所能及的范围以及学生的年龄特征、知识基础和能力水平出发，切忌烦琐、冗长而影响学生的兴趣。

（6）演示导入。教师通过实物、模型、图表、幻灯等教具的演示，引导细心观察，提出新问题，进而过渡到新课教学之中。这种方法有利于培养学生的观察能力，形成丰富生动的表象，促进形象思维向抽象思维的转化，比较适合中学生的思维发展特点。

（7）激情导入。人的思维活动不是凭空产生的，需要借助于情境的刺激作用。在教学环境中，教师善于创设情境，正是引起学生创造性思维的重要条件。导入新课时，教师如果能创设一种情绪气氛来感染学生，使其带着一种激情来学习，学生便能增强学习兴趣，主动学习。

（8）语言导入。美的语言总能打动人心，用恰当而优美的语言导入，将会收到意想不到的效果。课堂导语若能恰到好处地用上比喻、押韵、对比等手法，再引用一些诗文名句，定能优美且引人入胜。这是因为，优美语言导入形成的诗情画意，能让学生在受到美的熏陶的同时，也能很快进入新课的学习中去。

（9）幽默导入。幽默可以调节课堂气氛，激发学生学习兴趣，可以让学生在哈哈一笑中迅速进入本课的学习。以幽默睿智的话题导入，应当是“出自事实本身的可笑”，并且幽默的内容要与本节课讲的内容密切相关。

（10）流行因素导入。此处的“流行因素”是指流行于学生中的话语、歌曲等。当教师用上这些因素时，会引起学生强烈的共鸣，点燃他们思想的火花。学生的情感体验被调动了起来，他们会觉得和老师、课堂的距离更近了，从而掀起课堂的一个情感高潮。借用流行因素导入，需要教师多与学生交流，时刻关注社会生活，以了解学生的喜好，跟上时代，并巧妙地把流行因素引向积极的一面。

当然，教学导入的方式或方法还有很多，诸如猜谜语、做游戏、听音乐等。无论采用何种方式导入，都要围绕一个目标，那就是为学生学习新知创造一个愉悦、和谐的教学氛围，激发学生学习的兴趣，唤起学生学习的自觉性和创造性，让学生愿学、善学、乐学。

2. 课堂提问艺术

课堂提问包含两个方面：一是教师依据教学内容向学生提出问题，引导和促进学生自觉学习，调动学生积极思维；二是学生在学习中有不懂的问题，可以向老师提出质疑。由于课堂提问能促进师生交流、集中学生注意、激发学生兴趣和锻炼学生语言表达能力，因此，有经验的教师在教学过程中常常以精心设计的提问启迪学生的思维，激发他们的求知欲，促进他们认真思考、参与学习，帮助他们理解、运用和巩固所学知识。

（1）课堂提问的教学功能。教师在设计课堂提问中，总是有意识地为学生发现疑难问题、解决疑难问题提供桥梁和阶梯，引导他们一步步登上知识的殿堂。因此，课堂提问具有诸多积极的教学功能。

①引起学习动机的功能。课堂提问不仅是课堂的一种智力调动行为，而且是启动非智力因素的重要手段。提问可以使学生把注意力集中在某个特定概念或论点上；可以引导学生学习心智，激发探讨兴趣。

②帮助学生学习的功能。提问能促使学生定向思考，既具有促使学生注意教材的重点和难点的作用，又可以提示学生应对哪些内容予以重视。提问可以起到组织教材内容的作用，使教材的内在联系和逻辑关系沟通，帮助学生整体把握教材。提问是一种强化手段，具有很强的呈现意义，因此具有促进记忆的功能。此外，提问还能探索教材以外的知识，扩展学习范围，也能通过提问诊断学生学习的特殊困难，为教师因材施教提供依据。

③提供学生参与的功能。提问是课堂上的一种召唤、动员行为，使集体学习中引起互动活动的聚合力量。课堂提问可以使学生表现观点，流露情感，锻炼表达。一个问题可以为多数学生发表意见创造机会，有助于学生表达能力的提高，有助于同学间的沟通和反应。因此，它具有促进学生社会化意义的功能。

④教学反馈评价的功能。通过提问，教师能最直接地了解学生学习掌握的状况，分析其弱点。教师随堂收集评价材料，即时检查教学目标达成的程度，以便及时修正或补救。这种教与学的信息交流与反馈，能使教学有的放矢地进行。

⑤启发学生思考的功能。学生思考问题的能力和方法，深受教师发问的内容及方式影响。教师的提问等于给学生制造问题，引导思考方向，扩大思考广度，提高思考层次，培养学生思维能力和习惯，最终达到完善学生智能结构的目的。

⑥调控课堂秩序的功能。提问不仅能活跃课堂的教学气氛，具有提高教学效率，加快教学进程的作用，还能用来调控课堂教学秩序。比如，提问可以终止学生的私语和小动作，使学生的注意力转向教师和教学内容。

（2）课堂提问的主要问题。尽管课堂提问具有诸多积极的教学功能，但教学实践证明，并非所有的课堂提问都能达到预期的目的。从当前思政课教学的实际情况来看，课堂提问存在以下一些问题：

①提问深浅不适。有的问题刚一出口，学生便轻易答出，且众口一词，这实际上是一种无效的提问，起不到启发学生思维的作用。有的问题提出后，学

生思考半天都难以作答，无法激起学生思维的深入。这些问题的设计本身就带有一定的片面性或局限性，忽视了大多数学生的认知水平。

②提问只注重结果。这类问题多以“对不对”“是不是”“答案是什么”等简单结论为问句，而很少用“为什么这是对的”“你为什么要这样答”“你的理由或依据是什么”等来提问。很显然，后面的问法更可以起到了解学生知识掌握情况、思考问题的方法和相互交流的目的，因为思路比结果更重要。

③提问没有重点。有的老师课堂上泛用提问，整节课都在一问一答中进行，以“满堂问”来代替“满堂灌”。这种为提问而提问的现象，其实是一种没有目的和重点的提问，不仅不能启发学生的思维，而且会成为学生学习的负担。

④提问没有指向。有的老师提问，问题提得很大，一点儿都不聚焦，让学生不知道到底是问什么，自然也就不知道该如何思考、如何回答。这种提问就是指向不明的提问，问题没有针对性，无法激发学生思考。

⑤提问没有层次。有的老师提问，难易不当、不适中，没有层次和区分度。要么问题很难，让大多数学生都无法回答；要么问题特别简单，几乎所有的学生都能回答。问题没有层次性，忽略了学生个体差异性和层次性。

⑥提问被教师包办。教师提出问题后，学生一时无法找到正确答案，为了缩短教学时间或赶教学进度，教师不对学生进行启发，就直接把答案告诉学生，牵着学生按照自己的思路和节奏走，久而久之，学生便养成了依赖心理和懒于思考的习惯。

很显然，以上课堂提问，既没有效果，更没有艺术，达不到预期的教学目的。由于课堂提问是师生的直接交流，优化课堂提问必将使师生双方形成“会教—会学、优教—优学、善教—善学”的教学良性循环。因此，教师应遵循课堂提问的原则、把握课堂提问的技巧、优化课堂提问的方式、明确课堂提问的类型，从而切实增强课堂提问艺术，提高课堂教学效果。

(3) 遵循课堂提问的原则。一般而言，优化课堂提问，应遵循以下基本原则：

①遵循目的性原则——精心设计。目的性是指课堂提问要有明确的目的。提问是为教学要求服务的。为提问而提问是盲目的提问，盲目的提问无助于教学，只能分散精力，偏离轨道，浪费时间。备课时就要描述出提问的明确目标，如课堂组织的定向性提问，了解学情的摸底性提问，学习方法的指导性提问，知识理解的启发性提问，触类旁通的发散性提问，归纳总结的聚敛性提问，温故而知新的复习性提问等。

②遵循科学性原则——难易适度。提问前教师既要熟悉教材，又要熟悉学生。熟悉教材，把握知识点的传授的正确性与难易程度，在编制问题时，既不能让学生答不出，也不能简单地答“对”与“不对”，要使学生“跳一跳才能摸得着”，难度过大的问题要设计铺垫性提问。提问适度也是量力性教学原则的体现。

③遵循趣味性原则——新颖别致。青少年的心理特点是好奇、好强、好玩、自尊心强。教师在设计提问时要充分顾及这些特点，以引起他们的兴趣。提问的内容新颖别致，能使他们积极思考，踊跃发言。一些学生熟知的内容，要注意变换角度，使之有新鲜感。切忌用突然发问来惩罚他们的错误，也不要故意用偏、难、怪题使他们感到难堪，以至于挫伤他们的积极性和自尊心。诱发学生的兴趣，教师还应以表情、语气、手势、教具等各种因素激发学生的学习兴趣。除了提问内容上的新颖别致外，还应在提问的形式上不断地变化，如整堂课采用形式单一的提问就会使学生感到乏味，造成学习上的疲倦，从而失去有意注意，使教学的效度下降，甚至趋向无效。

④遵循启发性原则——循循善诱。启发性是指提问能触动学生的思维神经，给学生点拨正确的思维方法及方向。启发性是课堂提问的灵魂。启发性不仅表现在问题的设置上，还表现在对学生的引导上，即要适合学生的心理特征和思维特点。教学实践证明，提问后出现冷场不是学生启而不发，而是问题缺乏启发性。在教学中，也要避免那种为问而问、不分巨细、处处皆问的做法，特别是对高年级的学生，要尽量避免单纯的判断性提问，多用疑问性提问，还要注意应用发散性提问、开拓性提问，使学生在提问中受到启迪，学得新知。

⑤遵循灵活性原则——因势利导。设计课堂提问不可机械死板，类型应灵活多样。如揭示主题可采用启发性提问，初学新课时可采用疏导性提问，深钻教材时可采用探究性提问，单元总结时可采用比较性提问，品尝精华时可采用鉴赏性提问，巩固复习时可采用归类性提问等。同时，还必须注意课堂上师生双方信息交流出现的异常情况，一旦发生更应灵活处置，当场设计一些调控课堂的提问来调整教学活动。对教师的提问，学生应答出现错误是正常的，教师应迅速准确地判断出学生出错的根源，从而灵活地提出一些针对性强的新问题，如采用疏导性提问、铺垫性提问来化解疑难。

⑥遵循鼓励性原则——正确评价。学生应答完毕，教师要给予充分肯定，再充分肯定的同时指出其不足，提出期望。切不可对答题的同学白眼相待、讽刺挖苦，也不能无原则地赞美。教师应给每个学生成功的体验，又指明努力方向。教师的鼓励性评价，除了直接的肯定或否定之外，还可以不同的方式进

行，如重复（教师重复学生的答案，以示肯定）、重述（教师以不同的阐述重述学生的答案，以示表达的差异性）、追问（追问其中的要点，以示不足性）、更正（给出正确的答案，以示错误性）、评论（对学生的回答进行评价，以示鼓励性）、延伸（依据学生的答案，引出新问题，以示开拓性）等，这比简单的肯定与否定更具鼓励作用。

⑦遵循广泛性原则——面向全体。提问要面向全班，面向每一个学生。对教师来说，教室里不应该出现“被遗忘的角落”，每一个学生都应该得到老师的教诲。尽可能少一点指名答问，让学生举手回答，认真听完学生的回答。对个别差生，在提问中教师要优先照顾，鼓励他们积极回答问题，使每个学生能在自己的起点上得到不同程度的进步。

⑧遵循针对性原则——因材施教。提问要有针对性，不同年级应采用不同的提问形式和提问内容。难度过大，学生思维跟不上；反之，也调动不起学生的积极思维。怎样提问才有针对性呢？就教材而言，在重难点上发问，在关键段落、关键词句上发问，在突出教材结构的关结点上发问，就抓住了主要矛盾；就学生而言，不同基础、不同性格、不同性别都应有所区别。提问的针对性是统一要求与因材施教教学原则在提问艺术上的体现。只有因人而异、优差兼顾、分清层次、体现坡度、强化难度，才能实现真正意义上的因材施教，大力提高教学质量。

（4）把握课堂提问的技巧。一般而言，优化课堂提问，要把握以下基本技巧：

①优选问点。课堂提问，要真正优化课堂教学，充分调动学生的学习兴趣，提高认识水平，就必须优选问点，问在知识关键处。所谓问点，就是指讲授教材时提出问题的切入点。一般来说，问点应选在知识的重点和关键之处，如新旧知识的衔接处、转化处，以及容易产生矛盾或疑难之处。

②选准时机。课堂提问，必须要选准时机，问在教学当问之处。时机选得准能起到事半功倍的作用，否则效果不大。提问的时机，从教学内容的角度来说，应选在知识的重点、难点、关键处。从教学的进程来说，课始，学生注意力不够集中时要及时提问，通过提问将学生的注意力迅速引导课堂教学中来；课中，当学生的思维发生障碍、产生偏差或受到思维定式干扰时，要及时提问，以便及时排除故障，使课堂教学按计划顺利进行；课尾，当讲授时间较长，学生产生麻痹、倦怠心理时，也应及时提问，以便其重新振作精神。从教学的灵活性来说，课堂教学千变万化，学生回答无奇不有，教师要依据情况及时反问、疏问或追问。

③掌握分寸。课堂提问，还必须掌握分寸，问在难易适中处。课堂提问要面向全体，照顾大多数，提问既不能过难，只面向少数尖子生，也不能过易，连学习有困难的学生不动脑筋也能回答。所谓照顾大多数，也就是大多数学生想一想都能回答得出。如：复习旧知识时，应问在后进生易获成功处；传授新知识时，应问在知识迁移处；巩固练习时，应问在学生易错处。可见，掌握分寸就是要注意广度，挖掘深度，设置坡度，力求精度。

④注意对象。课堂提问，更应注意对象，问在学生需要处。课堂提问应尽量满足不同层次学生的要求。如要求回答“是什么”的判别型、回答“怎么样”的描述型、回答“为什么”的分析型、回答“有什么异同”的比较型、回答“有哪些不同意见”的创造型等不同问题，其中第一种主要针对学习困难生，第二、三种针对中等生，第四、五两种主要用来提问优等生，这样能使学生们各有所思、各有所获。

（5）优化课堂提问的方式。一般而言，优化课堂提问，要掌握以下基本方式：

①引趣式提问法。教师根据教材内容和教学目标的要求，从学生熟悉或较易感知的事物和现象入手，选择趣味性强的生活实际问题进行提问。

②设疑式提问法。针对学生的疑惑或教材的重点、难点、盲点，故意设置疑问，进而解决问题的提问方法。

③发散式提问法。主要强调运用发散思维，对同一问题从不同角度、不同层次、不同侧面，采用不同的方法和途径去获取答案。这是一种训练学生发散思维的提问。

④递进式提问法。根据教学内容设计一系列问题，将整个教学内容表现为连续性问题，环环相扣，层层剖析，逐步深入，随着问题的解决完成整个教学任务。

⑤启发式提问法。这是一种学生在解决问题的过程中遇到困难时，老师提出问题启发学生思维的方法。

⑥比较式提问法。为巩固旧知，开拓新知，在教学中往往运用对比、类比、分析异同等方法提出问题，供学生深入思考，从而有所发现，有所收获。

⑦辐射式提问法。这种提问是以某一个问题为中心，然后派生出许多小问题，从各个角度去启发学生思考，各个击破，中心问题迎刃而解。这种挈领全局、攻破难点、突出重点的提问技巧，适用于学习层次较低的班级，更有利于教学的顺利进行。

⑧梳理式提问法。这种提问从教材的内容、教学重难点出发，揭示教学目

的，引导学生把握和理解课文的关键，促进学生注意，引导学生思考。

⑨揭疑式提问法。学生看书往往一扫而过，抓不到教材关键，揭疑式提问的目的就是引导学生“生疑”。当学生似乎没有问题时，教师就采用揭疑式提问，促进学生思考，帮助学生理解和掌握知识。

⑩迂回式提问法。迂回式提问，也叫曲问。欲问此，先从彼开始问，采取“曲径通幽”的办法，达到解决问题的目的。学生回答曲问时，其思维流程也要“转一个弯”才能找到问题的答案，这种提问富于启发性，比直问更能激起学生的兴奋点。

除以上十种提问方式外，还有“情境式提问”“剥笋式提问”“诱导式提问”“演绎式提问”“追踪式提问”“铺垫式提问”“质疑式提问”“激将式提问”等。根据教学的需要，能正确设计问题，教学中适时提出问题，是教师进行有效课堂教学的一项基本功。

（6）明确课堂提问的类型。就中学思政课教学而言，从形式、内容、要求和目标来看，在提问问句的语言选择上，最常用的有以下六种类型：

①判断性问句。其属肯定或否定的是非问，语言标志为“对不对”“是不是”，它所追求的目标是做出是对是非的判断，但对思维活动的要求较低。这种判断性问句属于较低层次的提问，如要将它在往上提升一档，教师就可以予以追问，转向“述理性”问句。

②叙述性问句。其典型问句是“是什么”，它要求答问者对所提出的问题作完整、准确的叙述性回答。在思政课教学中，对一些重要知识或核心观点的梳理，往往需要用叙述性语句来提问，为系统梳理结构性知识或后面的学习奠定基础。

③诊断性问句。其典型问句是“哪里不懂”“还有什么不明白”“困难在什么地方”等，它要了解学生思维的真实轨迹和心理状态。可用于复习旧知，引进新知时，为进入新知教学扫除障碍。也可用于结课时，作教学效果的反馈，对学生尚不理解的内容作及时的补救。布鲁姆的掌握教学法就特别强调“课前诊断”和“课后反馈”这两个教学过程，以期95%以上的学生能够掌握。

④述理性问句。其典型问句是“为什么”，它所追求的目标是学生讲清道理、说明理由，不仅知其然，而且知其所以然。这一目标的实现可以使学生产生一个从感性认识到理性认识的飞跃，是能力培养的较高层次。

⑤发散性问句。其典型问句是“可以从那些不同角度去思考”“还有什么不同想法”“可能性还有哪些”等，它所追求的目标不是唯一正确的答案，而是鼓励学生产生或提出尽可能多的、尽可能新的、前所未有的独创性答案，只

要言之有理就应予以鼓励。

⑥求异性问句。其典型问句是“对这问题还有什么异议”“有什么不同看法”“还有什么不同意见”等，它所追求的目标是对已有答案产生怀疑或反驳，以便从正反两方面的比较中辨清是非。这是一种求异性问句，以引导学生作求异性思考，探求不同答案。

3. 课堂追问艺术

课堂追问既是课堂教学的手段，也是课堂教学的艺术。所谓“追问”，顾名思义就是追根究底地问，是教师对某一知识的“二度提问”或“三度提问”，是教学中普遍存在和值得提倡的教学方式。当然，追问是相对于提问而言的。一般来讲，提问是课前预先设计的，而追问则是现场生成的。预设的提问往往具有提纲挈领的作用，它直指教学重难点；而追问是随机的，是在知识重难点下设的细碎性问题，但这些细碎性问题往往就是学生突破知识重难点的瓶颈。推进立德树人导向下的中学思政课教学改革，教师不仅要具有课堂追问意识，而且要把握课堂追问艺术。

（1）了解课堂追问的作用。课堂追问是课堂教学的重要组成部分，在课堂教学中起着非常重要的作用，主要表现在以下几个方面：

①追问挖掘深度。在课堂教学过程中，学生难免遇到思维障碍和矛盾，不能进一步地进行深层次的思考，使得回答缺乏深度。这时，教师要有意识地追问和引导，及时提供科学的思维方法，搭设思维的跳板，帮助学生拓展思路，突破难点，并在更高层次上继续思考，进一步激起学生创新思维的火花。

②追问诱发探究。追问，其实就是启发，就是诱导学生探究，不断地发现问题，解决问题，又在解决问题中发现新问题。这样可以使课堂环节严密紧凑，张弛有度，形成教学的节奏感和严密的逻辑性。在具体的追问式教学中，首先教师要有问题意识，其次由教师的问题意识来激发学生的问题意识，形成课堂生成。

③追问拓展教材。课堂上的生成是可以诱发的，教师要借助教材、案例等教学素材，把握教学契机，在教学的重难点处适时追问、拓展延伸，引领学生挖掘教材的深度，拓展教学内容的广度，提升立德树人的高度。即使在课堂小结环节，也可适时追问，让学生在课堂结尾处再形成一次思维高潮，体现“课已终、情犹存、意更深”的课堂教学效果。

（2）把握课堂追问的契机。课堂追问是在教学中顺着学生的回答进一步询问学生的真实想法或顺着学生的思路通过发问来推进后续教学的一种教学方法。因此，教师要善于把握课堂追问的契机，捕捉有价值的生成材料，深入推进后续教学。具体来讲，课堂追问要善于把握以下契机：

①追着学生的“经验基础”，问出“教学起点”。新课程非常强调在学生的实际基础上开展教学，以提高教学的针对性。为此，教师要充分了解学生头脑中已经具备了哪些生活经验和知识基础，以此来判断新知教学的生长点，确定新知教学的真实起点。教学起点包括两个方面：一是知识的逻辑起点，二是学生后续推进学习的起点。知识的逻辑起点，教师可以通过整体钻研教材来把握，而学生后续推进学习的起点分析，既可以通过平时作业、学生访谈、课前测试和教师经验等途径来获得，也可以在上课伊始运用追问的手段动态地了解。在找准教学起点的基础上，教师才能更有效地推进后续教学。

②追着学生的“表面回答”，问出“真实想法”。课堂上往往会出现学生对问题回答的语言表述和内心的实际想法不完全一致的现象，如果教师不深入追问，很有可能会误解学生，造成对学生的不尊重，也不利于对新知的深入理解。教师如果发现学生的回答不是很明确，可以透过表面回答，追问学生的真实想法，如“你这个想法是什么意思”“能不能再说得明确一些”“请你举个例子说一说”等，这样通过“表面回答”得到“真实想法”，使得课堂教学更加真实有效。

③追着学生的“生成信息”，问出“推进思路”。新课程教学比较开放，相应地学生的思维发散性比较强，课堂上临时生成的材料比较丰富。因此，教师一方面要在备课时预备一些教学内容，另一方面要利用临时生成的材料作为教学内容的补充。在生成的信息中，有些与教学重点关系不大，要采取淡化策略，而有些信息对推进后续教学有直接关系，对这些有价值的信息，教师要通过追问等手段，敏锐捕捉、迅速判断、及时处理，使之成为推进后续教学的内容之一，为教学目标的达成服务。

④追着学生的“节外生枝”，问出“意外收获”。新课程教学开放力度加大后，学生课堂自由度更大，出现“节外生枝”的现象自然比以前多了。这些节外之枝虽然无法预约，但是可以捕获，可以放大，只要教师具备一定的应对生成的意识和掌握一些调控技巧，将这些“节外之枝”为己所用，那就可能会让意外变成精彩，从而获得意想不到的效果。

⑤追着学生的“质疑问难”，问出“深入思考”。新课程教学非常注重对学生质疑问难能力的培养，认为质疑问难能力的高低是衡量学生创新意识和能力的重要标志。因此，作为教师要创造条件，多给学生质疑的机会，多让学生主动发问，从而培养学生的主体意识和批判精神。当学生提出疑问后，教师要顺

着学生的疑问延伸下去，通过步步追问推进教学，从而使学生的认识不断深化。

（3）提高课堂追问的艺术。在课堂教学中，教师不仅要善于把握课堂追问的契机，而且要努力提高课堂追问的艺术，使课堂教学呈现出追问的艺术效果。这需要教师切实把握课堂追问的“点”和“面”。

①课堂追问要有适切的“点”。在课堂教学中，教师要善于把握课堂追问的时机，问在当问处。具体来讲，课堂追问应当问在这三个“点”上：

A. 去粗取精，追问在知识重点上。所谓知识重点，是对系统知识的掌握有全局作用、能“牵一发而动全身”的关键知识点。布鲁姆指出：有效的教学，始于准确地知道需要达到的教学目标是什么。可以说，离开了教学目标的所有教学都是“无源之水，无本之木”，而教学目标能否很好实现，在很大程度上取决于能否把握教学重点。因此，教师的追问不能漫无边际、不分轻重，也不能蜻蜓点水、一带而过，而要有区分地在教学重点处多问几个“为什么”，与学生一起分析、探究、解决问题，以此引起学生关注，凸显所学知识的重要性，抓住知识精髓。教学实践表明，在教学重点处追问与澄清，能让学生在观点表达与阐述中探究问题，更透彻地理解知识。

B. 去伪存真，追问在认知盲点上。课堂是一个允许犯错的地方，也是一个不断纠错的地方。中学生由于生理、心理、知识储备及思维方式的局限，在分析问题时难免会出现认知的片面性与粗浅性，回答问题也难免会出现这样或那样的错误。当学生的答案并非我们想要的甚至根本不在预设范围时，不要急于否定或“另请高徒”，而应找准学生思维的活跃点，在认知盲点上追问，引导学生转变分析问题的视角，帮助学生突破思维瓶颈，使学生能够去伪存真。

C. 小题大做，追问在教学节点上。教师大多会将课前、课中、课尾作为教学节点，予以充分重视。但还有一处节点需要引起充分重视，即课堂意外点。叶澜说：课堂应是向未知方向挺进的旅程，随时都有可能发现意外的通道和美丽的风景，而不是一切都必须遵循固定的路线而没有激情的行程。在课堂教学中，随时都会有“节外生枝”，对教师来说，当突发事件出现时，不应熟视无睹，更不应故意回避，而要迅速作出判断、识别，不失时机地追问，甚至可以小题大做，打开学生思维窗口，激发学生的智慧生长。

②课堂追问要有适合的“面”。在课堂教学中，教师不仅要找准课堂追问的适切点，而且要把握课堂追问的适切面。具体来讲，课堂追问要把握好三个“度”：

A. 明确应答域——追问有思维角度。所谓应答域，是指在问题表述中，对问题答案存在范围所做的一种具有导向作用的预设。心理学研究表明，教师对问题不同的语言表达会直接影响思维的方向和解决问题的方式。中学生虽具备了一定的思维能力，但分析问题的能力还不是很强。因此，问题设置不能过于大而空，也不能为问而问，而应该在内容、方式、要求上符合学生的思维特点、能力水平和知识现状，指导学生找到分析、探究、寻找问题答案的角度和方向。

B. 最近发展区——追问有能级梯度。美国心理学家弗洛姆认为，个体从事某种活动的动力取决于行动目标的价值及对达到该目标可能性的期望，即“驱力=目标价值×实现目标的概率”。这说明，问题过易，无须思考就知道答案，学生会觉得实现目标的价值不大，无法调动学习积极性；问题过难，隐含条件太多，学生会觉得实现目标的概率很小，丧失学习动力。因此，追问要让问题有一定梯度，让学生对问题既觉得仰之弥高，又觉得有稳定坚实的台阶，能够借此向上攀登。

C. 宽广覆盖面——追问有群体广度。每个学生都是课堂的主人，都应受到教师的关注。因此，追问应具有一定的广度，面向全体学生，而不能成为“一对一”的辅导或者少数学生的“专场”。每节课，教师都要尽可能地为绝大多数学生制造回答问题的机会，让更多学生参与教学过程。但是，学生不管是智力、能力还是兴趣都存在差异，这就要求教师对所设计的追问要烂熟于心，对不同学生追问不同的问题，以适合不同群体的需求，使追问具有宽广的覆盖面。

4. 教学生成艺术

生成性教学是相对于预设性教学而言的，强调教学过程性，突出教学个性化构建，追求学生生命成长，是一种开放、互动、多元的教学形式。推进立德树人导向下中学思政课教学改革，需要教师有效把握教学生成的基本方式和技巧，切实增强教学生成艺术。

（1）教学生成的基本方式。但肯寻诗便有诗，灵犀一点是吾师。夕阳芳草寻常物，解用都为绝妙词。只要用慧心去引领、用慧眼去发现，那些有意预设的环节、无意发生的意外或随机产生的错误和困惑，都可以成为精彩的课堂生成，成为思政课的一抹亮色。在课堂教学实践中，教学生成的基本方式有以下几种：

①在预设中生成——凡事预则立，不预则废。预设与生成不是对立的两个问题，而是一个问题的两个方面。预设是生成的前提，生成是对预设的超越和

发展。“没有预设不负责，没有生成不精彩。”因此，没有教师精心策划的弹性预设，就没有水到渠成的精彩生成。精心、充分的预设，可为自由生成创设空间。因为事先做了功课，在备教材的同时也备了学生、备了老师。

②在意外中生成——无心插柳，柳暗花明。有些生成可以预设，学生也可以预知。然而，课堂没有彩排，学生也不尽相同。有时候，课堂上发生的意外往往与预设相去甚远，让人始料不及。著名教育家夸美纽斯说：教师应该用一切可能的方式，把孩子们求知与求学的欲望激发出来。这样的教学意外，是“无心插柳”，可遇而不可求，教师应该抓住珍贵的教育契机，充分发挥教学智慧，将它变成一场“美丽的意外”。

③在错误中生成——将错就错，弄巧成拙。很多老师都会让学生整理错题集，因为教师看到了错误对于学生成长的积极意义。其实，这些错误在课堂上上就已经出现了。教师应该及时发现，“将错就错”，并生成为教学环节，与相关知识相链接，深化学生对相关知识的理解、巩固和迁移。德国哲学家黑格尔说：错误本身是达到真理的一个必然环节，由于措施，真理才会发现。错误揭示了我们知识和能力的盲点，为我们指明了方向，是宝贵的经验教训。

④在困惑中生成——学然后知不足，教然后知困。在教学过程中，遇到疑问和困惑，我们不能视而不见、敷衍了事，而应该引导学生共同探讨、即时生成，实现教学相长。正如德国著名教育家第斯多惠所说的：一个低水平的教师，只是向学生奉献真理，而一个优秀的教师是让学生自己去发现真理。在教学过程中，教师应肯定和鼓励学生的博学多识，也要大方承认自己的无知与不足。由一个困惑出发，引导学生思辨、求证，让学生通过思考而接近真相、寻求真理，这样师生的质疑精神和探索真理欲望才能被充分激发。

（2）教学生成的基本技巧。在课堂教学中，教师要掌握课堂生成艺术，绝不是一件轻而易举的事情，它需要教师在日常教学中不断用心揣摩和长期刻苦锤炼，切实把握教学生成的基本技巧。

①信息技术是基点。随着现代教育技术的发展，信息技术已普遍应用于现代课堂教学。培养学生核心素养，本身也包括“能互动地使用工具沟通”。如果现代课堂教学不能基于信息技术进行互动交流，仍由教师通过传统的口头讲解或简单地播放幻灯片等方式进行，不仅落后，而且无法显示信息技术在改变教育的模仿性、等级性、模式化和群体化等方面所潜藏的巨大力量。

②教师素养是支点。众所周知，影响教育品质的关键是教师的素质。高质量专业化教师虽不是达成高品质教育的充分条件，却是必要条件。教师能够实现远比学生更强大的“脚手架”作用，作为“对话中的主导”的教师，能够也

必须充当尚在懵懂之中的学生的“梯子”，诱发和促进学生自我对话。教师素养还包括情感酝酿和准备、教学目标定位与实现、课程资源开发和利用、教学结构安排与调整、教学方法选择与运用等内容。教师素养的支撑作用首先表现为教材的把控，也就是“用教材教的能力”，包括对教材体系的领悟，与教材编写者共鸣，选择热点、重点、难点、盲点的技巧等。

③了解学情是起点。有学者指出：“任何知识要具有生命力，都必须作为一个‘过程’存在于一定的生活场景、问题情境或思想语境之中。”因此，教学的出发点不是课本，不是抽象知识，而是学生与自然、社会、他人、自我的相互作用。情境教学法中一境到底的“境”，可以是一个故事、一部电影、一段视频、一个人物、一则材料、一集动漫，但真正要了解学生的学习基础、兴趣偏好、最近发展区，还是要通过调查研究，对学生进行学情分析，掌握学生的学习实际，明确教师的教学实际，努力实现主客交融、师生共进的教学境界。

④真正问题是焦点。问题教学法就是以问题为载体，以问题贯穿教学过程，使学生萌生自主学习的动机和欲望，进而逐渐养成自主学习习惯，并在实践中不断优化自主学习方法、提高自主学习能力的一种教学方法。在培育学生学科核心素养的今天，倡导问题教学，促进学生深度学习、研究性学习，都源于真正的问题。这些问题从学生中来，从丰富多彩的生活中来，整合成自然、真实、完整的问题链，成为教学焦点。这样的教学才有价值、有意义，才能让学生在真实情境中轻松接受知识、体悟美好生活，提高道德修养。

⑤思维碰撞是亮点。思政课培养学生的核心素养之一，就是培育学生的理性思辨精神。理性思辨精神，就是人的理智、自主、反思的思维品质和行为特征。在思政课教学中，要培养学生质疑、批判和反思的理性精神，倡导科学发展的经济理性、依法治国的政治理性、多元价值的文化理性、唯物辩证的思辨理性。从学生成长的角度讲，所谓学习，就是自我内心世界的探索之旅，是自身智慧的上下求索，是同自身内心世界的对话。学习的第一种对话实践，是同客体对话；学习的第二种对话实践，是同自己对话；学习的第三种对话实践，是同他人对话。思政课培养学生学科核心素养，最终要落实到行动上，必须让学生与自我、与教师、与父母、与社会进行思维碰撞。只有内化于心，才能外化于行。

⑥教学意外是拐点。课堂教学中教师应该出彩，但最应该出彩的是学生。学生的出彩，在某种程度上讲则是教师课堂教学生成的出彩。钟启泉教授曾说：课堂教学不应该是一个封闭系统，也不应拘泥于预先设定的固定不变的程

式。预设的目标在实施过程中需要开放地纳入直接经验、弹性灵活的成分以及始料未及的体验，鼓励师生在互动中的即兴创造。实际上，课堂是师生、生生不断交往互动的场域，是教师与学生个体或群体之间知识、个性、情感不断碰撞、整合、调适的舞台。教师预设得再完美，也难以预想到课堂教学有可能出现的所有情况。这就要求教师必须根据变化的情形，采取恰当措施，不断调整教学行为，让“意外”成为“惊喜”。

⑦公共参与是终点。知识来源于生活、服务于生活。思政课具有很强的实践性，在课堂教学中，教师要引导学生积极融入社会，形成客观理性的价值体系。只有让课堂教学回归生活本真，用学生身边的人和事感染、影响学生，才能吸引学生积极参与到学习活动中来。只有通过自身在学习和活动中的观察、思考、参与、运用，才能把抽象的知识变成活的东西。引导学生积极参与实践活动，培养学生主动参与、乐于探究、勤于动手的意识和习惯，切实提高学生动手能力和实践能力，已成为培育学生核心素养的共识。思政课教学必须引导学生走向广阔的社会大课堂，进一步拓展学生生活，让学生汲取生活的素养，从正在发生的、活生生的实际中检验和丰富所学知识，构建社会主义核心价值。

5．教学引导艺术

课堂教学是一种讲究引导的艺术。从教学实践来看，课程标准要求教师在学生思想品德和价值观念形成的关键时期给予正确引导和有效帮助。因此，教师应当是带领学生探索知识世界的“导游”，引领学生理性表达思想情感的“导演”，指引学生走向智慧人生的“导师”。思政课教师必须升华教学引导艺术，努力探索教育教学新途径，开拓引领学生成长新境界，这样才能导出课堂教学的无穷魅力和无限时空。具体来讲，思政课教学要升华引导艺术，至少需要做好以下六点：

（1）让导入更有味。苏轼认为，诗以奇趣为宗，反常合道为趣。这启示我们，新课导入要善于以熟悉的陌生化故事视角制造教学悬念，激发神秘感，触发好奇心，勾起学生的探究渴望、倾听兴趣和解密心理，开启撞击学生心灵的探索发现之旅。

（2）让探究更实在。教学是一种慢的艺术。在问题探究时，教师要选择典型的话题情境，引导学生自主学习、合作讨论、交流展示，给学生留下足够的时间和空间，引领学生静悟、品悟、感悟和觉悟，经历思维的过程化和可视化，推进深度学习和高阶思维发展。

（3）让思维更理性。课堂教学既要知性解惑，从解决问题的思维方法上加以引导，又要德性化育，引导学生转知为识，将生活经验转化为人生智慧，指导学生“过有意义的生活”。事实上，知识是容易遗忘的，不管学生将来从事什么职业，唯有深深铭刻于心的思维方法、学习方式和科学精神，才会永远燃放激情。

（4）让生成更精彩。孙子曰：“善战者，因其势而利导之。”这启示我们，出现教学意外时，教师要善于借势而为，顺应学生的经验、认知等，尊重学生的话语权，在民主、理解、和谐的教学氛围中，遵循学生心理规律，顺应事情发展趋势，将意外向有利于实现教学目标的方向引导。

（5）让评价更温情。评价具有激励、导向、促进的教育功能。课堂评价要坚持正向价值引领、提高思想站位、抓住积极情感。培养以积极社会情感为导向的情感教育力，落实社会主义核心价值观，彰显人文关怀，让学生感怀于心，主动成长。

（6）让知行更合一。实践是对知识、技能和情感态度与价值观的高度整合与激情超越。教学必须促进学生知行合一，不能停留在口头上、止步于思想环节。通过可触摸的行为，以“出水才见两腿泥”的实干精神，使思想价值扎实落地，让成事成人相得益彰。

6. 一案到底艺术

在思政课教学中，各个教学环节都可以运用典型案例，加以分析说理，以达到激发学生学习兴趣、激发学生思考、引导学生探究、升华学生情感、巩固教材知识、增强关键能力、引领价值理念的作用。运用典型案例教学法，将使不同教学环节特色凸显，整个教学过程丰富有趣、意味深远。但在教学过程中，如果案例运用过多，可能会喧宾夺主。因此，在一堂课中，运用案例不宜过多过杂，能够做到“少而精”即是理想的教学效果。为此，在推进立德树人导向下中学思政课教学改革实践中，运用“一案到底”的教学方法，能收到良好的课堂教学效果和立德树人实效。下面，以高中思想政治必修一《经济生活》第二单元第五课第二框题“新时代的劳动者”为例，简单分析“一案到底”的教学艺术的运用与体会。其具体做法如下：

（1）导入新课，激发兴趣。导入是一节课的开端，良好的导入是师生心灵相通、情感共鸣的起点。“新时代的劳动者”这节课的导入，采用的是以配乐朗诵的方式展现我国改革开放以来所取得的丰硕成果。在此基础上，教师引导学生明白，这些丰硕成果都是劳动者们辛勤劳动的结果，我们的劳动成果并不只是属于伟人，而是属于我们每一个人，从而引出本课的话题——新时代的劳动者。由此可见，典型案例生动、形象、有趣，对于提高导入环节在整节课中的引导作用意义非凡。典型案例导入，诱发学生思维，集中学生注意力，激发学生学习兴趣，不但能有效导入新课，明确教学目标，而且还利于突破重难点，升华学生情感态度价值观。因此，在选择案例时，绝不能马虎、随意，务必做到典型、深刻，力求尽善尽美。

（2）讲授新课，突破重难点。能否实现教学目标，关键在于能否突破教学重难点。在思政课教学中，运用“一案到底”教学法，可以更深入、更全面地阐释本课的知识点，既达到对重难点的阐释，又避免了空谈、枯燥、乏味的讲解，帮助学生把握和理解教学的重难点。“新时代的劳动者”这节课主要通过“小高求职说”的故事来解决学习的主要内容（PPT 呈现故事每一回的重要情节），具体包括“小高的汽车梦”“小高的心酸”“小高的悲剧”“小高爆发了”“小高笑了”等五个环节。整个教学过程“一案到底”，可谓环环相扣、逐层深入，达到了一气呵成的教学效果。

（3）升华知识，实现情感目标。在思政课教学中，运用“一案到底”，不仅可以突破教材重难点知识，而且可以升华情感态度价值观，提高学生对思政课的说服力和信服力，有效地完成本节课的教学任务。因此，典型案例选择恰当、应用得宜，多角度、深层次分析，可提炼典型案例的最大效能，既可有效利用典型案例的价值，又能很好地避免不断换用其他教学案例带来的课时浪费。

由此可见，“一案到底”教学法，将一节课的教学内容有机融合，优势明显。一节课采用多个教学案例，形式上丰富多彩，实则纷繁复杂，难以协调、讲透。而采用“一案到底”，逐层辐射全课，设问环环相扣、层层递进，使教学过程清晰简洁、论述严谨，达到了事半功倍的教学效果。同时，能促使学生身临其境地思考与交流，体验知识发生与发展的过程，提高课堂教学有效性。

7. 课堂激趣艺术

课堂激趣艺术是课堂教学艺术的重要组成部分。中学思政课既有具象内容，又要求学生体会和理解抽象内容。由于中学生的理性认知能力尚处于形成阶段，因而面对思政课内容上质的规定性，就必须充分激发学生学习兴趣，调动学生学习的积极性和主动性。为此，思政课教师要切实增强课堂激趣艺术，充分激发学生参与课堂教学的活力动力，不断提高课堂教学实效。具体来讲，教师需要掌握以下激趣方法和艺术：

（1）情绪调动法，让学习更加有劲。一方面教师外在情绪要昂扬，另一方面教师内在情绪要饱满，同时重视开场导语在学生情绪调动上的积极作用，仔细揣摩教学切入方法和语言表达方式，力求以最贴切的途径拉近学生与教学内容的距离，激发学生求知兴趣，形成合作学习的思想共鸣，使学生在不知不觉中进入探究学习的课堂语境。

（2）悬念设置法，让学习更加有趣。一方面教师要巧用生活经验设置悬念，体现教学“关注社会发展”；另一方面教师要巧用生活事件设置悬念，体现教学“珍视生命”。实践证明，采用悬念设置法，可以巧妙地把看不到、摸不着的道理，借助具体经验或事例进行鲜活的展示。只要教师注重启发和诱导，学生就能在生动有趣的氛围中体验学习的快乐，理解课程的真谛。

（3）情境体验法，让学习更加有型。一方面让学生在课堂内开展特定情境角色扮演活动，另一方面让学生在课外开展专题社会实践活动。教师要善于结合思政课的学科特点和教学内容开展形象化、情境化体验，使生活世界和科学世界有机相联，寓教于乐，让理性知识更便捷地被学生吸收。

（4）主体设计法，让学习更加有彩。在思政课教学中，教师要善于运用主体设计法理念，让学生按照课本要求，自主设计教学案例，并对案例进行解说和分析，切实增强课堂教学的趣味性，开阔学生的思路和眼界，提高课堂教学质量和立德树人实效。

（5）互动参与法，让学习更加有致。思政课堂是一个多维立体结构，是一个教学互动过程，师生互为前提、对象，相互依存、配合，是教学共同体。实践经验告诉我们，必须让教与学有机融合、互动参与，通过交流、讨论、共识三个层次的综合运用，才能在方法指导上实现“教”的意义，在知识体系上实现“学”的成效。

8. 化解危机艺术

课堂是动态的、多样的、复杂的，许多突发事件是无法预料的，课堂危机是课堂教学客观存在的、难免会出现的教学现象。与此相适应，化解课堂危机艺术则成为课堂教学艺术的重要组成部分。根据不同标准，可将课堂危机划分为不同类型。根据主体事先有无引发危机的动机，可分为随机性课堂危机和预谋性课堂危机；根据引发危机的主体，可分为人为课堂危机和物为课堂危机；根据危机持续性的时间长短，可分为瞬息性课堂危机和持续性课堂危机；等等。课堂危机具有突发性和潜在破坏性。加强对课堂危机的有效管控，有效避免课堂教学失控，必然要求教师切实增强化解课堂危机的能力和艺术。一般而言，处置课堂危机，需要教师在教学中具有三个方面的能力：

（1）预防课堂危机，需要教师具有一定的教学敏感。诚然，课堂危机常常防不胜防，但事实证明，某些课堂危机在成为危机之前，往往会有一定的征兆。例如，课间两个学生的矛盾，随着教师走进课堂和上课铃声响起，可能暂时潜伏起来。但是，细心的教师可以从走进教室时的氛围、学生的神情等方面觉察出蛛丝马迹。此时，教师就要密切关注课堂进展，有意采取必要措施活跃课堂氛围，将学生注意力吸引到课堂活动上来，防患于未然。如果教师缺乏必要的职业嗅觉和教学敏感性，课堂教学就会表面风平浪静实则暗流涌动，随时有爆发危机的危险。

（2）化解课堂危机，需要教师具有高超的教学机智。所谓教学机智，就是教师在教学过程中临场发挥的灵感教学。具体而言，就是指教师在课堂上能以敏捷的思维能力与应变能力，随课堂动态调整自己课前预设的内容、节奏、方法等，能从容面对课堂上发生的各种意外和突发事件，并以巧妙自然的手段加以引导、转化，将教学引向正轨，直至高潮。它要求教师在课堂教学中充分重视教学活动的多样性和教学环境的复杂性，在千变万化的课堂动态中保持心态平衡，用课堂机智灵活处理问题，快速做出准确的判断和艺术的处理，解决课堂意外，从而保持课堂教学的精彩。首先，要有处变不惊的心态。教师是课堂教学的主心骨和压舱石，这一定位在中小学课堂中尤为明显。当课堂危机不期而至时，惊慌失措只能使危机更危，处变不惊方能稳住阵脚，为化危为机赢得时间和空间。其次，要有灵活的教学机智。教师机智不能简单等同于教学经验，它不可以计划，也不可预设，甚至不可以教授。教师要根据当时的教学情形，快速准确地做出反应，以便将课堂危机造成的干扰控制在最低限度，甚至实现由消极影响到积极影响的转变。

（3）转化课堂危机，需要教师巧妙生成课堂资源。课堂危机中的危机，既有危，也有机。如果教师转化课堂危机的能力和艺术足够高超，机智、巧妙地将课堂危机有效地生成课堂教学资源，就能将课堂危机中的危有效地转化为机。

①沉着冷静，勇于认错。一旦我们在教学中出现失误，一定要沉着冷静，稳住自己的情绪，并且积极纠正，不能及时纠正的则要找机会弥补。教师要勇于认错，“人非圣贤、孰能无过”，坦然地向学生承认自己的失误，更能获得学生的谅解和认可，切忌硬着头皮坚持错误，甚至强词夺理，反过来批评学生，这样做只能降低自己的威信。要知道，一位敢于承认错误、敢于自我批评的教师，才是学生心目中的好老师。

②顺水推舟，巧妙处理。教师在课堂教学中的失误，大多数是无心的，但一旦出现失误，我们转换一下思维，变换一个角度，会发现它完全可以作为下一个问题或后续教学的切入点，完全可以把“无心”变成“有意”，顺水推舟达到“无心插柳柳成荫”的效果。

③幽默风趣，自嘲解围。当在课堂上出现失误时，教师的一两句幽默、风趣、自嘲的语言往往能够把自己从困境中解脱出来，并把课堂的尴尬转化为欢声笑语。总之，只要教师多加积累，不断提高自身的应变能力，完全可以把课堂冲突、课堂意外、课堂失误都转变为课堂资源，以提升课堂教学质量，达到良好的课堂管理效果。

9. 课堂上活艺术

上课有五种状态，即上对、上好、上全、上实、上活。上对是基本，上好是高标，上全是追求，上实是境界，上活是艺术。思政课教学要想达到“上活”的最佳课堂状态，追求“上活”的最高艺术境界，关键是要让课堂教学“活”起来，让学生“动”起来。

（1）上课的五种状态。一般而言，上课的整体状态和教学境界有五种情况：

①上对。所谓“上对”，是指教师能按照教材和教学参考书提供的教案，准确完成教学任务，没有知识性、方法性和过程性错误。这一点对新教师来说非常关键。要“上对”课，教师不仅需要有扎实的学科知识，而且要善于表达，能把想要讲的东西讲清楚讲明白，让学生能听懂、接受。最容易犯的错误是举例，因为举例只能证伪，不能证实。稍不留神，就会出现知识性或逻辑性的错误。

②上好。所谓“上好”，是指教师在把握教材与教学参考书的基础上能对其中的部分内容或活动作适当修改，使之更加符合教学实际和师生需要。这里的“好”是一个相对概念，指相对于教材与教学参考书中原有的内容来说改一点、加一点、使之更加好一点。这需要教师有一定的教学经验积累和创新能力，能发现教材与教参中的不足，能创造性地对教材进行补充和完善。

③上全。所谓“上全”，是指教师在课上能兼顾“三维目标”或核心素养的多种目标，不仅有知识与技能要求，还关注过程与方法、情感态度与价值观。但我们需要明确的是，情感、态度、价值观、能力的培养与知识、技能的学习是不一样的。知识、技能的学习主要靠教师的传授与练习，理解、记忆、练习、巩固是主要的学习方式。简单来说，情感、态度、价值观、能力的培养是经验知识的习得，体验、感悟、内化是主要的习得方式。

④上实。所谓“上实”，是指课必须上出实际效果。实施素质教育和立德树人的课堂教学改革不是简单的形式改革，而是要关注实际效果。关注课的实际效果，要着眼于两个“提高”。第一，提高学生主动学习的程度。其实现途径有两个：一是加强对学生学习过程的了解；二是训练学生参与课堂教学的能力，会提问、会讨论、会表达。第二，提高学生有效学习的程度。这要求教师做到两点：一是增强驾驭课堂教学的能力，二是实施开放性教学。

⑤上活。所谓“上活”，是指教师不拘泥于教案，能根据课堂教学的实际情况活用教案。预设与生成是课堂教学面临的一对矛盾，教师上课不能没有预设，没有准备。但预设与实际之间肯定会有不一致，需要教师在课堂里随时做出调整。这就是课堂教学的生成性。因此，好的课堂教学应该是因学定教和因学施教的完美组合，既要根据学生学的过程设计教的过程，又要根据实际教学情况，活用教案，体现出教学活动的生成性。

（2）上活的教学艺术。围绕中学思政课落实立德树人根本任务，针对上课中存在的上述五种不同的教学状态和教学境界，思政课教师追求课堂教学的“上活效果”和“上活艺术”，要明确以下四点：

①建立良好的师生关系，是使课堂“活”起来的前提。首先，教师对学生不能过分严厉。其次，教师应该尊重学生。再次，教师要热爱学生。最后，教师要多激励学生。教师如果用兴奋的情绪、热切的关注、殷切的期待去激励、唤醒和鼓舞学生，用赏识的心态去表扬学生，学生就会从老师的激励中获得信心和力量，情不自禁地投入学习中去，从而迸发出智慧的火花。

②让学生成为学习的主人，是课堂“活”起来的关键。首先，教师要打破原有的教学习惯。其次，要处理好教师的主导作用与学生主体地位的关系。最后，教师要扮演“教”和“学”的双重角色。事实证明，只有让学生成为学习的真正主人，才能使课堂教学富有生机与活力。

③教学语言具有艺术性，是课堂“活”起来的催化剂。教师的教学语言艺术是课堂活起来的催化剂。教师要增强语言的直象性、动态性、简洁性、幽默性，语言简明生动，意涵幽默深刻，具有直观、形象的美感，达到抑扬顿挫、富于情感、富有启发性的三重效果，从而创设愉悦、和谐的课堂气氛。

④灵活的教法和学法，是使课堂教学“活”起来的法宝。首先，活用教法。通过善于创设教学情景、积极引导学生探究、鼓励学生发问、注重直观形象教学等教学方式，实现因材施教。其次，活用学法。通过培养学生良好的学习习惯、采用形式多样的学习方式、加强社会实践等方式，帮助学生寻找最适合自己的学法，锻炼思维，提升能力。

10. 课堂精讲艺术

围绕落实立德树人根本任务，按照“三贴近”的教学原则，教师在教学实践中需要提升精讲艺术。推进立德树人导向下的中学思政课教学改革，教师追求的是清晰明白的讲解，是和谐的师生交流，是高效率的技能技巧。我们既要反对忽视学生主体地位的越俎代庖的烦琐分析，也反对教师主导作用缺失下的学生随心所欲的“感悟”、漫无边际的“体验”。教师要把好讲与不讲的度，必须精讲，在讲清、讲透、讲实、讲活上下功夫。具体来讲，要注意以下三点要求：

（1）把“是什么”讲清。由于思政课是一门实践性很强的学科，最忌从概念到概念，但一些概念又不能回避，特别是学生经过学习仍然认识肤浅时，就需要教师把观点讲清楚。

（2）把“为什么”讲透。思政课的任务之一就是引领学生了解社会，培育政治认同、科学精神、法治意识、公共参与等核心素养，让学生坚定理想信念、厚植爱国情怀、担当社会责任、增强奋斗精神。为实现这一任务，教师必须夯实核心观点，把观点讲透。

（3）把“怎么做”讲实。思政课的根本任务是立德树人，必须面向核心素养，把学生放在社会发展境遇中，引领学生实现自主发展和社会参与。而要实现这一任务，就需要精讲，把“怎么做”讲实，这样才能引导学生主动参与、提升素养。

11. 课堂结尾艺术

围绕落实立德树人根本任务，着眼发展学生学科核心素养，需要教师提升课堂结尾艺术。一个精彩的结尾，能振奋学生精神、激活学生思维；一个富有新意、回味悠长的结尾，能使课堂知识条理化、系统化；一个让人震撼的结尾，能起到承上启下、画龙点睛的作用。一个好的课堂结尾，往往能从认知上说服学生、从情感上打动学生、从态度上改变学生、从价值观赏引导学生，陶冶其性情、升华其品格。例如，在教科版《品质：市场的通行证》一课结尾时，可采用以下方式结尾：同学们，今天我们学习了第十四课《品质：市场的通行证》的第一部分内容，了解了品质的含义与属性。对于物来说，品质就是物品的质量；对于人来说，品质就是人的思想、行为和作风等表现出来的为人品性。物的品质归根到底是由人的品性决定的。如果说市场是海、品质的船、品牌是帆，那么，品质就是市场竞争的核心，品牌就是价值，拥有品牌就拥有市场。品质支撑品牌，提高产品品质是拓展市场的关键，有了品质就能赢得市场。因此，对企业和商家来讲，就要追求品质，打造品牌，做最好的产品；对人来讲，就要养成诚信、公平、正义等为商为人的品质，这也是我们每个人走向未来的通行证。这样的结尾，就像登山后的俯瞰，既升华了学生认识，又拓展了学生思维。如果说精彩的导入犹如推开一扇门，引导学生窥见门内的精彩，享受一场思想的盛宴，那么，开放的结尾犹如推开另一扇门，引领学生看见门外的世界，探索未知的世界。入门与出门，彰显的是教师教育的智慧、追求，成就的是学生成长的价值。

八、立德树人的效能提升

提升效能，是近年来教学改革中一直倡导的一个热门话题。围绕落实立德树人根本任务，着眼发展学生学科核心素养，推进立德树人导向下中学思政课教学改革，必须切实提升立德树人的效能，如教学效能、教师效能、学生效能、管理效能、家长效能等（见图 8－14）。

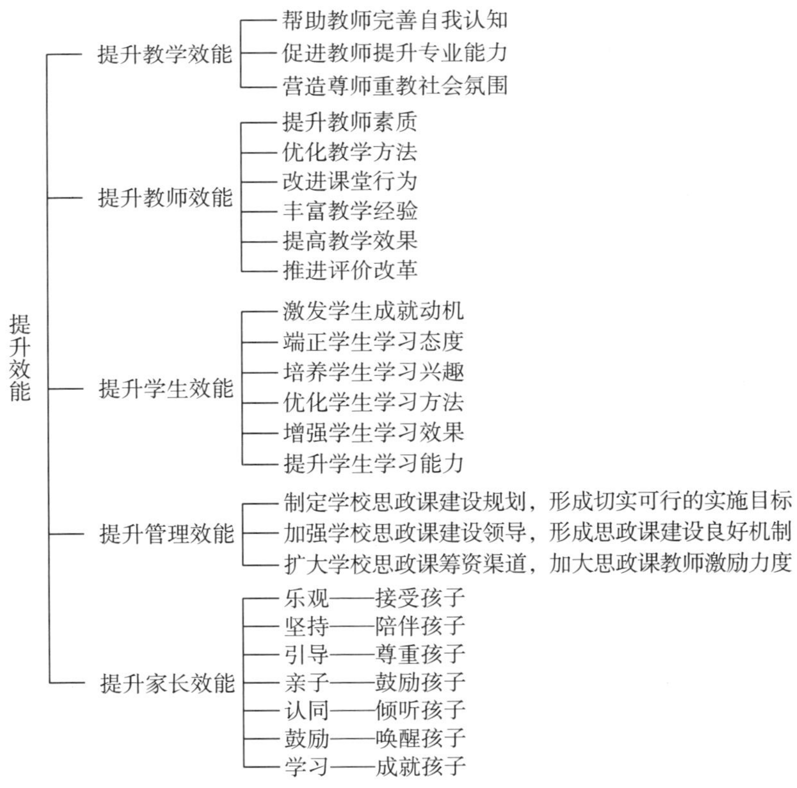

图 8－14　立德树人导向下中学思政课教学改革的效能提升

（一）提升教学效能

20 世纪 70 年代以来，随着心理学从行为科学到认知科学的发展，逐步形成了“教学效能感”这一教育心理学的热点研究领域。根据班杜拉的自我效能理论，可以把教师的教学效能分为一般教学效能感和个人教学效能感两类。一般教学效能感反映的是结果预期，个人教学效能感反映的是效能预期。大量研究表明，教学效能感与教学效果之间有着密切的联系。教师教学效能的高低影响着教师的教学行为与表现、学生的学习行为与表现，已经成为影响教学质量的重要因素。具体来讲，教师的教学效能影响着教师在工作中的情绪、影响着教师对教学活动的组织和控制、影响着对教学成败的归因、影响着教师教学策略的运用。因此，培养与提高教师教学效能感有着重要的意义。其具体措施可从以下几个方面着手。

第一，从个人角度，帮助教师完善自我认知。首先，对教学成败合理归因，帮助教师提高教学效能。其次，设定适宜教学目标，帮助教师积累成功体验。

第二，从学校角度，促进教师提升专业能力。首先，加强教师培训工作，提高教师专业素质。其次，改革教师工作评价，促进教师专业成长。

第三，从社会角度，营造尊师重教社会氛围。首先，切实提高教师的社会地位，提升教师在社会中受尊重、被理解而产生的情感体验和满意程度。其次，切实提高教师的经济地位，使教师享有较高收入而真正成为受人尊重的体面职业。最后，要系统构建社会、学校、家庭三位一体的社会支持体系，使学校、社会、家庭真正形成教育合力。

（二）提升教师效能

落实立德树人根本任务，发展学生学科核心素养，迫切需要提高教师效能。但是，教学从本质上讲是“农业”，而不是“工业”。“工业”需要的是同规格的批量化生产，而“农业”既需要精心滴灌，也需要静待花开。推进立德树人导向下中学思政课教学改革，只有将顶层设计与实际问题对接好，不断提升教师效能，教师才能真正回归本职工作，才能有投入的情感、参与的兴趣、沉浸的耐心，真正做到潜心教书、静心育人，从而提高课堂教学和立德树人实效。具体来讲，提高教师效能，可采取以下措施。

1. 提升教师素质

教师素质决定着育人品质，决定着教育的未来。教师的思想观念、学识能力、行为习惯、思维方式等无疑会给学生带来深远影响，甚至打上终生难忘的烙印。围绕落实立德树人根本任务，提升教师素质，需要着力从三个方面下功夫：

（1）坚持“四有”好老师标准。有理想信念，是实现中国梦的思想基础，体现了思想育人的导向。有道德情操，是教书育人的前提条件，体现了道德育人的导向。有扎实知识，是对教师的起码要求，体现了知识育人的导向。有仁爱之心，是教师从事的职业所需，体现了和谐育人的导向。

（2）坚持思政课教师“六个要”标准。政治要强，即善于从政治上看问题，在大是大非面前保持政治清醒，让有信仰的人讲信仰。情怀要深，即保持家国情怀，心里装着国家和民族，在党和人民的伟大实践中关注时代、关注社会，汲取养分、丰富思想。思维要新，即学会辩证唯物主义和历史唯物主义，创新课堂教学，引导学生树立正确的理想信念、学会正确的思维方法，提升思想政治教育的活力。视野要广，即有知识视野、国际视野、历史视野，通过生动、深入、具体的纵横比较，把一些道理讲明白、讲清楚，让思想政治教育更有内涵。自律要严，即做言行举止的典范，做到课上课下一致、网上网下一致，自觉弘扬主旋律，积极传递正能量。人格要正，即有堂堂正正的人格，用高尚的人格感染学生、赢得学生，用真理的力量感召学生，以深厚的理论功底赢得学生，自觉做为学为人的表率，做让学生喜爱的人。

（3）坚持“八个相统一”要求。坚持政治性和学理性相统一，以透彻的学理分析回应学生，以彻底的思想理论说服学生。坚持价值性和知识性相统一，寓价值观引导于知识传授之中，用真理的强大力量引导学生。坚持建设性和批判性相统一，传导主流意识形态，直面各种错误观点和思潮。坚持理论性和实践性相统一，用科学理论培养人，重视思政课的实践性，把思政小课堂同社会大课堂结合起来，教育引导学生立鸿鹄志，做奋斗者。坚持统一性和多样性相统一，既落实教学目标、课程设置、教材使用、教学管理等方面的统一要求，又因地制宜、因时制宜、因材施教。坚持主导性和主体性相统一，加大对学生的认知规律和接受特点的研究，发挥教师主导和学生主体作用。坚持灌输性和启发性相统一，注重启发性教育，引导学生发现问题、分析问题、思考问题、解决问题，在不断启发中让学生自然得出结论。坚持显性教育和隐性教育相统一，挖掘其他课程和教学方式中蕴含的思想政治教育资源，实现全员全程全方位育人。

2. 优化教学方法

教学有法，教无定法，贵在得法。每种教学方法都有其优势，也有其劣势。没有哪一种教学方法可以适应所有的教学目标、教学内容和学生，因此在教学过程中，教师要根据教学目标、教学内容以及学生的实际情况，将各种教学方法进行优化组合，这样才能使这些方法在教学中发挥积极有效的作用，使教学达到最好的效果。具体来讲，教师优化教学方法应遵循四个原则：

（1）以学生现有的知识经验为基础。教师在选择教学方法时要以学生的现有水平为立足点，要深入研究学生学习的特点、习惯和常用的方法，坚持学生为主体、教师为主导的原则，真正起到激励、组织和引导学生学习的作用。

（2）智力因素和非智力因素相结合。教师在选择教学方法的时候，应当充分考虑到这些因素，选择和设计那些能够充分调动学生学习积极性、激发其学习动机、提高其学习兴趣的方法。

（3）注重培养学生自学能力与方法。教师在教学中，应当以教会学生如何学习和如何思维为目标，有意识地培养学生的学科核心素养，有意识地培养学生的自学能力与方法。这样即使学生离开学校，走上工作岗位，也能具有终身学习的能力和基础。

（4）综合使用多种教学方法和手段。当教育目的、内容等条件确定后，教学方法就成为提高教学效率的关键因素。思政课教学要想获得理想的效果，就要综合运用讲授法、讨论法、案例法、情境法、比较法、调查法、社会实践、多媒体教学等方法和手段，以达到事半功倍的效果。

3. 改进课堂行为

课堂是发展学生核心素养，落实立德树人根本任务的主渠道。课堂质量、课堂效果决定着发展学生核心素养的广度、深度与效度，也影响着落实立德树人根本任务的程度与效果。提升课堂教学质量，增强立德树人效果，就要扩大教育格局、顺应社会要求、依据学生特点、利用现代科技，积极改进课堂行为，提升思政课的育人品质。为此，思政课教师改进课堂行为应遵循四个根本要求：

（1）建立新型师生关系。构建新型师生关系，营造平等尊重、教学相长的学习氛围，是课堂提质增效的前提。

（2）转变教师教学方式。思政课教学必须加快转型升级，从“教的课堂”转型为“学的课堂”，实现从“学科教学”到“学科育人”的转变。

（3）革新学生学习方式。培养学生学习兴趣，激发其内在学习驱动力是学习方式变革的前提。引导学生自主学习、合作学习、探究学习，促进其内在潜能的自我挖掘与释放是学习方式变革的关键。把课堂交给学生，把时间还给学生，把学习赋予学生，是实现学习方式变革的外在表现和核心要件。

(4) 拓展学科教育资源。在新时代教育改革大势下，思政课教学需要树立大课程观、大教学观、大学习观、大课堂观，积极开拓各级各类教育资源，促进全面育人、全时育人、全景育人、全员育人、全程育人。

4. 丰富教学经验

教学经验是指教师在教学实践中获得从事教学活动的有效知识、技能以及情感和情绪体验。教学经验主要表现在以下几个方面。

(1) 教学经验就是知道本课内容在教材中的位置。有经验的老师会知道特定教学内容在教材中的地位，这个内容会解决哪些教学问题，今后在教材中哪个地方还会出现和运用，对学生的后续学习会产生哪些影响和作用等，因为教师熟悉整套教材内容。

(2) 教学经验就是知道一堂课的教学目标。有经验的老师对整套教材、每个单元、每一课的教学目标都心中有数。无论是知识、能力、情感态度价值观等三维目标，还是必备知识、关键能力、价值观念等核心素养，有经验的老师都了然于胸。

(3) 教学经验就是知道学生在学习中会出现什么问题。有经验的老师知道什么内容是难点，学生会在什么地方卡壳，没上课之前就知道学生会出现几种错误，上课前就准备了相应的措施，上课时能对这些易错的地方进行强化和迁移。

(4) 教学经验就是知道用什么案例来讲什么内容。有经验的老师知道讲什么内容，用什么案例来分析和讲解更具有时政性、典型性、代表性和迁移性。而没有经验的老师，讲解时选用的案例就会缺少典型性和深刻性，不具有阐释力和说服力。

(5) 教学经验就是知道把什么写在黑板上。有经验的老师会把重要的概念、原理、规律、重难点等清晰地板书在黑板上，并重复地用新概念、新知识来解释，让学生慢慢理解、慢慢消化、慢慢记住。即使黑板擦掉，概念已经在脑中了。

(6) 教学经验就是知道作业的难易程度。有经验的老师知道作业分层设计，知道用哪些作业来巩固哪些教材知识，作业的难易程度设置非常合理，贴近学生的最近发展区，让不同层次的学生都能学有所获、学有所得，都能从中得到相应的进步和发展。

总的来说，这些教学经验都需要教师在教学实践中日积月累，不断丰富和完善，才能将思政课上得有声有色、有滋有味、有情有义。

5. 提高教学效果

（1）就所有学科教学的共性而言，要提高教学效果，需要遵循课堂教学的一些常规要求。

①把功夫下在课前。教师要认真钻研教材，仔细备课，必要时采取集体讨论的方式备课，提高备课的质量和教学的有效性。

②把力量放在课内。教师在教学过程中要精选例题、习题、作业题，尽可能做到让每堂课都优质高效，让每堂课都很精彩，让学生都有收获和进步。

③把补困加在课后。在教学过程中，教师要面向全体学生，不放弃任何一个学生，不仅要帮助学困生解决学习上的疑难问题，而且要帮助他们解决思想问题。

（2）相较于其他学科，思政课具有学科的独特性，提高课堂教学效果，还必须遵循一些特殊的学科要求。

①筑牢信仰根基。思政课教师要按照习近平总书记提出的“六个要”标准，做到政治素质过硬、业务能力精湛、育人水平高超、方法技术娴熟，有底气、有信念地从事思政课教学。

②培养炽热情怀。思政课教师按照习近平总书记提出的“四有”好老师标准，做到以德立身、以德立学，以高远志向、良好品德、高尚情操为学生做出表率，教育引导学生立鸿鹄志，做奋斗者。

③发挥示范作用。思政课要把立德树人落实到教书育人过程中，坚持“六个下功夫”，真正给学生心灵埋下真善美的种子，引导学生扣好人生第一粒扣子，切实将立德树人根本任务落在实处。

6. 推进评价改革

教学评价是发展学生核心素养，落实立德树人根本任务的关键环节。检验教学质量效果，评价必不可少。评价什么，怎样评价，反映出来的价值取向对“育什么人，为谁育人，怎样育人”起着重要的导向作用。考试是指挥棒，这个棒要正，教育教学才有章可循，课堂才不会走歪。思政课评价具有一定的特殊性，纸笔考试则多以分数定质，在知识、能力之上，更要注重情感态度价值观的考查。为此，在评价方式上，应力求多元性、过程性、发展性、综合性。具体来讲，推进思政课评价改革，锁定育人取向，要坚持四个“立足”。

（1）立足立德树人的德育质量观。德育质量因精准量化存在困难而不容易把握，学生“核心素养”和“六个下功夫”是立德树人的具体标准，为德育评价提供了新的标尺与准绳。评价需遵循德育教育规律和原则要求，切合时代脉搏，充分体现立德树人时代要求，全方位考量，既面向全体学生，又承认个体差异，尊重个性特长。

（2）立足全面健康的学生发展观。以人的发展作为德育评价的核心，就要抓住“为谁培养人，培养什么人”这一核心，把学生各项发展指标置于首要位置。考试评价也必须以学生为本，面向全体学生，以学生发展作为评价的出发点和落脚点，以促进学生全面发展为目标。在学科评价过程中，要考虑学生发展需要，使评价利于学生长远持续发展。

（3）立足价值引领的教育教学观。评价是手段，目的在于改进育人方式。其实，评价也是德育的一部分，最好的德育是潜移默化的，最好的评价也应该是润物无声的。德育评价机制改革，要定位精准，从重知识能力转移到重情感态度价值观，从重结论表达转移到重思维过程，扎根立德树人，关注核心素养，提高评价质量，真正有效引领教育教学。

（4）立足深化改革的课程实施观。课程观决定教育教学，也影响考试评价。反之，教育评价对课程实施亦具有鲜明的导向作用。为此，课程改革逐渐深入，德育评价也不能滞后。德育考试评价要抓住“怎样培养人”，促进教学方式、学习方式的转变，促进课程有效实施。要进一步关注学生发展，强调教师成长，使基于道德与法治学科的德育样式更加丰富多彩。

（三）提升学生效能

教育承载着传播知识、传播思想、传播真理，塑造灵魂、塑造生命、塑造新人的时代重任。围绕落实立德树人根本任务，着眼发展学生核心素养，推进立德树人导向下中学思政课教学改革，需要学生主动参与和积极实践，不断提高学生效能。具体来讲，提升学生效能有以下途径。

1. 激发学生成就动机

根据奥苏伯尔的成就动机理论，成就动机有三个方面的内驱力：一是认知的内驱力，二是自我提高的内驱力，三是附属的内驱力。激发学生的学习动机，可从以下几方面入手：

（1）让学生设立明确且适当的学习目标。明确的目标是指目标要具体，适当的目标是指难度要合适，这样的目标更能对学生起到有效的激励作用。因为过高的目标和过分的压力不仅不会促进学生的学习，反而会增加他们的焦虑。因此，教师应引导学生确立适当的学习目标。

（2）教师要为学生创设适当的问题情境。所谓适当的问题情境，就是具有一定的困难，需要努力克服，且经过努力是可以克服的那种学习情境。在教学中，教师可以提出与学生已有知识相矛盾的现象，先教给学生一个基本法则，在学生理解之后，再给他们举出不符合这一法则的事例，从而使教学具有新意性、差异性、悬疑性、不确定性及矛盾和冲突，从而有效激发学生的学习兴趣。

（3）在教学中及时反馈学生的学习结果。学习结果的反馈具有提供信息和激励动机两方面的作用，这种反馈应该是即时的和充分的。通过结果反馈，学生能够知道自己在学习上取得了多大进步，在多大程度上达到了目标，从而进一步激发学习动机。在实际教学中，可以采取多种形式进行，当堂评分并要求学生及时纠错，对于不能达到要求的学生可以给予补测和平时多练习的机会。

（4）对学习结果进行适当评价和合理强化。除了单一的分数指标外，教师的评价还可以采取面试、评等级、下评语、表扬或批评等多种形式。这种评价有利于发挥强化的情感作用。在进行评价时，教师应尽量避免仅按成绩评级和评语流于泛泛而谈的倾向，力求做到全面客观和具有针对性。教师在对学生的学习结果进行强化时，应注意合理运用奖励或惩罚，多用正强化，慎用负强化。此外，教师的评价，不论批评与表扬，都要考虑到学生的个别差异。对学习成绩较差、自信心较低的学生，应以表扬鼓励为主，使其获得更多的成功机会，逐步树立起学习信心。而对于成绩较好但有些自傲的学生，则要提出更高的要求，在进行表扬的同时指出其不足。

（5）加强学生成就教育和成就意识培养。教师可以通过组织班会、小组讨论或个别谈心的方式，给学生传递有关成功与失败的概念，并结合学生实际举出其他人取得成就的案例。既以自己之长比别人之短，也以自己之短比别人之长，鼓励自己扬己之长、避己之短，一方面激励自己学习别人，另一方面坚定自己超过他人的信心。

（6）让学生在活动参与中增强成就体验。教师应组织各种有益身心的活动，包括课内教学和课外实践活动，或者通过改变教学活动的难度使教学对学生的意义发生变化，从而提高学生的成就感。比如，提问的时候，对成就优秀的学生，提有挑战性的问题；对中等成绩的学生，提中等难度的问题；对成绩差一点的学生，提难度相对较低一点的问题。这样使各个层级的学生都学有所获，因而都具有成就感和获得感。

（7）强化学生归因训练和积极归因倾向。学生体验到成功与失败后，往往会去寻找原因，这就是对成就行为的归因。由于成就动机水平不同的学生，其归因倾向不一样，因而归因后的行为表现也不同。成就动机水平高的人在失败时往往把原因归于努力不够，即使失败也不灰心，相信努力与结果之间具有依随性，不产生无助感，表现出积极的行动；成就动机水平低的人在失败时往往把原因归于能力不足，容易灰心丧气，认为努力也不能带来相应的结果，容易产生无助感。一般而言，学习差生就往往具有后一种归因倾向。因此，有必要对学生进行积极的归因训练，帮助学生增强学习信心，坚持努力去取得成功。但需要强调的是，学生进行成就动机归因，不能只片面地讲个人的成就和个人的自我提高，只讲学习的个人意义，教师必须引导学生认识学习的社会价值，把追求个人成就和追求社会进步结合起来，并使个人成就服从于整个社会的进步。这是思政课落实立德树人根本任务的客观要求，也是思政课肩负的特殊育人使命。

2. 端正学生学习态度

学习态度，一般是指学生对学习及其学习情境所表现出来的一种比较稳定的心理倾向。不同的学习态度制约着学生学习的动力，其学习的效果也不同。可以说学习态度制约学习的成效，良好的学习态度是学习成功的重要内因之一。培养学生端正的学习态度，既是提高教学质量的有效途径，也是提高学生效能的一项重要任务。培养学生端正的学习态度，可从以下三个方面着手：

（1）帮助学生树立学习信心。教育实践表明，有些学生不良学习态度的产生和形成，往往是他们学习中因多次失败和挫折而产生的多次消极情绪体验积累的结果。这些学生由于学习基础较差，或学习方法不当，或刻苦努力不够，因此考试屡战屡败，缺乏信心，形成严重的挫折心理。而当他们受挫时往往又得不到必要的鼓励、指点，这样日复一日，在他们心理上形成了“学习即痛苦”的消极情绪反应。正是由于这种情绪上的原因，他们虽能在认识上懂得学习的重要，但还是不爱学、不愿学，甚至逃避学习。要转变学生的上述学习态度，教师就要正确对待他们：当他们学习上受挫，考试成绩不佳时，切忌谴责和奚落，以防止其消极情绪体验的产生；而要帮助他们找出学习失败的原因，指导他们改进学习方法，增强其信心。更重要的是，教师要在教学过程中创造各种情境，使他们在学习上不断获得成功，以产生积极的情绪体验。心理学的研究表明，学生学习成功的次数越多，积极愉快的情绪体验也就越多。这就有助于逐渐消除他们因失败和挫折而产生的消极情绪体验，从而转变其消极的学习态度。

（2）改进教学方法和艺术。教育实践表明，教师光靠说教是不能端正学生的学习态度的，应该在平时的课堂教学中下功夫，用自己的专业素养、人格魅力感染学生，让他们明白在知识面前只有真理，没有权威。因此，教师改进教学方法和艺术、激发学生学习兴趣是转变学生学习态度的必要途径之一。教师改进教学方法，最主要的是改变课堂上“满堂灌”的呆板教学形式。教师要运用讲授、讨论、启发式、多媒体等教学方法，启发学生积极思维。教师在改进教学方法的同时，还要增强教学艺术。教学艺术包括很多方面，其中首要的是“讲”的艺术，即要使讲课内容具有科学性和准确性、条理性和逻辑性、层次性和启发性，使学生闻其一盼其二，听而思，思而疑，疑而问。同时教师在讲课时要注意声调的抑扬顿挫，使讲授既幽默风趣，又生动形象，以增强教学内容的趣味性、新颖性和多样性。以上这些，都有助于激发学生的学习兴趣，使之愿意学、乐意学，积极主动地学，从而转变学习态度。

（3）与家长达成教育共识。无论是在平时的教育教学过程中，还是在家校联系过程中，教师要与家长在教育孩子问题上达成教育共识：

①家长在家中不当孩子的面与他人谈论对孩子学习不利的话题；尽量不在家中开展娱乐活动，以免分散孩子的注意力；当家庭发生矛盾时，不当孩子的面进行争吵，避免影响孩子的学习情绪等。

②认真倾听孩子的心声，注意与孩子交流的方式方法。由于学生年龄的变化、知识的增加，对待事物的变化有自己独到的见解，尽管他们的认识比较幼稚、肤浅，但家长要耐心听取他们的意见，并采取恰当的方法与他们交流。切不可操之过急，更不可态度粗暴、简单行事。

③不要采取过分偏激的教育方式。每个孩子都有犯错误的时候，一旦孩子犯了错误，家长应耐心听取孩子的意见，帮助孩子分析犯错误的原因，不可不问青红皂白胡乱批评一通，更不应该打骂孩子，这样很容易造成孩子的逆反心理，走上极端。

④关注孩子的心理感受。孩子考试成绩不理想，心里一定很难过，这时家长应该关心孩子，千万不要挖苦、讽刺，应帮助孩子分析失利原因。如果是态度不端正造成的，则应进行批评、教育，必要时请求老师的帮忙。

⑤培养孩子广泛的兴趣爱好。孩子是天真烂漫的，有着充沛的精力，家长应鼓励孩子积极参加一些有意义的活动，对孩子的一些无理要求应当明确拒绝。

达成以上这些教育共识，有助于帮助学生端正学习态度，激发学习兴趣，提高学习成绩，增强育人效果。

3. 培养学生学习兴趣

思政课是一门理论性很强的学科，大多中学生认为思政课知识点太抽象，理论性太强，难以理解和悟透，因而对学过的知识不能牢固掌握。虽说下了不少苦功，但学习效果却总不理想。其实，素质教育的核心是学生能力的培养。但如果没有兴趣，很难培养学生能力。美国心理学家皮亚杰说过：所有智力方面的工作依赖于乐趣，学习的最好刺激乃是对所学材料的兴趣。学生有了兴趣，才会主动地学习，才会激起学生的求知欲。思政课培养学生学习兴趣，可采用以下方法：

（1）贴近生活，联系时政。联系学生的生活实际，是学生获得情感体验的重要途径。思政课把理论教学与时政热点有机结合起来，有助于培养学生关注时事、喜欢时事，激发他们对思政课的喜欢与热爱，唤起他们对思政课的浓厚兴趣。

（2）开展活动，丰富形式。中学思政课课程标准强调从教学方法上加强“活动课”教学环节，提高学生的实践能力和创新能力。因此，思政课教师应该将形式多样的活动引入课堂，增强学生学习兴趣，取得良好教学效果。

（3）优化语言，改进教法。学生的学习兴趣，既要靠培养，也要靠感染，才能诱发出来。教师要认真钻研教材，注意备教材、备学生、备方法，把握学生的心理特点，充分运用幽默语言、表情姿态，选择灵活多样、切合实际的方法，激发学生学习的兴趣，增强立德树人效果。

4. 优化学生学习方法

每门学科都有自身的学科特点和独特的学习方法要求，每个学生都有自己的学习个性和学习习惯。由于中学思政课教学关系着“培养什么人、怎样培养人、为谁培养人”这一根本问题，因此，办好思政课、上好思政课、学好思政课，不仅需要改革创新教法，而且需要优化学生学法，以实现知、情、意、行的统一。具体来讲，优化中学生思政课学习方法，应切实把握以下四点要求：

（1）明“知”。“知”是基础，不能忽视认知问题。思政课是落实立德树人根本任务的关键课程，只有正确引导学生充分认知思政课，才能找到学好思政课的有效方法。首先，要“知”思政课的重要性。从根本上看，开办思政课，旨在解决培养什么人、怎样培养人、为谁培养人的问题；从战略上看，开好思政课对推进教育现代化、建设教育强国、办好人民满意的教育，具有重要的促进作用；从长远上看，思政课是培养担当民族复兴大任的时代新人，培育德智体美劳全面发展的社会主义建设者和接班人的关键支撑。其次，要“知”思政课的内容。结合各学段特点，思政课在课程目标规划、课程体系调整、课程内容统筹、教材体系编制等方面有所不同，而政治认同、家国情怀、道德修养、法治意识、文化素养是融入其中的重点，爱党、爱国、爱社会主义、爱人民、爱集体是贯穿其中的主线。学生明白了这些应“知”的内容，就为学好思政课打好了认知基础。

（2）润“情”。“情”是关键，不能漠视情感问题。情感是态度这一整体中的一部分，也是个体心理结构的核心组成部分，对思政课缺乏情感的学生是不可能真正学好这门课程的。深化新时代中学思政课改革创新，意在落实立德树人的根本任务。学好思政课，能够增强广大学生的政治认同、涵养学生的家国情怀、提升学生的道德修养、强化学生的法治意识、提高学生的文化素养，而要达成这样的目标，必须重视并解决情感问题。情绪是情感的基础，情操是情感的升华，推进中学思政课教学改革，要充分发挥学生的主体作用，将学生喜欢思政课的情绪反应及时转化成热爱思政课的情操表达，从而形成积极学习思政课的浓厚氛围。因此，学生浸润积极的情绪、情感和情操，就为学好思政课奠定了坚实的情感基础。

（3）炼“意”。“意”是保障，不能轻视意志问题。如何保证学生坚持学习思政课的热情和毅力，是深化思政课改革实践中无法回避的现实问题。在思政课学习的各个学段，学生会经历不同阶段的学业负担与生活、学习环境的微妙变化，这些对个人习惯养成、学习能力发展、自身性格塑造等会产生不同程度的影响，当诸多不确定性因素传导至思政课学习上时，该门课程在学生心中的地位就可能发生动摇。因此，学生需在有限的时间和精力范围内，处理好思政课与其他课程之间的关系，并因人而异地采取适合自己的学习方法。同时，还要注重培养学习的独立性和自制力，不人云亦云，坚定思政课的价值取向，不随波逐流，坚守思政课的学习初心。锤炼坚强的意志品质，持续用思政课的光与热，滋养心灵，助力成长。学生锤炼自己的意志品质，就为学好思政课提供了意志保障。

（4）践“行”。“行”是归宿，不能无视行为问题。“纸上得来终觉浅，绝知此事要躬行。”学好思政课，必须坚持知行合一。“行”是学生认知、情感、意志的外在表现，也是深化新时代中学思政课改革创新的内在要求。我们既要通过课堂教学推动相关知识和理论入脑入心，又要引导学生在日常生活中，从自己做起，从现在做起，从身边的一点一滴做起，将平时所学的内容转化成行为方式和行为习惯。立足思政课学习的差异化内容，教师可以组织不同学段的学生开展个性化的社会实践活动，引导学生走出课堂、走出校园，走进社区、走进敬老院，努力实现思政课学习的知行合一，真正做到内化于心、外化于行。

5. 增强学生学习效果

思政课的课程性质，决定了思政课的育人目标就是要让学生初步形成正确的世界观、人生观和价值观，为学生今后的健康成长、努力成才打下良好的思想基础和政治底色。因此，推进立德树人导向下中学思政课教学改革，需要切实改变中学思政课枯燥乏味和空洞说教的教学现状，不断增强学生学习效果。具体来讲，可以采用以下方式：

（1）以灵活多样的教学方式激发学生学习兴趣。思政课传统的教学方法就是单靠一本教材、一支粉笔、一张嘴巴，教师照本宣科地讲教材、讲大道理，学生觉得枯燥乏味，思政课成了“教师讲、学生听”的僵化教学模式，形成了“学生围着教师转、教师围着书本转”的局面，学生始终处于被动的灌输状态。思政课要改变抽象难懂、枯燥乏味的教学局面，就必须改革教学方法，通过多种教学手段来进行教学，如可采用自主式、讨论式、辩论式、记者采访、小品表演等形式，强调学生之间的合作，使思政课堂变得生动形象、趣味盎然，这样才能吸引学生的注意，学生才能更好地理解思政课传授的思想观点和政治原理，并把这些观点和原理内化为自己的自觉行动，以实现知、情、意、行的统一。同时，以多媒体为代表的现代教育技术也为教师改进教法提供了良好的选择。多媒体集文本、语音、图形、图像、活动、影像等信息于一体，不但图文并茂，可把教学内容变繁为简、变难为易、变抽象为具体，有效地降低教学难度、优化教学过程，而且能把单一的知识表达结构转变为立体的知识展示结构，可有效扩大知识面，并提供丰富多彩的人机交互方式和即时反馈，能充分调动学生多种感官同时参与学习活动，有效地激发学生的学习兴趣，使学生产生强烈的学习欲望，让学生乐在其中。学生学习兴趣高涨，学习效果自然好过以往。

（2）以生活化的教学内容增强学生学习体验。教育家陶行知指出：“生活即教育。”生活是大课堂，体验来源于生活，又扎根于内心。让学生走进生活、体验生活，是课程标准的根本要求。新课程理念明确要求，思政课课堂教学应遵循贴近学生、贴近生活、贴近实际的“三贴近”原则。因此，思政课教学应遵循生活化的教学原则，坚持以生活为中心，把教学与学生现实生活紧密结合起来，启发和引导学生关注身边人、关心身边事，在生活中学习，向生活学习，充分利用课堂内外的信息资源，根据具体的教学内容和学生生活实际，创设出富有生活气息、时代特征、能激发学生学习情感的教学情境，从而帮助学生集中注意力，激发学生的学习兴趣，使课堂成为生活化的课堂。例如，在教学《挫而不折，积极进取》一课时，可根据教学情况设计几个生活化的问题，让学生思考回答。如你在学习生活中曾经遇到过什么挫折，你是怎样面对这些挫折的，你用什么方法解决了这些挫折，面对这些挫折你还有哪些好的方法，在学习生活中你还有什么困惑需要同学和老师的帮助等。生活化的课堂教学贴近学生的实际生活体验，让学生觉得思想政治课其实就在自己的身边，也能够解决自己的实际问题，而不仅仅是讲什么大而深奥的道理。这样，学生对思政课的意义就会有更进一步的认识，学习就会更加积极主动，学习的效果自然会更好。

（3）以理论联系实际的教学原则强化学生社会实践。理论来源于实践，又反过来指导实践。增强学生的社会实践活动，有利于帮助学生更深入理解理论蕴含的原理，增强学生的感性认识，促进学生把各种政治学原理知识转化为实践能力和创新精神。因此，思政课教师要积极主动地通过带领学生参加志愿服务、探究学习、参观访问、研学旅行等多种形式参与社会实践活动，让学生走进生活、体验情境、强化实践。社会实践使课堂变成学生探索世界的窗口，使知识在生活中得到应用，达到学习知识、提升能力、内化情感的目的。思政课教学的重要目的之一就在于帮助学生树立正确的世界观、人生观和价值观，并将所学的知识应用于实际生活，指导自己的行动，做到理论联系实际和知行合一。可以说，思政课与学生的成长、成才紧密相连。在教学过程中，老师要认识思政误对学生成长的重要性，注意创设和谐的课堂教学氛围，引导学生走向社会、走向生活，让学生体验到思政课学习的乐趣，激发其学习兴趣，增强其学习信心和决心，切实增强学生学习思政课的实际效果。

6. 提升学生学习能力

思政课既是一门思想性和理论性很强的学科，也是一门综合性和实践性很强的学科。推进立德树人导向下中学思政课教学改革的重要目的之一，就是要提升学生学习能力，提高立德树人实效。提升学生学习能力，关键是要培养学生自主学习能力，增强学生自主学习的内在动力。为此，教师要教育引导学生努力做到四点：

（1）学习时要专心致志。优秀的学生都会坚持一句话：学习时就认认真真地学，玩耍时就痛痛快快地玩。有些学生不仅成绩优秀，玩起来也是花样繁多。学习时，他们可以心无旁骛，渐入佳境，一气呵成；玩耍时，他们可以充满激情，完全释放自己。任何人只要专注于某一件事情，那就一定会做出使自己都感到吃惊的成绩来。不要总是担心玩和休息会耽搁学习，拳头要收回来再打出去才会有力量。学会释放压力，才能更专注于学习。

（2）学习时要积极主动。上课时要积极举手，踊跃发言，要尽量争取和老师提问交流的机会。这样上课，不但能防止自己走神开小差，而且可以促进自己勤奋好学。课间时间，碰到任何疑难问题，一定要主动找老师或同学请教，直到把疑难弄懂弄通为止，这样今后的学习才会轻松自如。课后的复习要重视，课堂上讲过的难点、易错点都要深入思考，要经过自己的总结，这样不但可以加深记忆、帮助理解，还可以提升自己的学习能力。每天完成作业后，还要去拓展知识，深入钻研相关知识，做到举一反三、触类旁通。思政课的学习，更要加强平时的总结和积累。

（3）学习时要一丝不苟。优秀的学生之所以优秀，一定能把自己明白的题目做得对，一定会有极高的准确率。为什么可以做到这一点？靠的就是学习时的一丝不苟。平时做题要记得随时圈点，不仅利于理解题意，防止审错，更能快速抓住要点，找到解题思路，顺利解出答案。

（4）学习时要懂得调整。考试不仅是知识战，也是心理战。优秀的学生考前会保持心情愉快，保证头脑清醒，提前把生物钟调整到考试时间。临考前，为了调整自己的心态，可以听听音乐放松。良好的心理状态更利于发挥出自己的真实水平。优秀的学生考试时遇到难题不会慌张，一时想不起就立即跳过，之后再回头做，不到最后时刻决不会放弃思考。随机应变可以为学习优秀提供助力，一定要懂得调整自己。

（四）提升管理效能

管理效能是决定学校整体效能高低的保证因素。推进立德树人导向下中学思政课教学改革，需要不断提升学校管理效能。提升学校管理效能，应遵循四个基本原则：一是学校中心工作是教书育人。提升学校管理效能，必然要把教书育人作为学校的中心工作，把立德树人放在学校工作的首要位置。二是学校管理工作的正外部性。提升学校管理效能，必然会在人、财、物等方面涉及相关资源分配和利益调整，必须坚持学校管理工作的正外部性。三是学校管理效能的价值追寻。提升学校管理效能，必须优化学校教育资源配置，这是推进立德树人导向下中学思政课教学改革的价值追寻。四是学校管理效能的衡量标准。提升学校管理效能，需要把握四个“度”，即目标达成度、资源获取使用和配置力度、内部管理合适度、利益相关者满意度。这是推进立德树人导向下中学思政课教学改革的理想状态。为此，提升学校管理效能，应把握三个基本策略。

1. 制定学校思政课建设规划，形成切实可行的实施目标

制定学校思政课建设规划，是新时期学校落实立德树人根本任务的重要举措，是学校根据自身校情和办学实际而进行的新思考和新探索，可体现学校落实立德树人的办学思想，描绘学校思政课建设的发展蓝图。因此，制定学校思政课建设规划对于提高学校管理效能和落实立德树人根本任务具有重要意义，是推进学校思政课教学改革的抓手和关键。然而，规划终究是蓝图，不是事实，制定好学校思政课建设规划之后，关键是把规划变成具体的可测量的执行目标，逐一落实。落实效果的好坏，直接体现了学校管理效能的高低。从当前推进中学思政课教学改革的实践情况看，绝大多数学校既没有制定思政课建设规划，也没有落实立德树人根本任务的清晰思路和具体举措。个别学校虽然制定了思政课建设的规划和目标，但缺乏落实中的精细化管理和过程监控，因而学校的管理效能和立德树人的效果都还需着力提升。

2. 加强学校思政课建设领导，形成思政课建设良好机制

建立健全学校书记、校长带头抓思政课机制。书记、校长作为思政课建设第一责任人，要带头走进课堂听课讲课，带头推动思政课建设，带头联系思政课教师。学校党组织会议每学期至少召开 1 次会议专题研究思政课建设，书记、校长每学期至少给学生讲授 4 个课时思政课，学校领导班子其他成员每学期至少给学生讲授 2 个课时思政课。开学典礼、毕业典礼讲话等要鲜明体现党的教育方针、积极传播马克思主义科学理论、弘扬社会主义核心价值观。要把思政课建设情况纳入学校党的建设工作考核、办学质量和学科建设评估标准体系。强化中考、高考对学生学习思政课的指挥棒作用，将思政课学习实践情况等作为重要内容纳入综合素质评价体系，探索记入本人档案，作为学生评奖评优的重要标准和入团入党的重要参考。坚持开门办思政课，推动思政课实践教学与学生社会实践活动、志愿服务活动结合，思政小课堂和社会大课堂结合，挂牌建立思政课实践教学基地，完善思政课实践教学机制，汇聚办好思政课合力，推动形成学校努力办好思政课、教师认真讲好思政课、学生积极学好思政课的良好氛围。

3. 扩大学校思政课筹资渠道，加大思政课教师激励力度

推进立德树人导向下的中学思政课教学改革，提高思政课教师的物质待遇、精神奖励和社会地位，都需要有相应的经费或物质作保障。学校思政课建设各项目标的实现，离不开人、财、物、信息等各种资源。坚实的物质基础和办学条件是推进学校思政课教学改革的重要保证。因此，扩大学校思政课建设

筹资渠道，保证学校思政课建设有足够的经费运行是推进学校思政课教学改革取得成功的重要保障。同时要加大思政课教师激励力度，切实增强教师的职业认同感、荣誉感、责任感。各地要因地制宜设立思政课教师岗位津贴，将其纳入绩效工资管理，相应核增学校绩效工资总量。要把思政课教师作为学校干部队伍重要来源，学校党政管理干部原则上应有思政课教师或班主任工作经历。党和政府设立的荣誉称号要注重表彰优秀思政课教师，教育部门要大力推选思政课教师年度影响力人物等先进典型。对立场坚定、学养深厚、联系实际、成果突出的思政课教师优秀代表，各级要加大宣传力度，发挥其示范引领作用。

（五）提升家长效能

家庭是人生的第一所学校，父母是孩子的第一任老师。在构建立德树人的协同育人体系中，家长占有极其重要的位置，发挥着极其重要的作用。提高家长效能事关孩子的身心健康成长，甚至影响到孩子一生的幸福。客观地讲，在现实的社会生活中，由于每个家庭的状况不一样，每个家长对孩子的期望和要求也不同，因而其培养孩子的目标和做法也不一样。尽管如此，将孩子培养成为一个正派的人，一个受人尊敬的人，一个富有同情心、能承担责任、关心他人的人，是每个家长培养孩子的目标中充满正能量的共性。进入社会主义新时代，围绕落实立德树人根本任务，培养孩子的目标，往大处说应该是“培养担当民族复兴大任的时代新人，培养德智体美劳全面发展的社会主义建设者和接班人”，往小处说应该是培养“坚定理想信念、厚植家国情怀、加强品德修养、增长知识见识、培养奋斗精神、增强综合素质”的现代公民。基于此，推进立德树人导向下中学思政课教学改革，提升家长效能，需要家长在教育孩子的过程中养成七个好习惯。

1. 乐观——接受孩子

父母对待孩子的问题，有两种教育态度：乐观主动和消极被动。乐观主动的父母一般处于主动管控的地位，消极被动的父母一般处于被动无助的地位。为养成乐观的好习惯，父母需把握两个关键词。

（1）时间差。孩子出现问题与父母做出反应之间的时间就是时间差。能否很好地利用这个时间差去做出正确思考，是乐观主动型父母和消极被动型父母的主要区别。乐观主动的父母比较理智，他们会利用这个时间差对孩子行为做出判断，然后再对事情做出反应，而消极被动的父母则比较容易感情用事。提高效能的工具是乐观积极的暂停，即在时间差里父母自身作出充足的心理准备、自我暗示，想好了再与孩子交流。

（2）影响圈。积极主动的父母会把注意力焦点放在自己的影响圈上，即改变小圈子的教育生态系统，会跟更多正能量的父母在一起；而消极被动的父母会把注意力焦点放在自己的关注圈上，更多地去关注负面的消息或事件，于是每个别人家的孩子都会让他们自身变得更加焦虑和不安。提高效能的工具是积极实践，即父母把注意力放在可影响的范围内，并且开始行动起来，扩大影响圈，形成正能量的父母圈，在这个圈子里互相学习来改善自身家庭教育的能力。

所以，在面对孩子问题的时候，父母要用乐观的心态去跟孩子沟通，把握好时间差，同时要去找身边正能量的人并影响他们，扩大自己的影响圈。

2．坚持——陪伴孩子

父母要教育好孩子，需要弄清楚三个问题：第一，目标是方向；第二，起点是坐标；第三，路径是过程。家长教育孩子，要先知道自己要去哪儿，然后看看自己现在在哪儿，再来选择通过什么样的方法去达到自己要去的那个教育地方，坚持到底才会胜利。其提高效能的工具是最近发展原则。家庭教育是有节奏、规律和顺序的，首先要让孩子学会生存，然后学会做人、做事、学习、劳动和审美，要结合孩子的实际情况设定就近目标和长期目标。设定目标并不难，这只是起点，难的是目标管理的过程，培养孩子的好习惯背后也体现着父母的无限坚持。有坚持的喜欢，就能更好地提高家庭教育的效能。

3．引导——尊重孩子

孩子是一个独立的生命体，是不断发展中的人，家长要做的是引导和指点而非指导。其提高效能的工具是把握规矩和爱的分寸。为此，要把握三个要点：第一，严父慈母的搭配，各尽其职。第二，给孩子做事的机会和权利。孩子成长需要空间，不要事事越俎代庖，过多干涉、包办。第三，允许孩子犯错。犯错是孩子成长学习的最好时机，引导孩子是疏而非堵。

4．亲子——鼓励孩子

先处理亲子关系，再处理教育，保护好亲子关系是成功教育的前提。其提高效能的工具是平等、民主。家长要无条件爱孩子，让孩子感受到父母的爱是无私的。与孩子建立互信互爱的亲子关系，在这种关系上，父母才能更好地教育孩子。同时，家长还要鼓励孩子正确处理社会关系，引导孩子养成一种富裕的心态。在良好的亲子关系上，孩子对竞争有了良好的认识，才能更好地处理手足关系。

5. 认同——倾听孩子

父母与孩子之间应有双向沟通的习惯，诸如“你怎么那么笨呢”“你怎么这么不听话啊”“有什么好害怕的，你是胆小鬼吗”“快一点嘛，你为什么老是慢吞吞的”等话语显现出的是家长在沟通的过程中忽略了孩子的感受。其提高家庭效能的工具是倾听，设身处地地倾听。倾听背后最深层次的教育哲学是认同，每个人都有认同的需求和需要，即被他人认同和自我认同。自我认同是儿童成长的原动力，被他人认同是实现儿童价值的真实体现，而孩子被他人认同的喜悦首先来自父母，这是孩子实现自我认同的一个重要基础。所以，父母要去认同孩子，不要总以大人的眼光去看待孩子的问题。

6. 鼓励——唤醒孩子

鼓励能给孩子心理上的好感觉和行动上的内在动力。面对不同的意见，我们的惯性思维是去否定别人，努力证明自己是对的。当孩子有了自我意识的时候，对家长的意见就会产生怀疑，就会用自己的方式去体验他的人生，因此，家长要从小鼓励孩子，但也不能盲目鼓励，要用事实说话，及时并具体，要让孩子明白好在哪里，如何做会更好。

7. 学习——成就孩子

家庭教育是一门专业，需要家长通过学习来提高自我的素养。这是一个不断自我完善、自我更新的习惯。学习不仅能跟上孩子的成长节奏，让家长变得更有智慧，还能更好地用身传言教影响孩子，最终成就孩子。

总之，为了培养孩子，提高家长效能，需要家长养成良好习惯，并从自身做起，以身作则地为孩子树立表率和榜样，落实好立德树人的根本任务。

主要参考文献

[1] 蔡军，褚军柯. 道德与法治教学的引导艺术 [J]. 中学政治教学参考（中旬刊），2019（2）：43－44.
[2] 陈大文，张祖涛. 初中法治教育专册的编写逻辑及教学建议 [J]. 人民教育，2017（18）：28－32.
[3] 陈光全. 精心营造诗意性德育课堂 [J]. 中学政治教学参考（中旬刊），2019（1）：25－28.
[4] 陈建炳. 探寻内化路径，落实核心素养 [J]. 中学政治教学参考（中旬刊），2019（3）：23－24.
[5] 陈凯玲. 让学生学会说话 [J]. 中学政治教学参考（中旬刊），2019（2）：62.
[6] 樊有平. 思想政治理论课体验式教学的改革与实践 [J]. 河南教育（中旬），2012（4）：34－35.
[7] 傅冬梅. 栽好梧桐树，引得凤凰来——“现身说法”的教学魅力 [J]. 中学政治教学参考（中旬刊），2019（1）：58－59.
[8] 冯建军. 立德树人的时代内涵与实施路径 [J]. 人民教育，2019（9）：39－44.
[9] 葛红云. 法治教学不妨来点“动手操作” [J]. 中学政治教学参考（中旬刊），2019（4）：36－37.
[10] 郭景虎. 浅谈《道德与法治》古文的使用 [J]. 中学政治教学参考（中旬刊），2019（5）：9－10.
[11] 胡鹤. “优质课导入”探秘——以“自由平等的追求”为例 [J]. 中学政治教学参考（中旬刊），2019（2）：23－25.
[12] 花韦华. 无宁静何以致远——让安静回归道德与法治课堂 [J]. 中学政治教学参考（中旬刊），2019（3）：7.

[13] 核心素养研究课题组．中国学生发展核心素养［J］．中国教育学刊，2016（10）：7－9．

[14] 季燕．例谈课堂追问的点与面［J］．中学政治教学参考（中旬刊），2019（5）：35－36．

[15] 焦立梅．一例多境成就道德与法治智慧教学［J］．中学政治教学参考（中旬刊），2019（3）：79－80．

[16] 李朝宝．指向问题解决的教学样态——以“交友的智慧”为例［J］．中学政治教学参考（中旬刊），2019（5）：16－19．

[17] 李道强．提升道德与法治课教学艺术三策［J］．中学政治教学参考（中旬刊），2019（1）：42－43．

[18] 李建全．部编《道德与法治》先导课的开课策略［J］．中学政治教学参考（中旬刊），2019（5）：13－15．

[19] 李松林．学科核心素养的发展机制与培育路径［J］．课程·教材·教法，2018，38（3）：31－36．

[20] 李晓华．我的“四化”教学设计心路——以“单音与和声”为例［J］．中学政治教学参考（中旬刊），2019（2）：26－27．

[21] 林雪微．活用探究栏目　助力课堂教学［J］．中学政治教学参考（中旬刊），2019（2）：7－9．

[22] 刘丽芳．以思维导图串联核心关键词的尝试［J］．中学政治教学参考（中旬刊），2019（2）：49－50．

[23] 马明贵．培育思想政治学科核心素养应正确认识五个关系［J］．基础教育课程，2017（5）：15－17．

[24] 钱产良．教材插图“九用”［J］．中学政治教学参考（中旬刊），2019（1）：17－18．

[25] 申文娟．小故事“一例到底”教学［J］．中学政治教学参考（中旬刊），2019（4）：35．

[26] 史俊华．渗透哲学思维 启迪成长智慧［J］．中学政治教学参考（中旬刊），2019（5）：19－21．

[27] 孙邑，向颖．多元评价视域小组合作教学的行动叙事［J］．中学政治教学参考（中旬刊），2019（4）：47－48．

[28] 王爱忠．课堂教学要处理好四种关系［J］．中学政治教学参考（中旬刊），2019（4）：15－17．

[29] 王桂玲．核心素养培育要处理好四组关系［J］．中学政治教学参考（中

旬刊)，2019 (3)：8－9.

[30] 王慧．但肯寻诗便有诗，灵犀一点是吾师——生成性教学实践探索 [J]. 中学政治教学参考（中旬刊)，2019 (5)：37－38.

[31] 王坚．项目化学习效果评估：培养学生社会思辨意识的一种路径 [J]. 中学政治教学参考（中旬刊)，2019 (4)：18－21.

[32] 王娜．激发学生学习兴趣的五种方法 [J]. 中学政治教学参考（中旬刊)，2019 (3)：37－38.

[33] 王晓．关于时政播报的几点思考 [J]. 中学政治教学参考（中旬刊)，2019 (2)：60－61.

[34] 徐建章．道德与法治主观综合题的特点及教学应对——以 2018 年杭州市中考题为例 [J]. 中学政治教学参考（中旬刊)，2019 (5)：67－69.

[35] 徐兆宏．让道德与法治课堂“一站到点”[J]. 中学政治教学参考（中旬刊)，2019 (4)：30－32.

[36] 徐志佳．活用教材：价值引领的必然之举 [J]. 中学政治教学参考（中旬刊)，2019 (2)：17－19.

[37] 严加葵．情境育人的三大转向 [J]. 中学政治教学参考（中旬刊)，2019 (2)：57－58.

[38] 严卫林．主题情境探究学习的着力点 [J]. 中学政治教学参考（中旬刊)，2019 (2)：58－59.

[39] 杨万松．基于学科核心素养的单元教学设计——以“国家权力”学习为例 [J]. 中学政治教学参考（中旬刊)，2019 (3)：30－31.

[40] 余春．呼唤课程人文精神的回归 [J]. 中学政治教学参考（中旬刊)，2019 (1)：19－20.

[41] 余文森．核心素养导向的课堂教学 [M]. 上海：上海教育出版社，2017：3－54.

[42] 宰华平．例谈基于课堂调查的生成教学 [J]. 中学政治教学参考（中旬刊)，2019 (1)：54－56.

[43] 张湖北．小组讨论问题的设计策略 [J]. 中学政治教学参考（中旬刊)，2019 (2)：54－55.

[44] 张江媛．教学创意的好处 [J]. 科普童话，2018 (44)：133.

[45] 张敏．浅谈道德与法治课答题策略 [J]. 中学政治教学参考（中旬刊)，2019 年 (1)：60.

[46] 张莎莎．以主题情境涵养学生核心素养 [J]. 中学政治教学参考（中旬

刊)，2019 (3)：44－45.

[47] 张玉斌. 话题设计好在一个“度”[J]. 教育实践与研究，2011 (8)：31－32.

[48] 章建荣，程晓菱. 多媒体教学注意事项 [J]. 知识窗 (教师版)，2012 (11)：17.

[49] 赵雪霞. 高效教学组织的优化策略 [M]. 重庆：西南师范大学出版社，2012：12－23.

[50] 朱小超，陈文成. 让道德与法治课“活”起来 [J]. 中学政治教学参考 (中旬刊)，2019 (5)：33－34.

[51] 朱咏梅. 新课堂的“追问”艺术 [J]. 今日教育，2010 (1)：61－62.